札幌北斗高等学校

〈収録内容〉

■ 2024年度入試の問題・解答解説・解答用紙・「合否の鍵はこの問題だ!!」、2025年度入試受験用の「出題傾向の分析と合格への対策」は、弊社HP の商品ページにて公開いたします。

■ 2018年度は、弊社ホームページで公開しております。
本ページの下方に掲載しておりますQRコードよりアクセスし、データをダウンロードしてご利用ください。

2024 年度 ……………………… 2024 年 10 月 弊社 HP にて公開予定
※著作権上の都合により、掲載できない内容が生じることがあります。

2023 年度 ……………………… 一般（数・英・理・社・国）

2022 年度 ……………………… 一般（数・英・理・社・国）

2021 年度 ……………………… 一般（数・英・理・社・国）
※特別進学・進学コースは数・英・理・社・国、総合コースは数・英・国

2020 年度 ……………………… 一般（数・英・理・社・国）
※特別進学・進学コースは数・英・理・社・国、総合コースは数・英・国

2019 年度 ……………………… 一般（数・英・理・社・国）
※特別進学・進学コースは数・英・理・社・国、総合コースは数・英・国

2018 年度 ……………………… 一般（数・英・理・社）
※特別進学・進学コースは数・英・理・社・国、総合コースは数・英・国

解答用紙データ配信ページへスマホでアクセス！ ⇒

※データのダウンロードは 2025 年 3 月末日まで。
※データへのアクセスには、右記のパスワードの入力が必要となります。 ⇒ 298465

本書の特長

実戦力がつく入試過去問題集

- ▶ 問題 …………… 実際の入試問題を見やすく再編集。
- ▶ 解答用紙 …… 実戦対応仕様で収録。
- ▶ 解答解説 …… 詳しくわかりやすい解説には、難易度の目安がわかる「基本・重要・やや難」の分類マーク つき（下記参照）。各科末尾には合格へと導く「ワンポイントアドバイス」を配置。採点に便利な配点つき。

入試に役立つ分類マーク

基本 確実な得点源！
受験生の 90％以上が正解できるような基礎的、かつ平易な問題。
何度もくり返して学習し、ケアレスミスも防げるようにしておこう。

重要 受験生なら何としても正解したい！
入試では典型的な問題で、長年にわたり、多くの学校でよく出題される問題。
各単元の内容理解を深めるのにも役立てよう。

やや難 これが解ければ合格に近づく！
受験生にとっては、かなり手ごたえのある問題。
合格者の正解率が低い場合もあるので、あきらめずにじっくりと取り組んでみよう。

合格への対策、実力錬成のための内容が充実

- ▶ 各科目の出題傾向の分析、合否を分けた問題の確認で、入試対策を強化！
- ▶ その他、学校紹介、過去問の効果的な使い方など、学習意欲を高める要素が満載！

解答用紙ダウンロード 解答用紙はプリントアウトしてご利用いただけます。弊社ＨＰの商品詳細ページよりダウンロードしてください。トビラのＱＲコードからアクセス可。

UD FONT 見やすく読みまちがえにくいユニバーサルデザインフォントを採用しています。

札幌北斗高等学校

▶交通 ［地下鉄］
東豊線北13条東駅　徒歩約３分
南北線北18条駅　徒歩約10分
南北線北12条駅　徒歩約12分
［バス］
中央バスターミナル方面行、篠路・屯田・丘珠方面行　北15条東1　徒歩約２分
新琴似・花川・石狩方面行　北15条西1　徒歩約３分

〒065-0015　札幌市東区北15条東２丁目１番10号
☎011-711-6121
www.sapporohokuto-h.ed.jp

沿　革

1928年、札幌岡裁縫女学校として開校。1930年、北海道女子高等技芸学校に改称。1933年、札幌女子高等技芸学校に改称。1946年、札幌北斗高等女学校に改称。1948年、札幌北斗高等学校に改称、札幌北斗中学校を併設。1964年、札幌北斗中学校・高等学校商業科を廃止。普通科のみとなる。1991年、普通科の普通・進学・特別進学コース制とする。1999年、男女共学となり、総合・進学・特別進学の３コース制とする。2017年、新校舎完成。

建学の精神

「品位ある敬愛に満ちた自律的で創造的な女性の自立」を建学の精神として開校。共学となった現在は、「品位ある敬愛に満ちた自律的で創造的な人間としての自立」と継承されている。

校　訓

「質実真摯」―飾らず偽りのない言行をとり、真面目で直向きに行動すること。この校訓に従い、自らの進路を切り拓くことを軸に、虚飾にとらわれない節度ある生活の中で、友と共に勉強と部活動、さらに委員会活動や行事に専念できる充実した教育システムやプログラムを展開している。

教育目標

「真理の探究」―物事の善悪を自らの力で判断し、行動するために、一生懸命コツコツ学習すること。

「個性の顕現」―自分の長所を知り、その長所を中心にして能力を開発伸長させ、自分を人よりよく役立てられるようにコツコツ努力すること。

コース内容

「特別進学コース」

国公立大、難関私立大、看護医療系大合格を目指す。自分で課題を見つけ出し、自主的に学習に取り組む姿勢を育む。１年次より受験を意識したハイレベルな授業を展開し、２年進級時に文系・理系を選択。３年でさらに文系・理系・看護系を選択し、それぞれの受験科目を集中的に学び、確実な志望校合格を目指す。また、夏休み・冬休みには、３学年合同での勉強合宿「きらぼしゼミ」も実施。さらに、小論文入試対策も取り入れられている。

「進学コース」

私立大、医療系専門校の受験科目を重点学習。部活動も勉強も頑張りたい生徒のために、２年進級時に、特別進学コース・文理系・生活

支援系・企画運営系と複数の選択肢が用意されている。部活動で全道大会、全国大会を目指しながら、学力向上も図れる。特別進学コースと同じように、大学受験のための模擬試験や看護師希望者のための道看模試の受験も可能である。

「総合コース」

資格取得、私大・短大・専門学校を目指す。

１年次に将来についてじっくりと考え、進学にも就職にも対応できるように多くの資格取得を目指す。２年進級時に、企画運営系・生活支援系・文理系を選択。就職に向けての模擬試験（SPI 対策）を実施。また、警察や消防吏員を目指す公務員模擬試験も実施。さらに、進学に向けての模試の受験もできる。

進　路

国公立・私立大学はもとより、看護大、看護専門学校、医療系専門学校の合格実績が高い。また、北海道警察等の公務員、介護医療関係への就職率も高い。

●最近の主な進路

（大学）東北大、北海道教育大、北見工業大、小樽商科大、琉球大、札幌市立大、公立千歳科学技術大、釧路公立大、公立はこだて未来大、長崎県立大、北星学園大、北海学園大、桜美林大、国士館大、大東文化大、東京理科大、専修大　他

（看護・医療系大学）札幌市立大看護、天使大、北海道医療大、北海道科学大、北海道文教大、日本赤十字北海道看護大、札幌保健医療大、日本医療大　他

年間行事

全校生徒が豊平川河川敷を13キロにわたって歩く共歩会は、地域の人々の協力や声援も得て行われる行事である。北斗祭では、各クラスは「ステージ」「展示」「出店」「装飾」「販売」の５つの部門に分かれ、生徒同士が協力し合って創り上げていて、保護者や卒業生なども多く訪れる。また、きらぼし北斗展は、書道・美術・茶道・華道・ホームメイド・アンガアニメ同好会などの文化部の校外展として人気がある。

４月／宿泊研修
６月／共歩会
７月／北斗祭
８月／地域夏祭りボランティア
９月／スポーツ大会、学年体験学習
10月／修学旅行
２月／きらぼし北斗展

部活動

2022年、女子柔道部と演劇部が全国大会に出場。女子バレーボール部が東日本高等学校選抜大会に出場

●運動部

野球、柔道、サッカー、バドミントン、バスケットボール、新体操、ソフトボール、バレーボール

●文化部

茶道、書道、吹奏楽、PFC（郵便友の会）、華道、演劇、写真、美術、赤十字、ホームメイド、マンガ・アニメ同好会、パソコン同好会、MESS（英会話同好会）、図書局、放送局、北斗星編集局

◎2023年度入試状況◎

学　科	特別進学	進　学	総　合
募集数	340		
応募者数	1437		
入学者数	289		

過去問の効果的な使い方

① **はじめに**　入学試験対策に的を絞った学習をする場合に効果的に活用したいのが「過去問」です。なぜならば，志望校別の出題傾向や出題構成，出題数などを知ることによって学習計画が立てやすくなるからです。入学試験に合格するという目的を達成するためには，各教科ともに「何を」「いつまでに」やるかを決めて計画的に学習することが必要です。目標を定めて効率よく学習を進めるために過去問を大いに活用してください。また，塾に通われていたり，家庭教師のもとで学習されていたりする場合は，それぞれのカリキュラムによって，どの段階で，どのように過去問を活用するのかが異なるので，その先生方の指示にしたがって「過去問」を活用してください。

② **目的**　過去問学習の目的は，言うまでもなく，志望校に合格することです。どのような分野の問題が出題されているか，どのレベルか，出題の数は多めか，といった概要をまず把握し，それを基に学習計画を立ててください。また，近年の出題傾向を把握することによって，入学試験に対する自分なりの感触をつかむこともできます。

過去問に取り組むことで，実際の試験をイメージすることもできます。制限時間内にどの程度までできるか，今の段階でどのくらいの得点を得られるかということも確かめられます。それによって必要な学習量も見えてきますし，過去問に取り組む体験は試験当日の緊張を和らげることにも役立つでしょう。

③ **開始時期**　過去問への取り組みは，全分野の学習に目安のつく時期，つまり，9月以降に始めるのが一般的です。しかし，全体的な傾向をつかみたい場合や，学習進度が早くて，夏前におおよその学習を終えている場合には，7月，8月頃から始めてもかまいません。もちろん，受験間際に模擬テストのつもりでやってみるのもよいでしょう。ただ，どの時期に行うにせよ，取り組むときには，集中的に徹底して取り組むようにしましょう。

④ **活用法**　各年度の入試問題を全問マスターしようと思う必要はありません。できる限り多くの問題にあたって自信をつけることは必要ですが，重要なのは，志望校に合格するためには，どの問題が解けなければいけないのかを知ることです。問題を制限時間内にやってみる。解答で答え合わせをしてみる。間違えたりできなかったりしたところについては，解説をじっくり読んでみる。そうすることによって，本校の入試問題に取り組むことが今の自分にとって適当かどうかが，はっきりします。出題傾向を研究し，合否のポイントとなる重要な部分を見極めて，入学試験に必要な力を効率よく身につけてください。

数学

各都道府県の公立高校の入学試験問題は，中学数学のすべての分野から幅広く出題されます。内容的にも，基本的・典型的なものから思考力・応用力を必要とするものまでバランスよく構成されています。私立・国立高校では，中学数学のすべての分野から出題されることには変わりはありませんが，出題形式，難易度などに差があり，また，年度によっての出題分野の偏りもあります。公立高校を含め，ほとんどの学校で，前半は広い範囲からの基本的な小問群，後半はあるテーマに沿っての数問の小問を集めた大問という形での出題となっています。

まずは，単年度の問題を制限時間内にやってみてください。その後で，解答の答え合わせ，解説での研究に時間をかけて取り組んでください。前半の小問群，後半の大問の一部を合わせて50%以上の正解が得られそうなら多年度のものにも順次挑戦してみるとよいでしょう。

英語

英語の志望校対策としては，まず志望校の出題形式をしっかり把握しておくことが重要です。英語の問題は，大きく分けて，リスニング，発音・アクセント，文法，読解，英作文の5種類に分けられます。リスニング問題の有無(出題されるならば，どのような形式で出題されるか)，発音・アクセント問題の形式，文法問題の形式(語句補充，語句整序，正誤問題など)，英作文の有無(出題されるならば，和文英訳か，条件作文か，自由作文か）など，細かく具体的につかみましょう。読解問題では，物語文，エッセイ，論理的な文章，会話文などのジャンルのほかに，文章の長さも知っておきましょう。また，読解問題でも，文法を問う問題が多いか，内容を問う問題が多く出題されるか，といった傾向をおさえておくことも重要です。志望校で出題される問題の形式に慣れておけば，本番ですんなり問題に対応することができますし，読解問題で出題される文章の内容や量をつかんでおけば，読解問題対策の勉強として，どのような読解問題を多くこなせばよいかの指針になります。

最後に，英語の入試問題では，なんと言っても読解問題でどれだけ得点できるかが最大のポイントとなります。初めて見る長い文章をすらすらと読み解くのはたいへんなことですが，そのような力を身につけるには，リスニングも含めて，総合的に英語に慣れていくことが必要です。「急がば回れ」ということわざの通り，志望校対策を進める一方で，英語という言語の基本的な学習を地道に続けることも忘れないでください。

国語

国語は，出題文の種類，解答形式をまず確認しましょう。論理的な文章と文学的な文章のどちらが中心となっているか，あるいは，どちらも同じ比重で出題されているか，韻文(和歌・短歌・俳句・詩・漢詩)は出題されているか，独立問題として古文の出題はあるか，といった，文章の種類を確認し，学習の方向性を決めましょう。また，解答形式は，記号選択のみか，記述解答はどの程度あるか，記述は書き抜き程度か，要約や説明はあるか，といった点を確認し，記述力重視の傾向にある場合は，文章力に磨きをかけることを意識するとよいでしょう。さらに，知識問題はどの程度出題されているか，語句(ことわざ・慣用句など)，文法，文学史など，特に出題頻度の高い分野はないか，といったことを確認しましょう。出題頻度の高い分野については，集中的に学習することが必要です。読解問題の出題傾向については，脱語補充問題が多い，書き抜きで解答する言い換えの問題が多い，自分の言葉で説明する問題が多い，選択肢がよく練られている，といった傾向を把握したうえで，これらを意識して取り組むと解答力を高めることができます。「漢字」「語句・文法」「文学史」「現代文の読解問題」「古文」「韻文」と，出題ジャンルを分類して取り組むとよいでしょう。毎年出題されているジャンルがあるとわかった場合は，必ず正解できる力をつけられるよう意識して取り組み，得点力を高めましょう。

数学

出題傾向の分析と 合格への対策

●出題傾向と内容

本年度の出題は，大問13題，小問数にして25題と，昨年と出題数が同じだった。

出題内容は，[1]が正負の数，文字式，平方根の計算，[2]が文字式の利用で割合に関する出題，[3]が展開，[4]が因数分解，[5]が方程式の計算問題で，[6]が1次関数のグラフに関する問題。[7]が確率，[8]が速さに関する方程式の文章題，[9]が回転体の体積，[10]が円周角の定理に関する問題，[11]が図形と関数・グラフの融合問題で，[12]が箱ひげ図の問題，[13]が座標平面上で相似を扱う，確率の問題だった。大問13問と問題数が多く，出題範囲も広いので時間配分にも気をつける必要がある。

学習のポイント

基本的な計算問題や関数の問題を確実に正解する力を身につけよう。教科書レベルの学習を中心に。

●2024年度の予想と対策

年度も量，レベルとも大きく変わることはないだろう。小問25題程度，そのうち，半分以上が基本的な計算問題や方程式の問題であるため，まずは教科書レベルの問題を正確に仕上げる力をつけておくことが重要になる。関数についても，直線の式を求めたり，交点の座標を求めたり，という基本的な作業が自信をもって扱えるようにしておきたい。図形については，時間のかかる大問はあまり出題されないが，角度の問題，三平方の定理や合同・相似について自分で図を書いて作業する練習をしておきたい。

▼年度別出題内容分類表 ……

出題内容			2019年	2020年	2021年	2022年	2023年
数と式		数の性質	○			○	
		数・式の計算	○	○	○	○	○
		因数分解	○	○	○	○	○
		平方根	○	○	○	○	○
方程式・不等式		一次方程式	○	○	○	○	○
		二次方程式	○	○	○	○	○
		不等式					
		方程式・不等式の応用	○	○			○
関数		一次関数	○	○	○		○
		二乗に比例する関数	○	○	○	○	○
		比例関数	○	○		○	
		関数とグラフ	○	○	○	○	○
		グラフの作成				○	
図形	平面図形	角度	○	○	○		○
		合同・相似			○		○
		三平方の定理					
		円の性質	○				○
	空間図形	合同・相似					
		三平方の定理		○		○	
		切断					
	計量	長さ				○	
		面積	○	○	○		
		体積	○		○	○	○
		証明					
		作図					
		動点		○	○		
統計		場合の数					
		確率	○		○	○	○
		統計・標本調査	○	○			○
融合問題		図形と関数・グラフ	○	○			○
		図形と確率			○		○
		関数・グラフと確率					○
		その他					
その他					○	○	

札幌北斗高等学校

英語

出題傾向の分析と合格への対策

●出題傾向と内容

本年度は会話文問題，読解問題，資料問題2題，適語選択問題1題，アクセント問題，イラストに合う英文選択問題の計7題の出題だった。例年，ほぼ同様の出題形式となっている。比較的平易な問題が多いため，過去問で傾向をつかみたい。また，資料の読み取りに関する問題が毎年出題されている。適語選択問題は，中学校の教科書レベルの英文が出題されている。基本問題中心の出題となっているが，記述形式の解答も複数あるため，正確に英文を読む必要がある。

✔学習のポイント

比較的基本的な出題内容だが，問題数が多い。そのため，教科書に出てくる単語，英文をきちんと身につけよう。

●2024年度の予想と対策

来年度も例年とほぼ同じ出題傾向であると考えられる。資料の読み取りは新傾向の問題であるため，さまざまな問題集や過去問を用いて数多く練習したい。記述問題の対策として，長文問題を解くときには，正確に日本語に訳しながら読む習慣を身につけたい。また，文法問題やアクセント・発音問題は基本問題が中心であるため，教科書に出てくる英文や単語に関しては，暗唱できるように繰り返し，暗記したい。過去出題された問題や問題集を用いて，同形式の問題をすばやく処理できるように練習を重ねるようにしたい。

▼年度別出題内容分類表 ……

	出題内容	2019年	2020年	2021年	2022年	2023年
話し方・聞き方	単語の発音	○	○			
	アクセント	○	○	○	○	○
	くぎり・強勢・抑揚					
	聞き取り・書き取り					
語い	単語・熟語・慣用句			○	○	
	同意語・反意語					
	同音異義語					
読解	英文和訳(記述・選択)	○	○			
	内容吟味	○	○	○	○	○
	要旨把握		○	○	○	○
	語句解釈			○		
	語句補充・選択	○	○	○	○	○
	段落・文整序					
	指示語	○	○	○		○
	会話文	○	○	○	○	○
文法・作文	和文英訳					
	語句補充・選択	○	○	○	○	○
	語句整序		○	○	○	○
	正誤問題					
	言い換え・書き換え					
	英問英答					○
	自由・条件英作文		○	○	○	○
文法事項	間接疑問文	○			○	
	進行形					
	助動詞			○		
	付加疑問文					
	感嘆文					
	不定詞	○	○	○		○
	分詞・動名詞	○	○	○	○	○
	比較		○	○	○	○
	受動態		○	○		○
	現在完了			○	○	
	前置詞	○		○	○	○
	接続詞	○				
	関係代名詞	○	○		○	○

札幌北斗高等学校

理科

出題傾向の分析と 合格への対策

●出題傾向と内容

問題数は大問が5題，第一問は小問集合形式の問題であった。試験時間は50分で，じっくりと時間をかけて解くことができる。レベルは標準的な内容が中心で，教科書の標準レベルの問題の理解を問う良問である。数は少ないが，応用問題も出題されている。

出題範囲に関しては，理科の4分野すべてからの出題で，出題に偏りはない。

記述問題の他に論述問題も出題されている。さらに，化学・物理分野では，思考力を要する計算問題が出題されており，化学分野では化学式も問われている。

学習のポイント

教科書の要点をしっかりと理解し，基本問題をしっかり練習しておこう。

●2024年度の予想と対策

教科書を中心とした学習をまず行うこと。化学・物理分野では計算問題が出題されるので，日頃から，入試問題を含めて，多くの計算問題に十分に慣れておくことが必要である。

難問はないが，基礎的な知識がしっかりと理解できているかが問われる問題である。標準レベルの問題集で練習を重ねるようにしたい。また，出題範囲に偏りはなく，苦手分野をつくらないことが大切である。

論述式の問題も出題されているので，考えを短くまとめる力も必要である。さらに，実験や観察の方法やその目的などもよく理解するようにしておきたい。

▼年度別出題内容分類表 ……

	出題内容	2019年	2020年	2021年	2022年	2023年
第一分野	物質とその変化		○			
	気体の発生とその性質		○			
	光と音の性質			○		○
	熱と温度					
	力・圧力					
	化学変化と質量	○				
	原子と分子	○				
	電流と電圧		○			○
	電力と熱		○			
	溶液とその性質	○	○		○	○
	電気分解とイオン	○	○			
	酸とアルカリ・中和			○	○	
	仕事	○				
	磁界とその変化	○				
	運動とエネルギー	○			○	
	その他					
第二分野	植物の種類とその生活					
	動物の種類とその生活					
	植物の体のしくみ	○			○	○
	動物の体のしくみ					
	ヒトの体のしくみ	○			○	○
	生殖と遺伝		○			
	生物の類縁関係と進化					○
	生物どうしのつながり	○		○		○
	地球と太陽系	○			○	
	天気の変化	○		○		○
	地層と岩石	○				○
	大地の動き・地震		○	○		
	その他			○		

札幌北斗高等学校

社会

出題傾向の分析と 合格への対策

●出題傾向と内容

本年度は大問が1題増えて6題となっているが，小問数，解答形式ともほぼ例年通りの出題である。内容的には基本的なものが中心だが，出題範囲が広く問題数も多いのでそれなりの対応力が求められるといえるだろう。

地理は日本の領土や，南アメリカの自然や住民，主要な鉱産資源などに関する大問2題。歴史は富本銭から始まる貨幣や紙幣を題材にしたものと，8世紀以降の古代政治からの出題。いずれも政治史を中心としたものとなっている。公民は憲法改正と成人問題，そして経済や財政に関する2題。経済に関しては若干細かな設問もみられるので注意が必要である。

✔学習のポイント

地理：世界，日本の各地の気候や産業の特色を覚える。

歴史：政治や文化などのテーマでも歴史を捉えよう。

公民：用語の意味や手順を正確に覚える。

●2024年度の予想と対策

極端に細かい知識や難しい事柄が問われることはないので，基本に徹することがポイント。学校で使う教科書をよく読み込み，扱われている事柄の因果関係，用語の意味，定義などをしっかりとつかんでいくことが重要。地理分野では，勉強していて出てきた場所を地図の上で確認し，位置関係をしっかりと頭に入れておくこと。統計のグラフや表に慣れて，その数値の意味を理解しておこう。歴史は日本の歴史を中心にまずは流れをつかむこと。その上で，文化史，外交史といったテーマでの流れもおさえておくとよい。世界史分野に関しては学校の教科書に出てくるレベルで構わないので，理解しておこう。同時代の日本の様子とのつながりをつけておくこと。公民分野は，基本的な語句の意味，手順などをしっかりと覚えていくこと。また，時事的な事柄が問われることもあるので，日ごろから新聞やテレビのニュースなどには関心を持つようにすることが大事。

▼年度別出題内容分類表 ……

出題内容			2019年	2020年	2021年	2022年	2023年
地理的分野	（日本）	地形図					
		地形・気候・人口	○	○	○	○	○
		諸地域の特色	○	○	○	○	
		産業	○	○	○	○	○
		交通・貿易			○	○	
	（世界）	人々の生活と環境	○	○		○	○
		地形・気候・人口	○	○	○	○	○
		諸地域の特色	○	○	○	○	○
		産業	○	○	○	○	○
		交通・貿易	○		○	○	○
	地理総合						
歴史的分野	（日本史）	各時代の特色	○	○	○	○	
		政治・外交史	○	○	○	○	○
		社会・経済史	○	○	○	○	○
		文化史	○	○		○	○
		日本史総合					
	（世界史）	政治・社会・経済史			○	○	○
		文化史					
		世界史総合					
	日本史と世界史の関連		○		○	○	○
	歴史総合						
公民的分野	家族と社会生活						
	経済生活		○	○		○	○
	日本経済		○	○		○	○
	憲法（日本）			○	○	○	○
	政治のしくみ		○	○	○	○	○
	国際経済					○	
	国際政治			○	○	○	
	その他						
	公民総合						
各分野総合問題							

札幌北斗高等学校

国語

出題傾向の分析と 合格への対策

●出題傾向と内容

本年度は，論説文・小説・古文，資料読み取りの大問四題の出題構成であった。漢字などの知識事項は現代文の読解に組み込まれる形で出題された。論説文は，文脈把握を中心に内容理解を促すような内容で，正確に読み取る力が求められた。小説は，心情の細かな読み取りが求められた。古文は，仮名遣い，文脈把握が中心であった。資料読み取りの問題は，表・グラフの数値を正確に読み取る問題から出題された。

✔学習のポイント

時事的な事項の知識も身につけておこう。
小説や古文は，幅広い作品に触れておこう。
資料読み取り問題に早くから取り組んでおこう。

●2024年度の予想と対策

今後も，現代文と古文の読解問題のほかに，資料読み取り問題が加わる出題構成が続くと考えられるので，グラフや表，討論といった形式の文章にも慣れておきたい。過去問を研究し，出題傾向や解答の仕方を把握しておこう。

論説文では，イノベーションを意識した文章が出題された。設問の中に一部環境についての知識を要するものもあり，日ごろから新聞やニュースなどで時事的な事項に関心をもっておくことが重要だと思われる。小説・古文はマイナーな作品からの出題も考えられるため，教科書に載っているような作品だけでなく，問題集を活用して様々な種類の作品に触れておくことが必要である。特に古文では，仮名遣いや表現技法といった知識問題は落とさないようにしたい。

短めの記述問題も出題されているので，自分のことばで具体的に説明する練習も重要である。記述問題に特化した問題集に取り組んでおくのもよい。

▼年度別出題内容分類表 ••••••

		出題内容	2019年	2020年	2021年	2022年	2023年
内容の分類	読解	主題・表題	○				
		大意・要旨	○	○		○	○
		情景・心情	○	○	○		○
		内容吟味	○	○	○	○	○
		文脈把握	○	○	○	○	○
		段落・文章構成					
		指示語の問題			○		○
		接続語の問題		○	○	○	
		脱文・脱語補充	○	○	○	○	○
	漢字・語句	漢字の読み書き	○	○	○	○	○
		筆順・画数・部首					
		語句の意味	○	○	○	○	○
		同義語・対義語					
		熟語	○				
		ことわざ・慣用句	○		○		
	表現	短文作成					
		作文(自由・課題)					
		その他				○	
	文法	文と文節					
		品詞・用法					
		仮名遣い	○	○	○	○	○
		敬語・その他					○
	古文の口語訳			○	○		○
	表現技法		○	○			
	文学史						
問題文の種類	散文	論説文・説明文		○	○	○	○
		記録文・報告文					
		小説・物語・伝記	○	○	○	○	○
		随筆・紀行・日記	○				
	韻文	詩					
		和歌(短歌)					
		俳句・川柳					
	古文		○	○	○	○	○
	漢文・漢詩						

札幌北斗高等学校

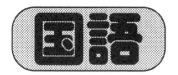

2023年度 合否の鍵はこの問題だ!!

数学 [7], [12], [13]

基本的な問題が中心とはいえ大問13と問題数は多く，さまざまな分野の内容が出題されるので，上手に頭を切り替えていく必要がある。日頃から，基本問題に触れ，確実な計算力をつけておくことが第1に重要になる。

今回は確率の問題が2題出題された。[7]は多角形の内角の和とからめた問題で，確率としてより，内角の和の計算の仕方を覚えていたかどうかが大切だったかもしれない。m角形は，1つの頂点から対角線をひくことによって，$m-2$個の三角形に分けることができる。内角の和は$180(m-2)$度となる。[13]では確率が，座標平面上の相似の問題と結びついているので，ますます問題を読み取りにくかったかもしれない。2個のさいころを同時に投げたときの目の出方は$6\times6=36$通りで，その中に条件を満たす場合を探せばよいので，問題の意味がわかるまでa，bに具体的な数をあてはめて図を描いてみればよい。相似と確率が関わる問題も少なく，(2)では理由の説明も要求されるので，少しとまどい，時間がかかる問題であっただろう。

[12]が箱ひげ図に関する問題。箱ひげ図が高校入試で出題されるようになって日が浅いので，過去問研究をするための題材は多くない。今回の問題も大切にしたい。A店からC店まで，12か月分のデータを小さい順に並べ，四分位数や平均，範囲を調べる必要があるので，のんびり構える時間はない。用語の意味を確実に覚え，正確に素早く作業をこなす力が要求される。今後も出題が続く単元と考えられるので，しっかり力をつけておきたい。

英語 [2] 問2，問4

[2]の読解問題では，問2で日本語記述の問題が出題され，問4で文脈から英単語を類推する必要があり，読解力が問われる問題であった。このような問題は苦手とする受験生が多いため，差が付きやすい問題であった。

問2は指示語の問題であった。2文前の People can also watch the many stars in the dark. を指しているので，この英文の内容答えればよい。ただし10字以内で答える必要があり，短くまとめにくい問題であった。

問4は，本文中からの英単語の抜き出し問題ではなく，自分で英単語を考えて入れる必要があるため取り組みにくい問題であった。「北海道の夜の(　　)の気候から守られるためにセーターを持っていることが重要だ」という訳になるが，「セーターを持っていく」という点から「寒い(涼しい)」気候であると判断できる。

英文自体は比較的やさしい単語や英文が使われている。過去問や問題集を用いて，数多くの問題に触れるようにしよう。

理科 ③

今年も大問が5題で，そのうち1題は各分野からの小問集合問題であった。問題のレベルは教科書程度で標準的であり難問はないが，しっかりとした理科の知識が求められる問題である。試験時間は50分で，問題数から見て時間的には余裕がある。じっくりと考えて解答してほしい。

今回合否を分ける鍵となった問題として，③を取り上げる。気象に関する問題である。

問1　水銀柱の長さはそのまま圧力の単位としても用いられるが，これをN/cm^2に換算する問題である。水銀の密度が与えられているので，これに水銀の体積をかけると質量が求まる。100gが1Nに相当するので，重力を面積で割って圧力を求める。13.6×73×2÷100÷2＝9.928≒9.9(N/cm^2)である。

問2　3日間の気圧の変化は，19日が高く20日に下がって21日の午後に増加している。高気圧に覆われているときは天気が良く，低気圧のもとでは天気が悪い。また，気温は19日の日中は16℃まで上がるが，20日の最高気温は10℃までしか上がらず，雨が降ったために気温が低かったと思われる。さらに湿度が19日の昼間は低かったが20日の午後からは90％程度に増加し，21日の日中も70％程度まで上がるので，晴れから雨になりその後曇りになったと思われる。

問4　天気記号は時折出題されるので，ある程度は覚えておきたい。雲量が2から8割のとき，天気は晴れである。風向きは風の吹いてくる方向に矢印を向けて表す。

問6　北日本付近を低気圧が通過するので，天気図は(ウ)と判断する。日本海上に寒冷前線が伸び，これが北日本に移動してくるので，突風や雷を伴う急な激しい雨が降る可能性がある。一方，西日本は朝鮮半島付近の低気圧が移動している影響と，太平洋上の高気圧の影響で変わりやすい天気になりそうである。

①の小問集合を含め，全般的な問題のレベルは教科書の内容に沿ったものであり，それらの標準的な問題をしっかりと得点することが重要である。そのためにも教科書や標準レベルの問題集で基本例題をまずしっかりと理解し，類題を解いて自信をつけるようにしてほしい。

社会 ③ 問6

設問は「中国・ブラジル・インドネシア・日本の領土と排他的経済水域の面積を表した表から日本を示すものを選べ」というもの。古くからアジアの東の果ての国・日本といったイメージがあるが，日本の国土面積は決して小さなものではない。もちろんロシアと比べるとその面積は50分の1以下ではあるが，200近くある世界の国の中では60番目前後とむしろ上位にある。旧ソ連圏を除くヨーロッパで日本より面積の大きな国はフランスとスペインそしてスウェーデンの3か国しかなく，最大のフランスにしても日本の1.5倍もないのが実態である。一方，排他的経済水域とは領海の外側にあって，沿岸国がその水域の生物資源および海底ないし地下にある鉱物資源の探査と開発，保存と管理に関して排他的に管轄権を行使できる水域である。EEZと呼ばれ国連の海洋法条約によりその範囲は領海の基線から200海里(約370km)以内とされている。領土では2位カナダの1.7倍もあり断然の1位であるロシアだが，EEZとなると世界4位なってしまう。EEZの1位はフランスで5位にはイギリスが入るそうだ。これらの国が上位を占めるのは帝国主義時代の植民地にその原因がある。戦後多くの国々が植民地の地位から脱出，自立した独立国になったと思うかもしれないが，今でも三大洋を中心に多くの植民地が存在している。日本の最南端といわれる沖ノ鳥島は満潮時にはほとんどが海面下に没する環礁である。政府はこれを死守するために巨額な費用を投入して水没することを防いでいる。これが水没して島と認められなくなると単純に計算しても370×370×3.14≒43万㎢と日本の領土面積以上を失うことになる。フランスやイギリスにはいまだに多くの島々を領有している。これが上位に位置する理由である。そういった意味では島国・日本は極めて有利な立場といえる。実際日本のEEZの面積は世界8位ともいわれている。日本の5倍の面積を持つインドネシアは世界最大の群島国家(多数の島で構成されている国家)で島の数も日本の倍以上といわれる。ということでaは中国，bは日本，cはブラジル，dはインドネシアということになる。

いずれにしても世界の国々に関することはあまりなじみのないことかもしれない。普段から知らない国名などが出てきたら必ず地図帳などで確認するといった習慣が必要となろう。

国語 一 問五

★なぜこの問題が合否を分けたのか

解答の根拠をしっかりととらえる注意力が試される設問である。感覚的に解答しないよう注意しよう！

★こう答えると「合格できない」！

「片思いや失恋の方がよほど大切である」という内容から，「恋愛がうまくいかないことで，悩んだり傷ついたりするうちに，人の痛みを理解できるようになるから」とするアを選ばないようにしよう。アのように考えることは可能だが，本文には述べられていないので適切ではない。

★これで「合格」！

直前に「青春の恋愛は，全人格的なものでなくてはならない。という意味は，我いかに生くべきかという，真剣な問いにおいて為されねばならぬものだということだ」と述べられているので，「自分の生き方や自分自身について考えるようになるから」とするウを選ぼう！

MEMO

大切なことはメモしておこうネ！

ダウンロードコンテンツのご利用方法

※弊社 HP 内の各書籍ページより，解答用紙などのデータダウンロードが可能です。

※巻頭「収録内容」ページの下部 QR コードを読み取ると，書籍ページにアクセスが出来ます。（ **Step 4** からスタート）

Step 1 東京学参 HP（https://www.gakusan.co.jp/）にアクセス

Step 2 下へスクロール『フリーワード検索』に書籍名を入力

Step 3 検索結果から購入された書籍の表紙画像をクリックし，書籍ページにアクセス

Step 4 書籍ページ内の表紙画像下にある『ダウンロードページ』を

クリックし，ダウンロードページにアクセス

Step 5 巻頭「収録内容」ページの下部に記載されている

パスワードを入力し，『送信』をクリック

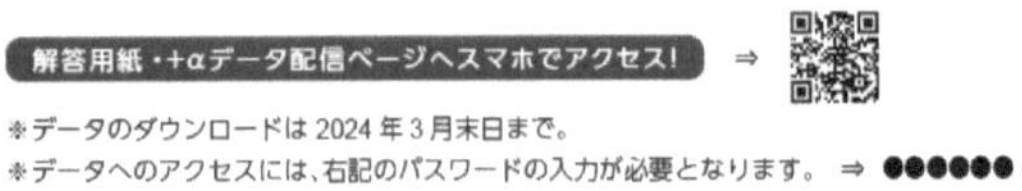

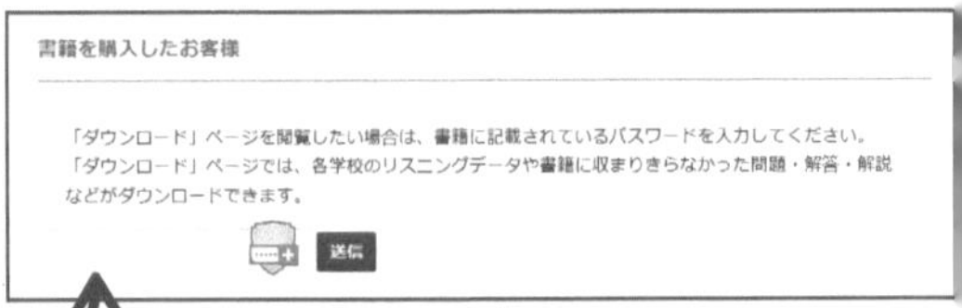

Step 6 使用したいコンテンツをクリック

※ PC ではマウス操作で保存が可能です。

2023年度

★★★★★★★★★★★★★★★★★★★★★★★★

入　試　問　題

2023年度

札幌北斗高等学校入試問題

【数　学】（50分）　＜満点：100点＞

1　次の計算をしなさい。

(1)　$4-5+3$

(2)　$(-2)^3\times 3$

(3)　$a^2-5a-1-3(a^2-2a+1)$

(4)　$\dfrac{5a+6b}{3}-\dfrac{5a-b}{6}$

(5)　$\dfrac{4}{\sqrt{2}}-3\sqrt{10}\times\sqrt{5}$

2　原価x円の品物に原価の30%の利益を見込んで定価を付けた。その定価からy円値引きして売ったときの品物の値段をx，yを使って式に表しなさい。

3　次の式を展開しなさい。

(1)　$3(x+1)(x-2)$

(2)　$(3x+2y)^2$

4　次の式を因数分解しなさい。

(1)　$4x^2-25y^2$

(2)　$(x+3)^2-2(x+3)-15$

5　次の方程式を解きなさい。

(1)　$3x-1=5x+7$

(2)　$\begin{cases}\dfrac{2x+3y}{3}=3\\[2mm]\dfrac{x+4y}{7}=1\end{cases}$

(3)　$x^2+6x+1=0$

6　次の点A～点Dのうち，1次関数$y=3x-2$のグラフ上にある点をすべて選び，A～Dの記号で答えなさい。

A$(0,\ 0)$，B$(1,\ 1)$，C$(-5,\ -16)$，D$\left(-\dfrac{1}{3},\ -3\right)$

7　3枚の硬貨を同時に投げたとき，表が出た枚数をn枚とします。$(n+3)$角形の内角の和が540°となる確率を求めなさい。

[8] 公園の周りに１周の道がある。自転車で時速８㎞の速さで走り，１周するのに１時間15分かかる予定であった。しかし，途中から自転車のタイヤがパンクして自転車を押しながら時速２㎞で歩いたので，2時間かかってしまった。自転車で走った道のりと歩いた道のりはそれぞれ何㎞か求めなさい。

[9] 右の図の斜線部分は直角三角形からおうぎ形を取り除いた図形である。この図形を，直線 ℓ を軸として１回転させてできる立体の体積を求めなさい。

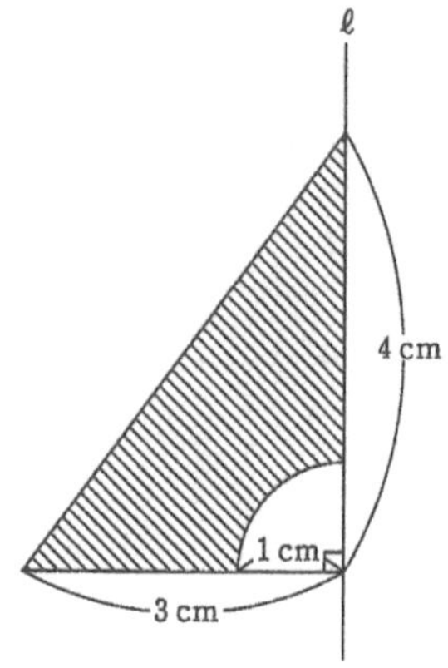

[10] 太郎さんと花子さんは次の図１の $\angle x$ の大きさを求めようとしています。次の問いに答えなさい。ただし，Oは円の中心とします。

図１

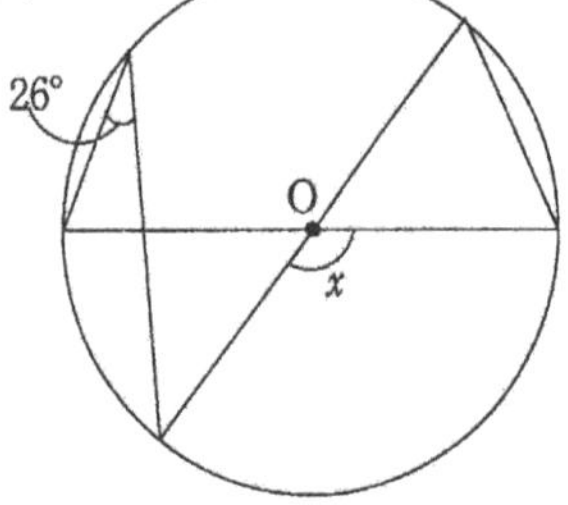

太郎：「円に関する定理を思い出してみよう。」

花子：「図２を見ると，∠ABCの大きさは [あ] だね。」

太郎：「∠ABCは弧 [い] に対する [う] だから，同じ弧に対する [え] の半分の大きさになるね。」

花子：「じゃあ，図１にもどって考えよう。」

(1) [あ] ～ [え] に入るものを下の [　] の中から選び，①～⑫の記号で答えなさい。

①26°	②52°	③45°	④90°	⑤180°
⑥AB	⑦BC	⑧AC		
⑨中心角	⑩円周角	⑪対頂角	⑫同位角	

図２

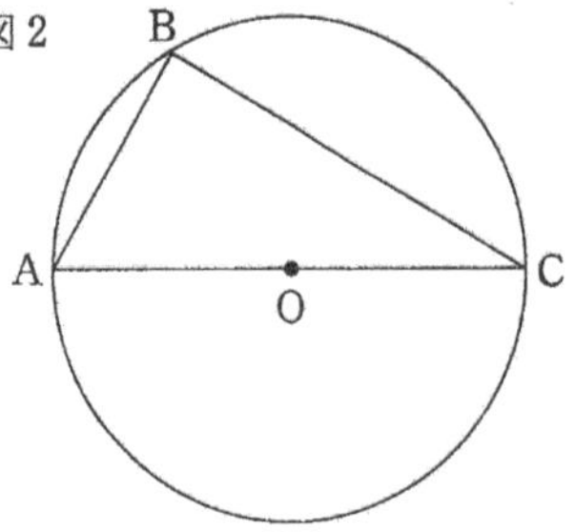

(2) $\angle x$ の大きさを求めなさい。

[11] 次のページの図のように $a<0$ である関数 $y=ax^2$ のグラフ上に y 座標が -6 である点Aがあります。点Aを通り，x 軸に平行な直線を引き，関数 $y=ax^2$ のグラフとの交点を点Bとします。また，点Aを通り，線分BOに平行な直線を引き，その直線と x 軸との交点をCとします。ABの長さが４㎝のとき，次のページの問いに答えなさい。ただし，座標軸の１目盛りを１㎝とします。

⑴ aの値を求めなさい。

⑵ 平行四辺形OBACの２本の対角線の交点の座標を求めなさい。

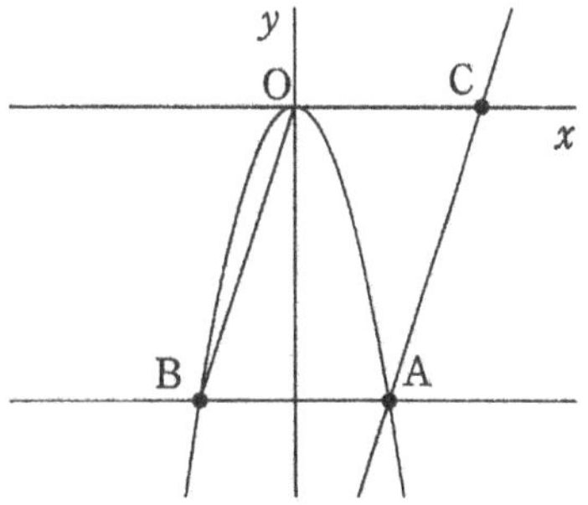

12 次のデータは，A店，B店，C店のある１年間の月ごとの来店者数をまとめたものです。次の問いに答えなさい。

月	1月	2月	3月	4月	5月	6月	7月	8月	9月	10月	11月	12月
A店	75	41	46	48	55	52	80	110	65	47	44	30
B店	75	81	90	110	44	50	56	40	30	55	64	70
C店	50	35	75	61	54	80	65	30	45	32	100	33

（単位：人）

⑴ A店，B店，C店のデータに対応する箱ひげ図はそれぞれどれか，①～③の記号で答えなさい。

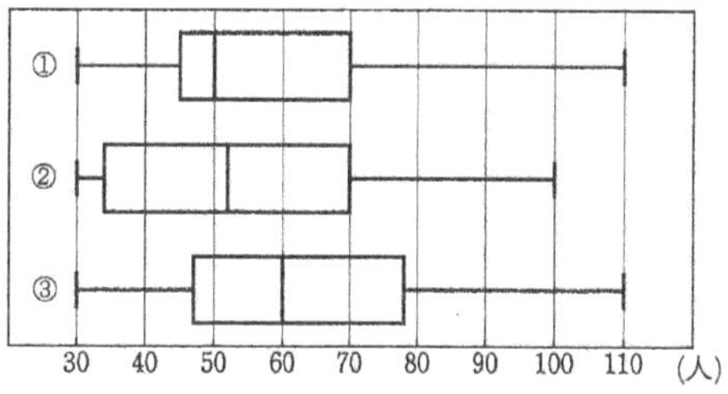

⑵ このデータから読み取れるもので正しいものを，次の文からすべて選び，ア～エの記号で答えなさい。

ア A店の中央値は50人である。

イ B店の四分位範囲は30人である。

ウ C店の１か月の平均来店者数は57人より多い。

エ A店とB店の範囲は等しい。

13 大小２個のさいころを同時に投げたとき，大きいさいころの目をa，小さいさいころの目をbとします。次のページの図のように１次関数$y=2x$…①のグラフ上にx座標がaとなるような点Aをとり，同様にx座標がbとなるような点Bをとります。点A，Bからx軸に垂線AA′，BB′をそれぞれ引きます。

後の問いに答えなさい。

⑴ 大小２個のさいころを同時に投げるとき，△OAA′と△OBB′の面積比が４：９になる確率を求

めなさい。

⑵　直線①の式を $y=\frac{1}{2}x$ に変えたとき，⑴で求めた確率はどのように変化するか，ア～ウの中から１つ選び，記号で答えなさい。また，その理由について書きなさい。

ア．大きくなる　　イ．小さくなる　　ウ．変わらない

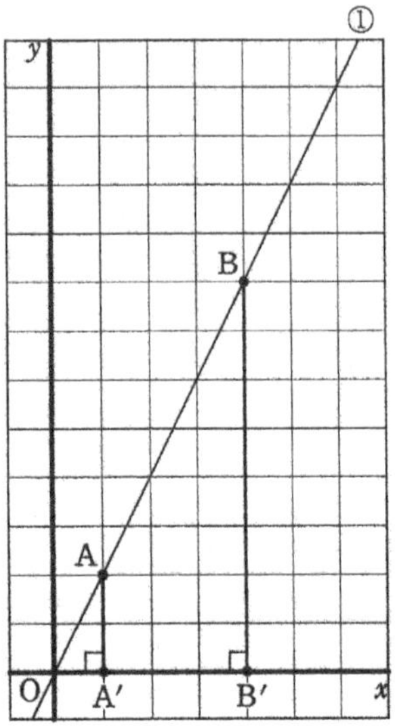

【英　語】（50分）　＜満点：100点＞

1　次の英文は，男子高校生オースティン（Austin）と女子高校生クレア（Claire）が，ガイド役の田中先生を伴って札幌から日帰り旅行に出かけた時の会話です。これを読んで後の問に答えなさい。

Claire: Hi, Austin. How are you, today?

Austin: Very good, thank you. Claire, nice weather, isn't it?

Claire: Yeah. I'm very excited to go on a one-day Otaru trip. This is my first visit there.
(about 10 minutes later)
Oh, Mr. Tanaka, good morning! Thank you for joining us today.

Mr. Tanaka: Good morning. I'm very glad to be a tour guide today. Now, it's already 8:30. Let's get on that train.

Claire: (about 40 minutes later) Here we are! Otaru Station. It's not far ①(　　　) Sapporo! Hmm. Oh, wait! Listen to the song. Whose song is it?

Mr. Tanaka: Ishihara Yujiro. He was a popular singer and an actor in Japan. He was living in Otaru when he was a young boy. Austin, this Platform 4 is called "Yujiro Platform."

Austin: Oh, really? ②(　　　　)?

Mr. Tanaka: Because he was standing on this Platform 4 for recording a TV program in 1978.

Claire: I didn't know that. Of course I was not born in 1978. Look! The sign of Platform 4 looks like a yacht.

Mr. Tanaka: Yujiro was very good at sailing a yacht. He loved oceans very much.

Austin: I see. And... Oh, there is a big photo panel. Is he Yujiro?

Mr. Tanaka: Oh, yes. He was really a big star in Japan.

Claire: Mr. Tanaka, we can see glass lamps everywhere in this station. They are so beautiful.

Mr. Tanaka: Yes. There are over 300 glass lamps here, and above the ticket gate. Let's go through the ticket gate.

Austin: OK. Well, this building is not so big, but I guess it has a long history.

Claire: Right. That information board says it is about 90 years old.

Mr. Tanaka: Yes. And it is very similar to...

Austin: Now I know! Ueno Station in Tokyo. It is a model of this Otaru Station.

Mr. Tanaka: Oh, did you know that? Both stations have really a long history, and are very famous in Japan.

Claire: I think so. From outside, they are like two brothers.

Austin: Interesting. Oh, look. There is a small bell in front of the building.

Mr. Tanaka: It was used to announce trains' arrival. They named it "*Mukai-Kane*." Well, probably it means, "Train-arriving bell."

Claire: Sounds interesting. Now, two Canadians are arriving at Otaru Station, so, let's ring the bell! (Claire rings the bell very hard.)

Austin: Stop, Claire! Everyone is watching us!

Claire: All right, all right. You know, there are a lot of fantastic tour spots in Otaru, but ③【 a / good / is / spot / this station / to see 】. too.

Mr. Tanaka: I agree. Well, a bus terminal is there, so you can go anywhere you like by bus. Also, you can walk to a famous canal in about 15 minutes. Anyway, go on a date by yourselves! I'll have a seafood *donburi* lunch at that market restaurant.

Austin: Oh, thank you, Mr. Tanaka! Well, Claire, ④(　　　　)?

Claire: Walking around the canal may be fun, but..., I'm so hungry! I want to have a *donburi* lunch with Mr. Tanaka, too! Austin, could you wait in the station for a while?

（注） platform：（駅の）ホーム　　yacht：ヨット　　sail：（ヨットを）操る
photo panel：（人物）写真のパネル　　glass lamp：ガラス灯　　bus terminal：バスターミナル
market restaurant：市場内の食堂

問１　次の４つの写真を会話に登場した順番に並べ，記号で答えなさい。

ア

イ

ウ

エ

問２　下線部①に入る最も適切な英語１語を答えなさい。

問３　下線部②に入る最も適切な語を次の中から１つ選び，記号で答えなさい。

ア　What　　イ　When　　ウ　Why　　エ　How

問４　下線部③が「この駅も見るべき良い場所です。」という意味になるように，【　】内の語句を並べかえなさい。

問５　下線部④に入る最も適切な英文を次の中から１つ選び，記号で答えなさい。

ア　Which bus do you like the best

イ　Where shall we go

ウ　What tour spot do you know

エ　Why are they watching us

問６　次の質問に英語で答えなさい。

Did Claire take a bus to the canal with Austin?

問７　本文の内容に合うものを次の中から２つ選び，記号で答えなさい。

ア　旅行の日の天気は雨模様であった。

イ　列車を降りて聞こえてきた歌は，石原裕次郎が作曲した歌だった。

ウ　石原裕次郎は大人になるまで小樽で生活し，ヨットに乗っていた。

エ　駅のホームを飾るガラス灯は，改札口の上にも見られる。

オ　小樽駅の建物は歴史があり，上野駅並みに大きい。

カ　「むかい鐘」はかつて列車の到着を知らせるために使われた。

2　次の英文を読んで後の問に答えなさい。

It is fun for children to play outside, especially during summer. Playing sports, ①(swim), and going to amusement parks are very popular for children. Camping is one of the most popular activities for many Japanese to spend their vacation. People enjoy the outdoors. Children go camping in a forest, a camp site and near a river or a lake. They can stay there for one or more nights with their family. When they camp in cities great nature, they usually sleep in a tent. When people go camping in Niseko, they often do other outdoor activities like fishing, hiking, horse riding and mountain biking. They can even get into a hot spring after eating *Yakiniku.* People can also watch the many stars in the dark. Nowadays children who live in cities can't see many stars because of the light of cities. ②This will have a precious experience. Private tent sites are opened in Sapporo. Some sites are managed by people who support campers to come and enjoy the nature near the big city. If you camp in nature, you need to carry a tent, food and drinks, cooking tools, sleeping bags and other things from home. ③(　　　), you don't need to prepare these goods and buy expensive tools because these things are prepared.

Make sure that you wear warm clothes while camping. It is important to carry some sweaters with you so that you are protected from ④(　　　) weather at night in Hokkaido. Be sure to bring an umbrella and socks. Sometimes there are news that bears appear in Sapporo. They walk in the center of the city and sometimes attack people. They make us afraid. And the bears are shot by a gun and may be killed. When we go to the camp, we should learn that we are sometimes near the bear. The wild bears are not bad so we need to protect them safely.

（注） nowadays：近頃　private：民間の　make sure：～を確実にする

問１　下線部①を「泳ぐこと」という意味になるように１語で書き換えなさい。

問２　下線部②の指す内容を日本語10字以内で答えなさい。

問３　下線部③に入る最も適切な語を次の中から１つ選び，記号で答えなさい。

ア　And　　イ　Also　　ウ　So　　エ　However

問４　文脈に合うように，下線部④に入る最も適切な英語を１語で答えなさい。

問５　本文に述べられていないニセコのアクティビティは次のページのどれか記号で答えなさい。

ア

イ

ウ

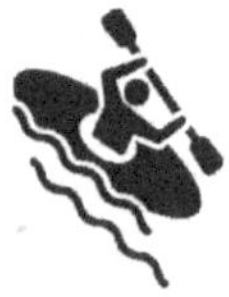

エ

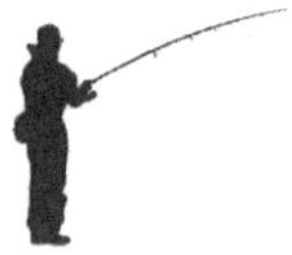

問6　本文の内容に合うものを次の中から２つ選び，記号で答えなさい。

ア　キャンプは世界中の人々が余暇を楽しむのに人気があるアクティビティの１つである。

イ　人々はキャンプの特に車内で寝ることもある。

ウ　札幌には民間のテント場がある。

エ　キャンプの際には傘を持っていく必要はない。

オ　キャンプに行く際，時には熊の近くにいることを考えておくべきである。

3　次の表はある水族館のホームページの一部です。これを読んで後の問に答えなさい。

Invitation to “The Sapporo Hokuto Great Sea World”

~ Welcome to the great sea! Meet a rich variety of sea animals! ~

Fee

	Entrance Fee	A Yearly Passport Fee
Adults	1,500 yen	5,000 yen
High school students	1,000 yen	3,500 yen
Elementary and junior high school students	600 yen	1,800 yen
Children under 6	free	—

Schedule for the Shows

Show Time	Duration	11:00 ~	13:00 ~	15:00 ~
Dolphin Jumping Show	40 minutes	○	○	○
Seal Mogumogu Time	20 minutes		○	
Penguin Walking Show	20 minutes	○		○

Access and Map　*Service Guide*　*Online Shop*　*Restaurants*

Yearly Passport　*Wheelchair Rental*　*Baby Car Rental*　*Nursing Room*

To all our Guests

Don’t enter if you have a high fever or cough. Please wash hands before entering, and keep social distancing after entering.

（注）　duration：所要時間・継続時間

問１　How much is it for two adults, one high school student and one junior high school student to enter The Sapporo Hokuto Great Sea World?

ア　4,000 円　　イ　4,500 円　　ウ　4,600 円　　エ　5,600 円

問２　Which show do you have the most chances to see in a day?

ア　Dolphin Jumping Show　　イ　Seal Mogumogu Time

ウ　Penguin Walking Time

問3　Which service is not given?

　ア　月間パスポート　　イ　車椅子貸出　　ウ　レストラン　　エ　救護室

問4　Which show do you want to see if you go to The Sapporo Hokuto Great Sea World? Write one sentence on your answer sheet.

4　次のレシピはカレーライスの作り方です。これを読んで後の問に答えなさい。

CURRY

Cook time : 40 min（調理時間 40 分）

Ingredients （材料）: 4 Servings （4人分）

Meat … 200g　　**Onion … 1 medium**

①にんじん **… 1 medium**　　**Potato … 1 medium**

Cooking Oil … 1 tablespoon　　**Water … 650ml**

Curry Sauce mix … 1 box (85g)

1. Chop vegetables and meat into bite size pieces.
2. Cook rice with a rice cooker.
3. Heat the oil in a large pot over medium heat, and add vegetables and meat.
4. Stir-fry the ingredients until golden brown.
5. Add water and bring to a boil.
6. Turn down the heat, cover and cook over low heat for about 20 min.
7. Turn off the heat and add curry sauce mix into the pot.
8. Stir until completely melted.

＊Hidden flavor （隠し味）
Add some chocolate or red wine or honey or apple to make it rich and mild!!

（注） stir-fry：さっと炒める　　bring to a boil：沸騰させる　　completely melted：完全に溶ける

問1　下線部①を英語で書きなさい。

問2　部活動の合宿において40人分のカレーライスをこのレシピに従って作る場合，何kgの肉が必要になるか答えなさい。

問3　弱火で約20分煮込んだ後にすることは何か，日本語で説明しなさい。

5　後の英文の（　）に当てはまる最も適切な語句を次の中からそれぞれ1つずつ選び，記号で答えなさい。

問1　Ken and I (　　) in Tokyo now.

　ア　am　　イ　are　　ウ　is　　エ　was

問2　I (　　) this T-shirt last Sunday.

　ア　bought　　イ　buy　　ウ　have bought　　エ　will buy

問3　The boy (　　) near the tree is my brother.

　ア　dance　　イ　dances　　ウ　dancing　　エ　to dance

問4　She asked me (　　) her the way to the post office.

　ア　tell　　イ　telling　　ウ　that tell　　エ　to tell

問5　I learn many things by (　　) newspaper.
　ア　I read　　イ　read　　ウ　reading　　エ　to read

問6　This temple is (　　) than that one.
　ア　as famous as　　イ　famous　　ウ　more famous　　エ　the most famous

問7　The key (　　) in the kitchen.
　ア　found　　イ　has found　　ウ　was finding　　エ　was found

問8　In America, the school year begins (　　) September.
　ア　at　　イ　from　　ウ　in　　エ　on

問9　The movie (　　) I watched yesterday was very interesting.
　ア　what　　イ　which　　ウ　who　　エ　whose

問10　She looks good (　　) that white dress.
　ア　in　　イ　on　　ウ　under　　エ　with

6　次のA，Bの対話で，Bの発言のうち，最も強く発音するべき語句はどれですか。それぞれ1つずつ選び，記号で答えなさい。

問1　A：Where is Mr. Sasaki?
　B：He is in his office.
　　ア　イ　ウ

問2　A：How many children do Mr. and Mrs. Jones have?
　B：They have no children.
　　ア　イ　ウ

問3　A：Who will use the computer tomorrow?
　B：Akira will use it to do his homework.
　　ア　イ　ウ

問4　A：Which is your bag, this one or that one?
　B：This yellow one is mine, and that one is Yumi's.
　　ア　イ　ウ

問5　A：How do you go to school every day?
　B：I walk there with my friend.
　　ア　イ　ウ

7　イラストの内容を表す最も適切なものを後の中からそれぞれ1つずつ選び，記号で答えなさい。

問1

　ア　The father is writing a letter to his son.
　イ　The father and his son are reading books.
　ウ　The son is talking to his father about the book.

問2

　ア　I think that the man has left his umbrella in his house.
　イ　The man is opening an umbrella because it starts to rain.
　ウ　The man is taking a taxi because it is raining heavily.

問3 

ア The woman is eating a pancake.
イ The woman is making a pancake.
ウ The woman is taking a picture of a pancake.

問4 

ア All of the students are raising their hands.
イ One of the students doesn't know what to say.
ウ Some students are standing to answer the question.

問5 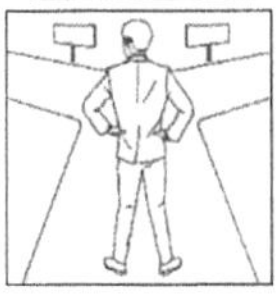

ア The man is thinking which way to go.
イ The man is walking along the street.
ウ The man is asking the police officer where the station is.

【理　科】（50分）　＜満点：100点＞

1　次の問いに答えなさい。

問1　物質が光と熱を出しながら激しく酸化されることを何というか，答えなさい。

問2　次の物質の中で沸点が１番低いのはどれか，（ア）～（エ）の中から１つ選び，記号で答えなさい。

（ア）銅　（イ）塩化ナトリウム　（ウ）水　（エ）窒素

問3　ポリエチレンの袋の中に少量のエタノールを入れて，袋の口を閉じて熱湯をかけると，袋が大きくふくらんだ。袋がふくらんだ理由として正しく説明されているものはどれか，次の（ア）～（エ）の中から１つ選び，記号で答えなさい。

（ア）エタノールの粒子の数が熱によって，増えた。

（イ）エタノールの粒子の大きさが熱によって，大きくなった。

（ウ）エタノールの粒子が熱によって，分解された。

（エ）エタノールの粒子の運動が熱によって，活発になった。

問4　コーヒーカップの底に10円玉を置き，そのカップに水を注ぐと，一部しか見えなかったコインが浮き上がって見えるようになった。この現象を光の何というか，漢字２文字で答えなさい。

問5　凸レンズを通して物体を見たときの物体の見え方について，正しく説明されているものはどれか，次の（ア）～（エ）の中から１つ選び，記号で答えなさい。

（ア）凸レンズを通して焦点距離の２倍の位置にある物体を見ると，実際より小さく見える。

（イ）凸レンズを通して焦点の内側にある物体を見ると，実際と逆さまに見える。

（ウ）凸レンズを通して焦点距離の２倍の位置と焦点の間にある物体を見ると，実際より大きく見える。

（エ）凸レンズを通して焦点にある物体を見ると，実際と逆さまに見える。

問6　電流の向きと強さが時間とともに周期的に変化する電流を何というか，答えなさい。

問7　脳やせきずいのように，多数の神経細胞が集まり，判断や命令などの重要な役割をになう神経を総称して何というか，答えなさい。

問8　セキツイ動物の前あしと翼や，サボテンのトゲとエンドウの巻きひげは，形態やはたらきは異なるが，基本的な構造や発生の起源が同じ器官である。このような器官を何というか，答えなさい。

問9　精子や卵などの配偶子，また胞子のように，生物が自己と同じ種類の新しい個体を増やすためにつくる細胞を何というか，答えなさい。

問10　生態系を構成する生物を食べる（捕食者）－食べられる（被食者）の関係でつないだものを食物連鎖という。それぞれの捕食者に対する被食者は１種類とは限らず，複数であることが多いので，食物連鎖は複雑にからみあった状態になっている。このような食物連鎖を何というか，漢字で答えなさい。

問11　マグマが地下でゆっくり冷え固まってできた岩石を何というか，答えなさい。

問12　地震が発生した震源の真上の地点を何というか，答えなさい。

問13　日本で，太陽の南中高度が１年で最も低い日を何というか，答えなさい。

問14　アンモナイトのように地層の年代を知る手がかりとなる化石を何というか，答えなさい。

2 次の文章を読み，問いに答えなさい。

音には，12平均律というものがあり，音はド，ド#，レ，レ#，ミ，ファ，ファ#，…シの12音から成り立っています。12音のうち，となり合う音を半音といい，半音２つ分が全音です。

ギターの弦は６本あり，全て太さが違い，細い弦から第１弦，第２弦，…第６弦と呼びます。ギターを構えた時に上にくるのが第６弦です。第１弦と第６弦をはじくと，第（　①　）弦の方が低い音が鳴ります。また，第１弦と第２弦は，鉄弦のままの裸線で，第３弦から第６弦は巻線弦です。

弦を指で押さえるネックにはフレットと呼ばれる金属のパーツの仕切りがついています。フレットとフレットの間の弦を指で押さえると音の高さが変わります。押さえる位置を１つずつずらし，弦が短くなるようにすることで半音ずつ（　②　）なるように設計してあるのです。例えば，第４弦でドの音を出した後，ミの音を出すためには，第４弦が短くなるようにフレットを（　③　）つ分ずらして弦を指で押さえるとよいということになります。

ギターのボディーの表面にはサウンドホールという直径12㎝ほどの穴が開いています。ギターの弦を弾くと，弦が振動します。この振動によってボディー内に共鳴が起こります。サウンドホールはこの共鳴した音を外に放出することで，ギターの（　④　）や音質に影響を与えます。

問１　(①)～(④)に入る語句や数値は何か，次の語群からそれぞれ選び，答えなさい。

(語群)
音量，色，温度，太く，細く，高く，低く，１，２，３，４，５，６，大きく，小さく

問２　図１・図２は２種類の音の波形を横方向は時間，たて方向は振動の幅としてコンピュータで表したものである。図１・図２について，正しく説明されているものはどれか，次の(ア)～(エ)の中から１つ選び，記号で答えなさい。

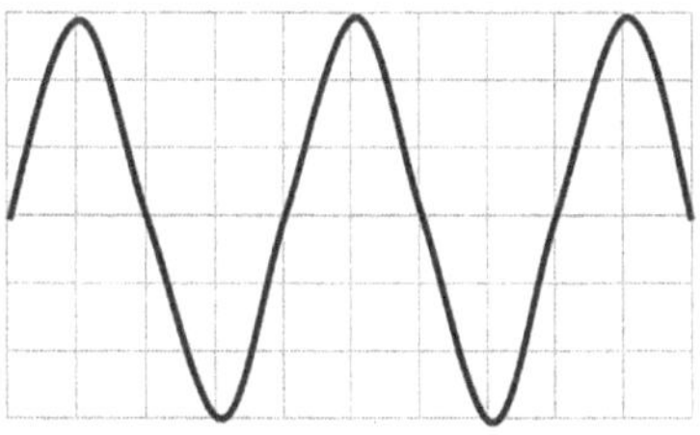

図１

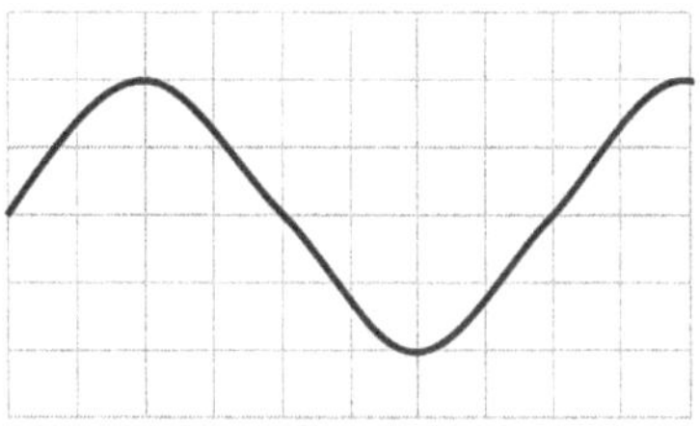

図２

(ア) 図１の音より，図２の音の方が大きい。
(イ) 図１の音より，図２の音の方が高い。
(ウ) 図１の音より，図２の音の方が小さく，低い。
(エ) 図１の音と図２の音の音色が違う。

問３　空気中を伝わる音の速さを測定すると，340m/sだった。壁に向かってギターの単音を鳴らしたところ，0.4秒後に壁からの反射音が聞こえた。この壁までの距離は何mか，答えなさい。

3　次の文章を読み，問いに答えなさい。

日本の気候や気象現象は，上空の大気の状態や大陸・海洋の配置などのさまざまな要素が作用している。気象情報は，気温や湿度，1気圧，風向，風力などの気象要素をもとにつくられている。ある地点で継続的に気象観測を行うと，2気象要素はそれぞれ時間とともに変化する。これは大気の変化が大きく関わっており，天気もこの変化により変わっていく。また，大気の高気圧と低気圧や3寒冷前線・温暖前線などの前線の位置によっても天気の状況が異なる。このような大気の気圧配置や4天気記号を地図に記入したものを天気図という。

日本列島は中緯度帯に位置しているので，偏西風という西から東へ向かう大気の動きに影響を受けやすい。偏西風のほかにも，地球規模の大気の循環によってさまざまな気象現象がおこる。日本には，はっきりとした5四季の変化のある地域が多い。これは季節ごとに，大気の流れや前線の動きが異なるためである。また，地域によっても地形などにより天気や気候が異なってくる。近年，日本をはじめ世界各国では気象現象により，多くの地域に様々な災害をもたらされている。災害をおこす気象現象を止めることはできないが，気象を予測するなど，その災害に対しての備えをすることによって被害を少なくすることはできる。

問1　下線部1について，大気圧を調べるために，次のような実験を行った。図のように，太さが均一な長いガラス管に水銀を満たし，水銀の入った容器の中で空気がガラス管中に入らないようにし，口を下にして垂直に立てたところ，水銀柱の液面が，容器の水銀の液面から73㎝の高さまで下がった。ガラス管の断面積が2 cm^{2}としたときの大気の圧力は何N/cm^{2}か，小数第2位を四捨五入して小数第1位まで答えなさい。ただし，100 gの物体にはたらく重力を1 N，水銀の密度を13.6 g/cm^{3}とする。

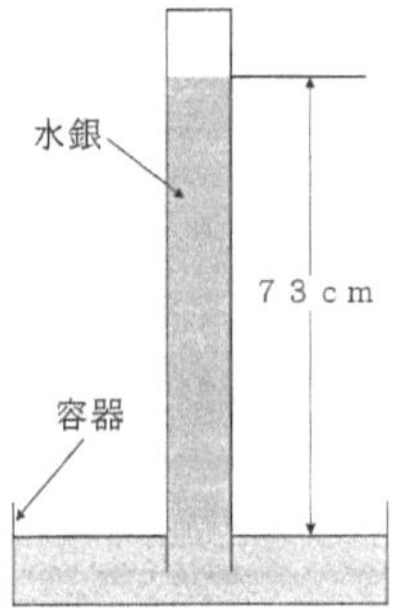

問2　下線部2について，下のグラフは，2020年4月19日から21日の札幌市の気温・湿度・気圧の関係を表したものである。4月19日から21日の天気の移り変わりとして最も適しているものはどれか，次の（ア）～（カ）の中から1つ選び，記号で答えなさい。

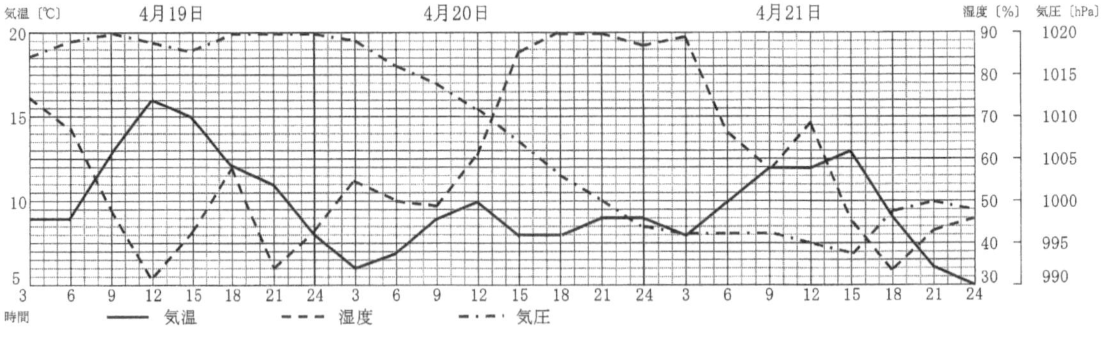

（ア）晴れ→曇り→雨　（イ）晴れ→雨→曇り　（ウ）雨→晴れ→曇り

（エ）雨→曇り→晴れ　（オ）曇り→雨→晴れ　（カ）曇り→晴れ→雨

問3　下線部3について，寒冷前線は，寒気が暖気の下にもぐりこむことによって暖気を激しく押し上げられる。そのため強い上昇気流が発生し，雲が発達しやすい。このときに発生しやすい雲を何というか，答えなさい。

問４　下線部４について，見通しのよいビルの屋上から空を観測した。雨や雪は降っておらず，雲量は８であった。風向と風力を測定したところ，南東の風，風力は３であった。このときの天気記号を解答用紙に書きなさい。

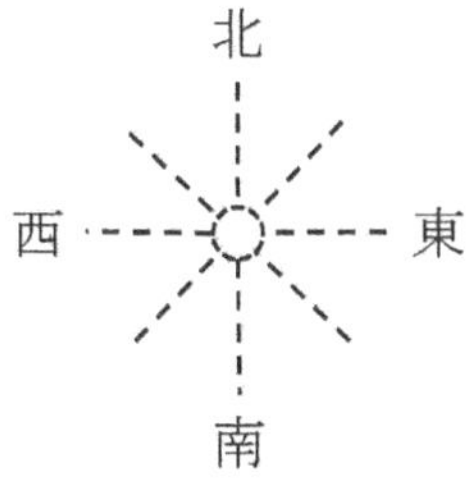

問５　下線部５について，日本の冬は，ユーラシア大陸上にシベリア高気圧が発達し，太平洋海上には低気圧があることが多い。このため気圧の差が生じ冷たく乾燥した季節風が吹くため，日本各地が寒くなる。このような日本の冬に特徴的な気圧配置を何というか，漢字で答えなさい。

問６　次の文は，気象予報士がある日の天気についてコメントしたものである。その日の天気図として最も適しているのはどれか，次の（ア）～（オ）の中から１つ選び，記号で答えなさい。

「今日は，前線をともなった低気圧が通過する影響で，北日本は日本海側から雨が降ります。一時的に強まって雷や突風をともなうおそれがあります。太平洋側も，雨の降りやすい空模様となります。東日本から西日本は，晴れたり曇ったりと変わりやすい空となります。」

（ア）

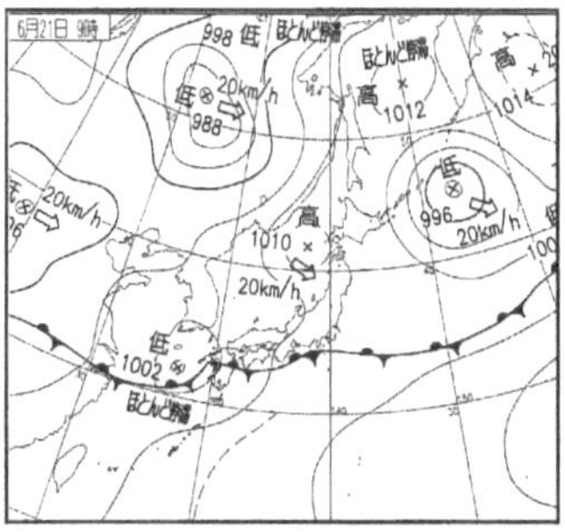

（イ）

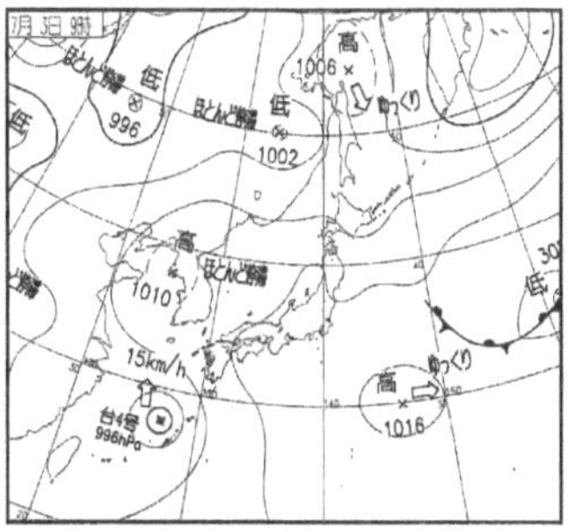

（ウ）

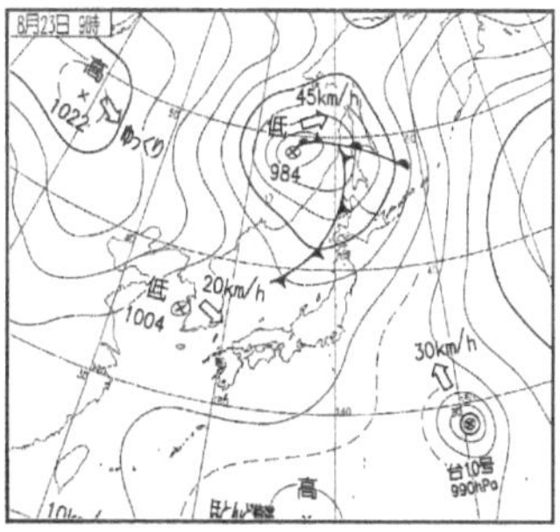

（エ）

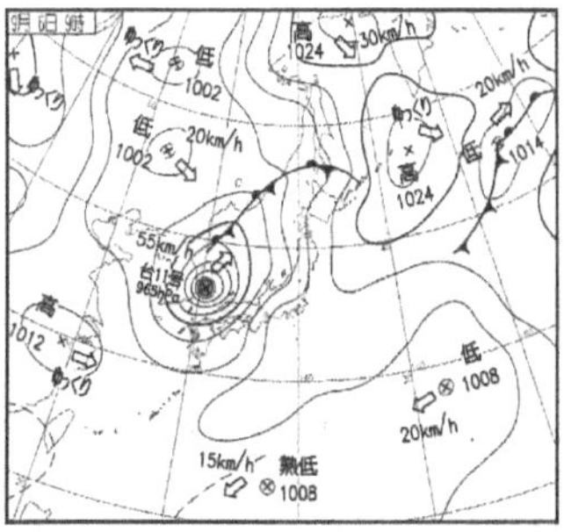

（オ）

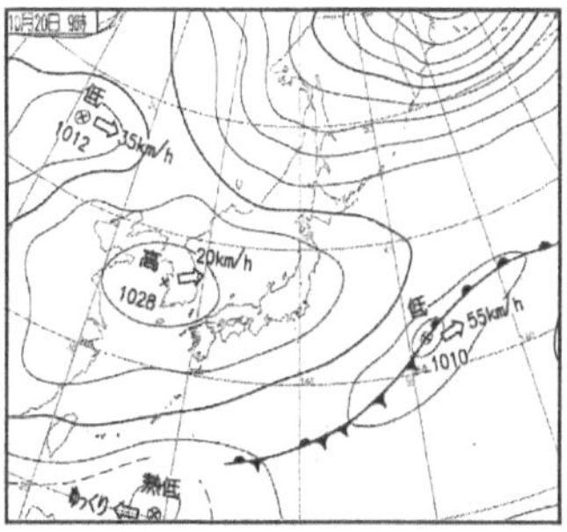

【気象庁ホームページより】

4 次の文章を読み，問いに答えなさい。

> 生物が二酸化炭素からデンプンなどの有機物を合成するはたらきを${}_1$炭酸同化という。特に植物や藻類の多くは，光エネルギーを利用する炭酸同化，すなわち${}_2$光合成を行っている。光合成は${}_3$葉緑体内で行われており，種子植物では，葉のさく状組織や海綿状組織にある葉肉細胞に，１細胞あたり数十個から百個以上の葉緑体が存在している。葉緑体にはクロロフィルなどの色素が含まれており，これらの色素はいずれも光を吸収し，光合成に必要なエネルギーを供給しているので，光合成色素とよばれている。
>
> 温帯や亜寒帯に生息する多くの植物では，外界からのCO_2を取り入れた際の初期産物として３個の炭素原子を含む化合物（これをC_3化合物という）を生成する。このような植物をC_3植物という。C_3植物の場合，日中に${}_4$気孔を開くが，気温が高く，乾燥した条件下では気孔を閉じる。すると，葉緑体を含むさく状組織や海綿状組織などの葉肉細胞内のCO_2濃度が下がり，さらにO_2はCO_2を生体内に取り込むはたらきを阻害するため，光合成の効率が低下してしまうことが知られている。これに対して，熱帯原産のトウモロコシやサトウキビなどは，CO_2はC_3化合物ではなく，４個の炭素原子を含むC_4化合物にいったん変えられる。このような植物はC_4植物とよばれる。C_4植物では，CO_2は葉肉細胞の葉緑体内で取り入れられ，葉の${}_5$維管束を取り巻く維管束鞘（いかんそくしょう）細胞へと送られる。維管束鞘細胞では，CO_2を取り出す反応によってCO_2濃度を高く保ち，高温・乾燥条件で光合成の効率が低下するのを防いでいる。
>
> また，砂漠地帯などに育つベンケイソウやサボテンなどの多肉植物は，より乾燥に適した光合成を行う。これらの植物は，多くの植物とは逆に，日中は気孔を閉じ，夜になると開いてCO_2を吸収する。吸収されたCO_2は，４個の炭素原子を含むC_4化合物に変えられて液胞にためられ，昼間再びCO_2にもどって有機物合成に利用される。このような代謝経路によるCO_2の取り込みを行う植物は${}_6$CAM植物（カム植物）とよばれる。

問１　下線部１について，炭酸同化の能力をもつ生物を生産者というのに対し，生産者がつくり出した有機物を直接消費する植物食性動物や，植物食性動物を食べることで間接的に生産者がつくり出した有機物を消費する動物食性動物を総称して何というか，答えなさい。

問２　下線部２について，次の２つの反応式は，それぞれ光合成と呼吸についての反応を表している。(①)～(④)に入る語句として正しいものを，次の（ア）～（オ）の中から１つずつ選び，それぞれ記号で答えなさい。

光合成：（　①　）＋（　②　）＋光エネルギー→（　③　）＋酸素

呼　吸：（　③　）＋（　④　）→（　②　）＋水＋エネルギー

（ア）二酸化炭素　（イ）水　（ウ）窒素　（エ）酸素　（オ）有機物

問３　下線部３について，次の記述Ⅰ～Ⅳのうち，葉緑体に関して正しく説明されているものはどれか，過不足なく含むものを次のページの（ア）～（コ）の中から１つ選び，記号で答えなさい。

Ⅰ　タマネギの根端細胞には，サクラの葉の葉肉細胞より多くの葉緑体が観察される。

Ⅱ　光合成を行ったササの葉の葉肉細胞の葉緑体では，ヨウ素液で青紫色への変化が確認できる。

Ⅲ　コケ植物には維管束がないので，葉緑体も存在していない。

Ⅳ　シダ植物は種子をつくらず胞子で増えるが，葉緑体による光合成を行っている。

（ア）Ⅰ　（イ）Ⅱ　（ウ）Ⅲ　（エ）ⅠⅢ　（オ）ⅡⅢ
（カ）ⅡⅣ　（キ）ⅠⅡⅣ　（ク）ⅠⅢⅣ　（ケ）ⅡⅢⅣ　（コ）ⅠⅡⅢⅣ

問４　下線部４について，次の物質ａ～ｆのうち気孔を出入りする適当な物質は何か，過不足なく含むものを，次の（ア）～（ケ）の中から１つ選び，記号で答えなさい。

ａ　入る水蒸気　ｂ　出る水蒸気　ｃ　入る二酸化炭素　ｄ　出る二酸化炭素
ｅ　入る酸素　ｆ　出る酸素

（ア）ａｃｅ　（イ）ｂｃｅ　（ウ）ｃｄｆ　（エ）ａｂｃｅ　（オ）ａｃｅｆ
（カ）ｂｃｄｅ　（キ）ａｃｄｅｆ　（ク）ａｂｃｄｅ　（ケ）ｂｃｄｅｆ

問５　下線部５について，次の記述Ⅰ～Ⅳのうち，道管のはたらきとして適当な記述には（ア）を，師管のはたらきとして適当な記述には（イ）を，道管および師管のどちらについても当てはまる記述には（ウ）を，道管および師管のどちらにも当てはまらない記述には（エ）をそれぞれ答えなさい。

Ⅰ　葉緑体をもち，光合成を行っている。
Ⅱ　根から吸収された水や，水に溶けた肥料分の通り道である。
Ⅲ　光合成によってつくられた養分の通り道である。
Ⅳ　ヒマワリの茎では，骨組みとして葉や花を支えるはたらきをになっている。

問６　下線部６について，ＣＡＭ植物が日中に気孔を閉じる理由は何か，簡潔に答えなさい。

５　次の会話文を読み，問いに答えなさい。

鈴木先生：「今日は，先日行った実験１～４についてまとめていきたいと思います。実験で使用した無色の水溶液Ａ～Ｅは，食塩水，砂糖水，うすい塩酸，アンモニア水，石灰水の５種類でしたね。実験１では，各水溶液のにおいを調べてもらいました。どのような結果になりましたか。」

敏史さん：「Ａはかすかに鼻がつんとするにおいがありました。Ｂは鼻をさす特有のにおいがあり，Ｃ，Ｄ，Ｅはいずれもにおいはしませんでした。」

鈴木先生：「そうでしたね。実験２では各Ａ～Ｅの水溶液にフェノールフタレイン溶液を２～３滴加えて色の変化を見てもらいました。どうなりましたか。」

敏史さん：「ＢとＥは赤くなりましたが，Ａ，Ｃ，Ｄはいずれも色は変化しませんでした。」

鈴木先生：「実験３では，水溶液Ａ～Ｅをそれぞれかわいたスライドガラスに１滴ずつとり，ガスバーナーであたためてもらいました。この結果はどのようになりましたか。」

敏史さん：「ＡとＢは何も残りませんでしたが，ＤとＥは白い固体が残りました。Ｃは最終的に黒くなりました。」

鈴木先生：「最後に実験４では，各水溶液を別々の試験管に10cm^3ずつとり，それぞれにスチールウールを入れてもらいました。どのような変化が見られましたか。」

敏史さん：「この実験４ではＡだけから気体が発生し，出てきた気体を試験管に集めて，マッチの火を近づけたら，ポンという音がして燃えました。」

鈴木先生：「そうでしたね。集めた気体はもちろん（　　　）になります。では，実験１～４の結果からＡ～Ｅの水溶液はそれぞれどの水溶液になるか考えてみましょう。」

問１　実験１において，においを調べるときに，どのようににおいをかげばよいか，簡単に説明しなさい。

問２　実験２において，ＢとＥの水溶液はフェノールフタレイン溶液で赤くなったことから，どのようなイオンが含まれているか，イオンを表す化学式で答えなさい。

問３　文中の（　）の気体を発生させて試験管に集めるための最も適切な方法を何というか，答えなさい。

問４　水溶液Ａ～Ｅに緑色のＢＴＢ溶液を１滴ずつ加えたとき，黄色に変化するのはどれか，Ａ～Ｅの中から１つ選び，記号で答えなさい。

問５　水溶液Ａ～Ｅをそれぞれ試験管の中に入れ，火のついた線香を入れよく振ったとき，白く濁るのはどれか，Ａ～Ｅの中から１つ選び，記号で答えなさい。

問６　水溶液Dは何か，答えなさい。

【社　会】（50分）　＜満点：100点＞

1　日本の貨幣や紙幣を見て，問いに答えなさい。

問１　右の硬貨に刻まれた建築物が建てられた時代の仏教の記述として正しいものを，下の（あ）～（え）から１つ選び，記号で答えなさい。

（あ）蘇我氏が仏教の導入を積極的にすすめ，寺院は当時古墳にかわって豪族の権威を示す役割を果たしていた。

（い）聖武天皇は，疫病や社会不安を取り除こうとして仏教を保護し，都には東大寺，国ごとには国分寺・国分尼寺を建立した。

（う）戦乱やききんがあいつぐ中，わかりやすく信仰しやすい新たな仏教が生まれた。栄西や道元は，坐禅によりさとりを得るという禅宗を宋から伝え，武士たちに受け入れられた。

（え）仏教の力がおとろえる末法の時代が来るという思想が広がり，人々は死後に極楽浄土へ生まれ変わることを願う浄土信仰が流行した。

問２　右の【紙幣１】に描かれた建築物が建てられた地域の記述として正しいものを，下の（あ）～（え）から１つ選び，記号で答えなさい。

【紙幣１】

（あ）この地域の人々は，東シナ海を根拠地として密貿易や海賊行為を行い，中国や朝鮮を苦しめていた。

（い）この地域の人々は，中国と朝貢貿易を行っており，日本・朝鮮・東南アジアともさかんに交易を行い，中継貿易によって繁栄した。

（う）この地域の人々は，幕府から朱印状と呼ばれる貿易許可証を与えられ，東南アジア各地に日本町をつくるなど活発に交易を行っていた。

（え）この地域の人々は，樺太に進出し，中国大陸の沿海州地方と活発に交易も行っており，津軽の領主安東氏とも，サケや昆布・毛皮などの交易を行っていた。

問３　右の【紙幣２】に描かれた人物についての記述として正しいものを，下の（あ）～（え）から１つ選び，記号で答えなさい。

【紙幣２】

（あ）土佐藩出身であり，薩長同盟を仲介し，大政奉還の実現に力を尽くした。

（い）長州藩出身であり，大日本帝国憲法をつくるかたわら，初代総理大臣となった。

（う）江戸幕府の幕臣出身であり，開国・海防の重要性を説き，海軍学校設立に力を注いだ。

（え）中津藩出身であり，欧米に留学して西洋の様子を日本に紹介し，『学問のすゝめ』を著した。

問４　次のページの【紙幣３】に描かれた人物について，問いに答えなさい。

Ⅰ．この人物についての記述として正しいものを，次のページの（あ）～（え）から１つ選び，記号で答えなさい。

【紙幣３】

（あ）岩倉使節団とともに派遣された最初の女子留学生の１人であり，帰国後，女子教育に生涯をささげた。

（い）女流歌人であり，日露戦争がはじまると反戦詩を『明星』に発表し論争を呼んだ。

（う）女流作家で『たけくらべ』や『にごりえ』を発表し，都市に生きる貧しい女性を描いた。

（え）『青踏社』をつくり，女性に対する古い慣習や考え方を批判する活動を行った。

Ⅱ．この人物が亡くなった1896年前後のできごととして正しいものを，下の（あ）～（え）から１つ選び，記号で答えなさい。

（あ）アメリカで，リンカンが奴隷解放宣言を行う。

（い）日清戦争の講和条約である下関条約が結ばれる。

（う）伊藤博文がハルビン駅で暗殺される。

（え）南満州鉄道株式会社が発足する。

2　８世紀末以降の古代政治について，次の文章を読み，問いに答えなさい。

> ８世紀末，都では寺院の勢力が強まり，やがて政治と結びつくようになった。781年に即位した桓武天皇は天皇権力を強化するために，都を仏教勢力の強い［A］京から交通にも便利であった長岡京へ移した。さらに，794年には［B］京に移した。桓武天皇は全ての仏教を否定したわけではなく，新しい都には東寺，西寺を建てた。また，①新しい仏教を取り入れる目的で唐に留学僧を派遣した。
>
> 桓武天皇は地方の政治を立て直し，②農民の負担を軽くするための政策を行った。また，③東北地方北部には，律令国家の支配が及ばない人々が住み，激しい戦いをくりひろげ抵抗していた。朝廷はこれらの人々を平定するために坂上田村麻呂を［C］に任命し，東北地方の彼らの拠点を攻撃したが，その後も抵抗は続いた。
>
> 平安時代，政治の実権を握ったのは貴族であった。なかでも④藤原氏は他の貴族をつぎつぎと退け，その一族で朝廷の官職を独占し，⑤広大な私有地をもつようになった。さらに藤原氏は，自分の娘を天皇の后《きさき》とし，生まれてきた子どもを天皇にして，⑥天皇が幼いときには天皇の政治を代行する職につき，成人後は後見役として天皇を補佐する職についた。このような政治は11世紀前半の［D］とその子頼通のころにもっとも栄えた。

問１　文中［A］～［D］にあてはまる語句を，それぞれ答えなさい。

問２　下線部①について，唐で天台宗を学び，帰国後に比叡山延暦寺を創建した僧は誰ですか，下の（あ）～（え）から１つ選び，記号で答えなさい。

（あ）最澄　（い）鑑真　（う）空海　（え）親鸞

問３　下線部②について，その内容として正しいものを，次のページの（あ）～（え）から１つ選び，記号で答えなさい。

（あ）田から徴収する税である租を軽減した。　（い）布を納める庸を軽減した。
（う）地方の特産物などを納める調を軽減した。　（え）地方での労役の日数を軽減した。

問４　下線部③について，このような人々を朝廷では何と呼んでいましたか，**ひらがな**で答えなさい。

問５　下線部④について，藤原氏によって退けられた貴族の一人に菅原道真がいます。菅原道真と関係が深いものを，下の（あ）～（え）から１つ選び，記号で答えなさい。

（あ）日光東照宮　（い）大宰府天満宮　（う）伊勢神宮　（え）厳島神社

問６　下線部⑤について，743年に墾田永年私財法が定められたことで開墾がはじまり，のちに貴族や寺社などが独占するようになった広大な私有地を何といいますか，**漢字２字**で答えなさい。

問７　下線部⑥について，このような政治を何といいますか，答えなさい。

3　日本について，【地図１】を見て，問いに答えなさい。

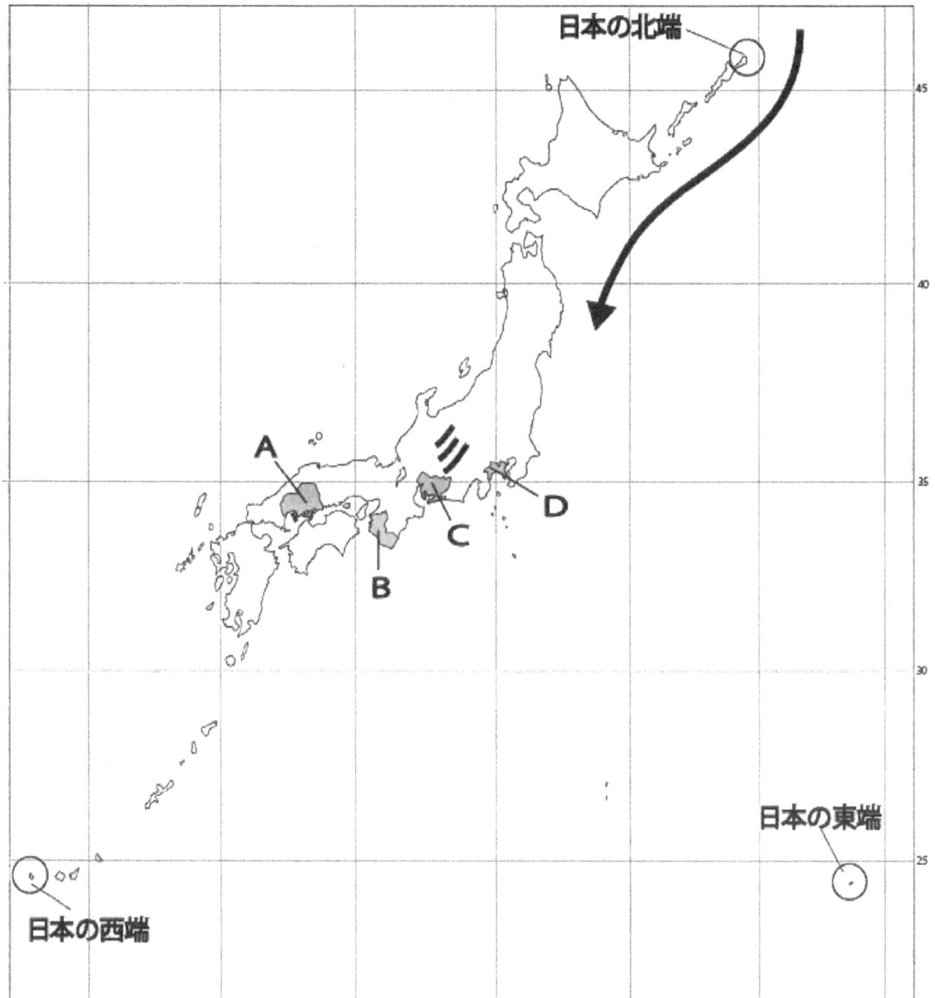

【地図１】

問1　次の文章を読み，問いに答えなさい。

> 山がちな島国である日本は，ユーラシア大陸の東岸に位置し，環太平洋造山帯に属しており，弧状列島を形成している。南北は緯度で約 [A] 度の幅があり，東西では経度で約 [B] 度の幅がある。また，環太平洋造山帯に属しているため， [C] 。

Ⅰ．文中 [A] ・ [B] にあてはまる数字の組み合わせとして正しいものを，下の（あ）～（え）から1つ選び，記号で答えなさい。

（あ）A：25　B：30　　（い）A：30　B：25

（う）A：30　B：35　　（え）A：35　B：30

Ⅱ．文中 [C] に入る文として正しいものを，下の（あ）～（え）から1つ選び，記号で答えなさい。

（あ）台風が頻発し，多くの被害をもたらす

（い）石炭や鉄鉱石などの地下資源が豊富である

（う）山地の起伏が少なく，なだらかな地形が多い

（え）火山活動や地震などの自然災害が多い

問2　日本の最西端である与那国島の日の出の時刻が午前6時の時，日本の最東端である南鳥島の日の出の時刻はおよそ何時ですか。最も近いものを，下の（あ）～（え）から1つ選び，記号で答えなさい。

（あ）午前4時　（い）午前5時　（う）午前7時　（え）午前8時

問3　地図中に示された3つの山脈 /// は，飛騨山脈・木曽山脈・赤石山脈ですが，この3つの山脈をまとめて何といいますか，答えなさい。

問4　地図中に示された海流 ← の説明として正しい組み合わせを，下の（あ）～（え）から1つ選び，記号で答えなさい。

（あ）親潮・寒流　（い）親潮・暖流

（う）黒潮・寒流　（え）黒潮・暖流

問5　右の【グラフ1】は，輸送用機械の生産額の都道府県別割合をあらわしたものです。Xにあてはまる都道府県を，地図中A～Dから1つ選び，記号で答えなさい。また，その都道府県名も答えなさい。

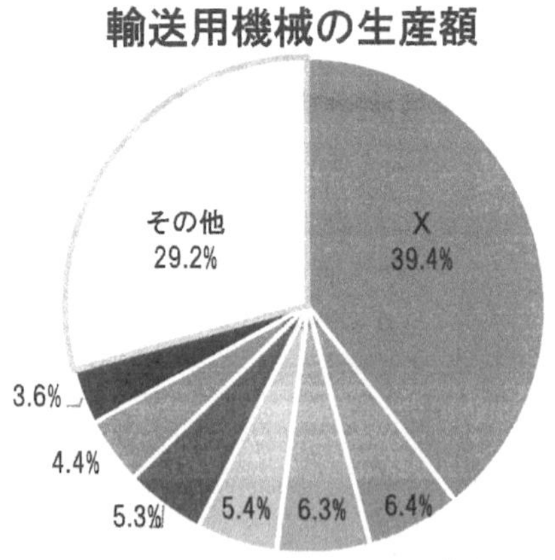

（2015年　経済センサス）　【グラフ1】

問6　下の表のa～dは，中国・ブラジル・インドネシア・日本のいずれかの国の領土と排他的経済水域の面積をあらわしています。日本にあたるものを，a～dから1つ選び，記号で答えなさい。

	a	b	c	d
領土	960	38	852	191
排他的経済水域	96	447	317	541

（単位；万㎢）

4　南アメリカについて，【地図２】を見て，問いに答えなさい。

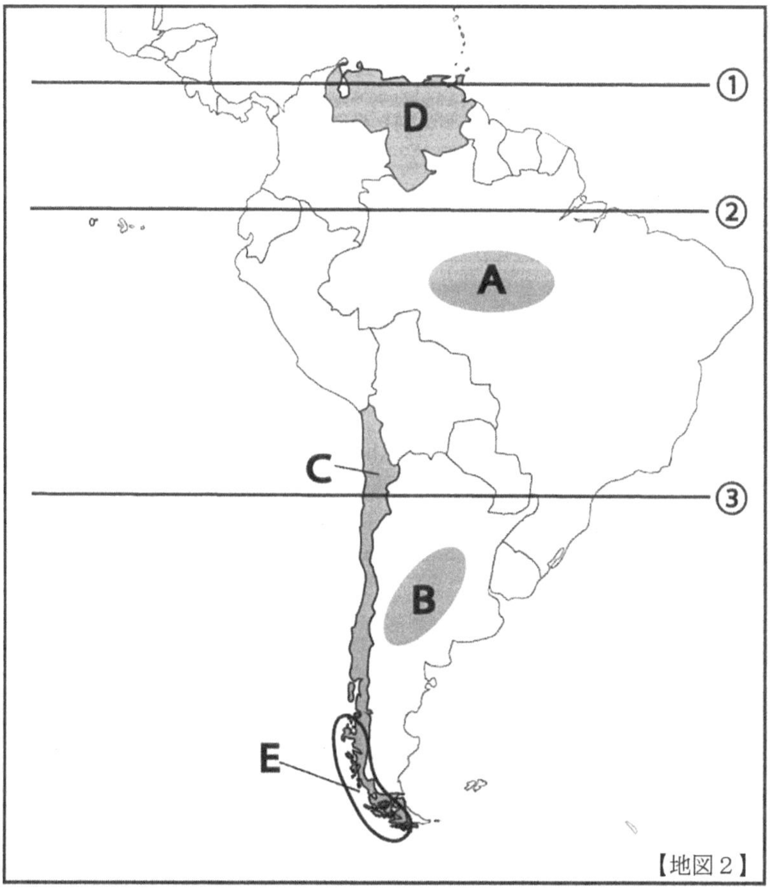

【地図２】

問１　地図中①～③から赤道を表すものを１つ選び，記号で答えなさい。

問２　地図中　Aの熱帯雨林と　Bの草原を何といいますか，それぞれの組み合わせとして正しいものを，下の（あ）～（え）から１つ選び，記号で答えなさい。

（あ）A：ジャングル　B：パンパ　　（い）A：セルバ　B：パンパ

（う）A：ジャングル　B：プレーリー　　（え）A：セルバ　B：プレーリー

問３　地図中Cの国とDの国が輸出する主な鉱産資源は何ですか，それぞれの組み合わせとして正しいものを，下の（あ）～（え）から１つ選び，記号で答えなさい。

（あ）C：銅　D：鉄鉱石　　（い）C：石炭　D：石油

（う）C：銅　D：石油　　（え）C：石炭　D：鉄鉱石

問４　ブラジルはロシア・インド・中国・南アフリカ共和国とともに，経済成長や工業化の著しい国として，何と呼ばれていますか，**アルファベット５字**で答えなさい。

問５　南アメリカは先住民・ヨーロッパ系・アフリカ系の人々からなり，異なる文化が混ざり合う社会となっています。16世紀から19世紀の間に，アフリカ系の人々が南アメリカへ，強制的に連れてこられた主な理由を説明しなさい。

問６　南アメリカで生活する，ヨーロッパ系と先住民の混血の人々を何といいますか，**カタカナ**で答えなさい。

問７　地図中⬭Eの地域では，出入りの激しい湾や入り江が連続する氷河地形がみられます。このような海岸を何といいますか，答えなさい。

問８　ブラジルの農産物の主要輸出品として**誤っているもの**を，下の（あ）～（え）から１つ選び，記号で答えなさい。

（あ）小麦　（い）大豆　（う）コーヒー　（え）サトウキビ

5　憲法改正や「18歳成年（成人）制」のスタートについて，次の文章を読み，問いに答えなさい。

2022年７月10日，①参議院議員選挙が行われました。その結果②自由民主党が勝利をおさめ，衆議院と同様に③憲法改正に前向きな議員が多くを占めることになりました。

日本国憲法は，施行後70年以上が経過していることから，現在の日本の防衛に関する問題や，④新たな人権問題などに対応するため憲法改正を主張する人がいる一方で，平和主義や自由の理念を守るため憲法改正に反対する人も多数います。憲法は国の基本法規であり最高法規であることから，慎重な議論が必要になります。

2022年４月１日から，⑤「18歳成年（成人）制」がスタートしました。18歳の誕生日を迎えた人は自分の住む場所や進路を自由に決めることができ，クレジットカードを作ったりローンを組むこともできるようになりました。「18歳成年（成人）制」はメリットがある一方で，商品の契約に関するトラブルに巻き込まれるなどの心配があります。消費者契約に関するルールや金融についての正しい知識を学ぶことが大切です。また，18歳からは有権者として国政選挙や地方選挙への選挙権を持つことになります。今回の参議院議員選挙は，全体的には前回に比べ投票率が少し上昇しましたが，⑥18歳から29歳の投票率は他の年齢層と比較すると，投票率が低い結果になりました。成年（成人）になるということは，社会生活を送るうえで一人の大人として扱われる一方，自分の判断で政治，社会活動に参加する責任を負うことになります。主体的な社会生活を送るためには，政治，社会問題に興味をもち，正確な情報を冷静に考察し，その解決に向けて自発的に取り組むことが大切になります。

問１　下線部①について，日本の国会は衆議院・参議院の二院制を採用しています。国会の活動について，参議院だけに認められているものを，下の（あ）～（え）から１つ選び，記号で答えなさい。

（あ）予算の審議・議決　（い）緊急集会の開催　（う）証人喚問の実施　（え）内閣不信任の決議

問２　下線部②について，自由民主党や公明党といった政権を担当している政党を何といいますか，**漢字２字**で答えなさい。

問３　下線部③について，日本国憲法の改正手続きは，憲法第96条や国民投票法で規定されています。その内容をまとめた以下の文章の［A］～［C］にあてはまる語句，数字を，それぞれ答えなさい。

衆参両院に設置された［A］会，または衆議院議員100人以上（参議院議員50人以上）による憲法改正原案が国会に提出されると，衆参両院で審議されます。両議院の総議員の

B 以上の賛成で可決されると，国会は国民に対して憲法改正を C します。その後，国民投票が行われ，有効投票の過半数の賛成を得ると，憲法が改正されます。

問４　下線部④について，次のⅠ～Ⅲの文の下線部に関係の深い基本的人権を，下の（あ）～（え）から１つ選び，記号で答えなさい。

Ⅰ．新型コロナウイルス感染防止対策の一環として，飲食店やカラオケ店などに営業自粛や時間短縮の要請が出されたが，この動きに対し過度の要請は，基本的人権を侵害するのではないかという指摘がある。

Ⅱ．ヘイトスピーチとは，人種や出身国，性別，容姿などについて，特定の個人や集団を攻撃したり，侮辱《ぶじょく》する言葉や行動のことである。在日外国人に対しての規制はすでに行われていたが，現在，さまざまな個人，団体に対しヘイトスピーチが深刻化していることから規制の強化が議論されている。この動きに対し過度の規制は，基本的人権を侵害するのではないかという指摘がある。

Ⅲ．新型コロナウイルス感染拡大のため，オンライン授業や教育のＩＣＴ化が進んでいる。しかし，ネット環境の差などから基本的人権が侵害されるとの指摘がある。

（あ）学問の自由　（い）表現の自由　（う）教育を受ける権利　（え）経済の自由

問５　下線部⑤について，「18歳成年（成人）制」を規定している法律は何ですか，下の（あ）～（え）から１つ選び，記号で答えなさい。

（あ）刑法　（い）消費者基本法　（う）労働基準法　（え）民法

問６　下線部⑥について，18歳から29歳の若年層の投票率を上げるための方法として**ふさわしくないもの**を，下の（あ）～（え）から１つ選び，記号で答えなさい。

（あ）投票しなかった人に対して，次回の選挙で投票する権利を認めないようにする。

（い）高等学校や大学などで主権者教育を充実させる。

（う）若年層が関心のある問題を選挙公約に入れ，選挙の争点とする。

（え）政党や立候補者がＳＮＳなどで若年層に直接訴えかける。

6　日本の経済と財政について，次の文章を読み，問いに答えなさい。

金融にはさまざまな方法があります。企業などが①株式や債券を発行することで出資者から資金を集めることを，直接金融といいます。それに対して，②銀行などを通じて③資金を集めることを A といいます。

金融は，経済全体の資金の流れを円滑にすることで，家計や企業の④経済活動を助ける働きをもっており，家計の貯蓄などを，資金を必要としている企業などへ融通して，生産活動や消費活動がとどこおりなく行われるようにしています。

金融がうまく機能しない場合は，経済に悪影響をもたらすことがあります。近年では，金融の規模が大きくなったため，経済全体にあたえる影響も大きなものになっています。政府は，⑤財政を通じて，金融を含めた経済活動を慎重に考えながら予算を作成しています。

問１　文中 A にあてはまる語句を，**漢字４字**で答えなさい。

問２　下線部①について，次のページのⅠ・Ⅱの場合の株価はどのように変化しますか，解答の組み合わせとして正しいものを，下の（あ）～（え）から１つ選び，記号で答えなさい。

Ⅰ．ある企業が画期的な商品を開発し，多くの人がその企業の株式を購入した。

Ⅱ．ある企業の業績を悪化させそうな出来事が起こり，多くの人がその企業の株式を売った。

（あ）Ⅰ：上がる　Ⅱ：上がる　　（い）Ⅰ：上がる　Ⅱ：下がる

（う）Ⅰ：下がる　Ⅱ：上がる　　（え）Ⅰ：下がる　Ⅱ：下がる

問３　下線部②について，次の問いに答えなさい。

Ⅰ．日本の中央銀行である日本銀行に口座をもつことが**できないもの**を，下の（あ）～（え）から１つ選び，記号で答えなさい。

（あ）銀行　（い）外国の政府　（う）日本の政府　（え）個人

Ⅱ．日本銀行の金融政策として正しいものを，下の（あ）～（え）から１つ選び，記号で答えなさい。

（あ）不景気の時は銀行の資金量が増えるので，公共投資を増やして企業の仕事を増やす。

（い）不景気の時は国債などを銀行へ売り，代金を受け取る。

（う）好景気の時は銀行の資金量が減るので，増税をして企業や家計の消費を減らそうとする。

（え）好景気の時は国債などを銀行へ売り，代金を受け取る。

問４　下線部③について，次の問いに答えなさい。

Ⅰ．資金を借りた場合，借り入れた金額の他に一定期間ごとに支払うものは何ですか，**漢字２字**で答えなさい。

Ⅱ．日本で出回っている通貨には現金通貨と預金通貨があります。この割合に最も近いものを，下の（あ）～（え）から１つ選び，記号で答えなさい。

（あ）現金通貨10%　預金通貨90%　　（い）現金通貨50%　預金通貨50%

（う）現金通貨70%　預金通貨30%　　（え）現金通貨90%　預金通貨10%

問５　下線部④について，企業や家計が取引するもので形のある商品を財といいますが，それに対して形のない商品を何といいますか，**カタカナ**で答えなさい。

問６　下線部⑤について，次の【グラフ２】を参考に以下の文中 [B] ・ [C] にあてはまる語句を，次のページの（あ）～（え）からそれぞれ選び，記号で答えなさい。また， [X] にあてはまる語句を，**漢字３字**で答えなさい。

国の一般会計予算（2017年度当初）

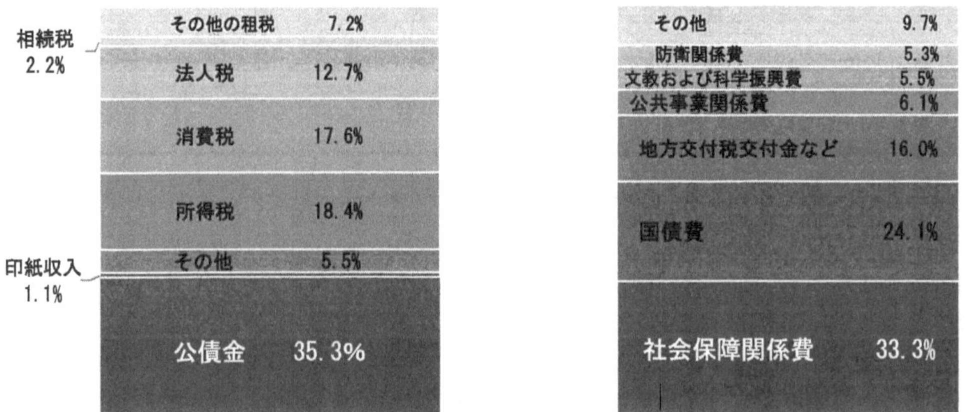

【グラフ２】

政府は財政を行うために１年間の予算を計画している。一般会計予算について，歳入のうち，税金だけで歳出をまかなえない場合に政府がする借金の総称を［ B ］という。また，歳出では老齢年金などの［ C ］が多い。この理由の一つは［ X ］の数が多いことである。

（あ）法人税　（い）社会保障関係費　（う）公共事業関係費　（え）公債金

問７　日本では，所得税や相続税には，所得が多くなればなるほど高い税率を適用しています。この方法を何といいますか，**漢字４字**で答えなさい。

資料②　2021年 各メディアの情報信頼度（100点満点、属性別）

	総数	男性	女性	18、19歳	20代	30代	40代	50代	60代
NHKﾃﾚﾋﾞ	69.0	67.2	70.6	66.1	61.6	63.6	66.7	71.6	70.5
新聞	67.7	66.0	69.4	67.4	63.9	62.9	65.9	69.4	69.0
民放ﾃﾚﾋﾞ	61.3	59.3	63.3	61.8	58.6	56.5	58.2	63.4	64.0
ラジオ	55.4	54.7	56.0	57.0	54.5	54.4	54.9	58.8	54.6
ｲﾝﾀｰﾈｯﾄ	49.2	49.1	49.4	52.1	54.3	54.6	51.3	52.5	48.8
雑誌	42.3	41.1	43.4	44.8	44.4	45.6	44.8	44.4	38.6

（「メディアに関する全国世論調査」より　※ 一部改編あり）

四　次の資料①・②を参考にして、後の問いに答えなさい。
（資料②は次のページにあります。）

問一　資料①・②について説明した次の文の空欄にあてはまる語句または数字を答えなさい。

> 2021年度でもっとも信用度の高いメディアは（　a　）となり，100点満点で（　b　）点の信頼度を得ていることが分かる。次いで新聞，民放テレビ，ラジオ，（　c　），雑誌の順になっている。2008年度の調査開始以来，どのメディアも信頼度は低下する傾向にあり，特に2011年度以降，いくつかのメディアでは大きな低下が生じていたが，（　a　）が今なお高い信頼を得ているのが分かる。それに続く新聞は67.7点と（　a　）と近い値である。そして民放テレビが（　d　）点と続く。同じテレビでも民放テレビはＮＨＫテレビと比べて（　e　）点も低い値にとどまっており，情報の信頼性における両者の差が表れている。

問二　資料②から読み取ることができる内容として**適当でないもの**を次から選び、記号で答えなさい。

ア　五〇代、六〇代はテレビ、新聞への信頼度が他の年代よりも高い。
イ　男性よりも女性の方が各メディアへの信頼度が高い。
ウ　一〇代、二〇代はテレビよりも信頼度が高いメディアがあり、他の年代よりもインターネットへの信頼度も高い。
エ　総数において、最も信頼度が高いメディアでも七〇点を上回らない。

資料①　各メディアの情報信頼度（100点満点、年度別）

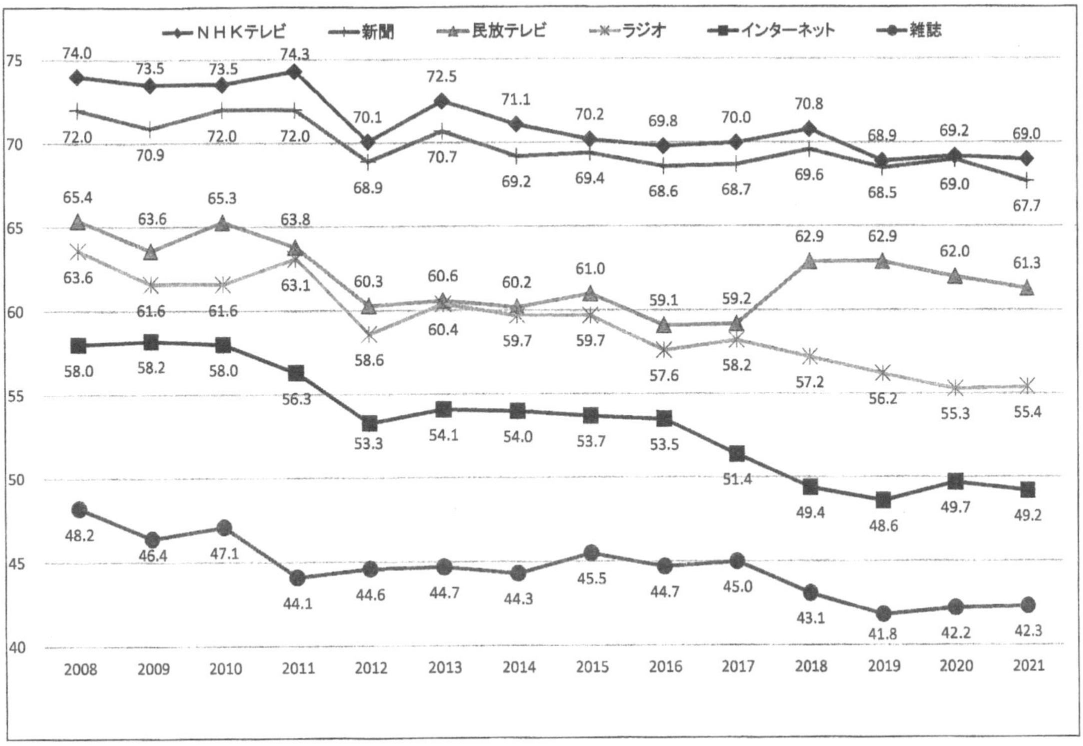

かくさんとて、よき者を誹《そし》り笑ふ事あり。

ある者座敷を立てて絵を描かする。白鷺《しらさぎ》の一色を望む。絵描き、「心得たり」とて焼筆をあつる。亭主の4いはく、「いづれも良さそうなれども、この白鷺の飛びあがりたる、羽づかひが5かやうでは飛ばれまい」といふ。絵描きのいはく、「いやいやこの飛びやうが第一の出来物ぢや」といふうちに、本の白鷺が四五羽うちつれて飛ぶ。亭主これを見て、「あれ見給へ。6あのやうに描きたいものぢや」といへば、7絵描きこれを見て、「いやいやあの羽づかひではあつてこそ、それがしが描いたやうにはえ飛ぶまい」というた。

（『仮名草子集』）

（注）・自慢くさき…自慢ばかりしたがる
・未練…未熟
・物の上手の上からは…名人や達人の場合には
・手上の者…技量がすぐれている者
・武辺…武芸
・口上…武士としての口のきき方
・荒言…偉そうなこと
・疵…欠点
・一色…他のものを描かないこと
・焼筆…細長い木の端を焼きこがして作った筆
・羽づかひ…羽の使い方
・第一の出来物…もっともすぐれた点
・本の…本当の

問一　傍線部2・4・5を現代かなづかいに直しなさい。

問二　傍線部1について、未熟な者がすることとして**適当でないもの**を次から選び、記号で答えなさい。

ア　なんでも自慢する。
イ　謙虚な言い方をする。
ウ　勝手なことをする。
エ　立派な人を誹り笑う。

問三　傍線部3「物の上手の上からは、すこしも自慢はせぬ事なり」とあるが、名人がこのように振る舞う理由として最も適当なものを次から選び、記号で答えなさい。

ア　周囲の人に対していちいち自慢するのが面倒なことだから。
イ　世の中には自分よりも優れている人がいることを知っているから。
ウ　自慢することで未熟な者から嫉妬されるのが嫌だから。
エ　未熟な者たちに自慢してもすばらしさを理解してもらえないから。

問四　傍線部6「あのやう」の指す内容を「飛ぶ姿」につながるように本文中から五字で抜き出して答えなさい。

問五　傍線部7「絵描きこれを見て、『いやいやあの羽づかひではあつてこそ、それがしが描いたやうにはえ飛ぶまい』というた」とあるが、絵描きがこのように言った理由として最も適当なものを次から選び、記号で答えなさい。

ア　自分の絵の技術が未熟なことをごまかすため。
イ　白鷺の飛び方があまりにも不格好だったため。
ウ　亭主が白鷺について何も知らなかったため。
エ　自分が鳥の美しい飛び方を熟知しているため。

問三　傍線部2「呑気な彼らの相槌がひどくちぐはぐに思えた」とあるが、どのような点が「ちぐはぐ」なのか。最も適当なものを次から選び、記号で答えなさい。

ア　母は娘の同級生が何人も亡くなったという悲惨な事故を語っているのに、周囲の人たちは、世間話をするときのような受け答えをしているから。

イ　一歩間違えれば、私が危険な目に遭っていたかも知れないのに、周囲の人たちはまるで気にも留めていないように、適当にあしらっているから。

ウ　母は思い出したことを次々とまくしたてるようにして話しているのに、周囲の人たちはゆっくりとおだやかなペースで受け答えをしているから。

エ　母は遠い昔の記憶を思い出しながら話をしているのに、周囲の人たちはまるで今この場所で起きていることであるかのような応対をしているから。

問四　傍線部3「奈津子は自分の指先からすうっと血の気が引いていくような気がした」について、このときの奈津子の心情として最も適当なものを次から選び、記号で答えなさい。

ア　病気の母が、奈津子の問いかけをきっかけにして、徐々に昔の記憶を取り戻しつつあることへの驚きと喜び。

イ　母が断片的な記憶をつなぎ合わせて、ありえないことを平気で奈津子や周囲に話していることに対する怒り。

ウ　母の病気が思いのほか進行し、奈津子が子どもだったときの記憶を無くしてしまっていることを知った悲しみ。

エ　断片的だった記憶がしだいに形になることで、予想もしない事実に導かれようとしていることへの恐れと不安。

問五　傍線部4「座りがわるい思い」に最も近い気持ちを次から選び、記号で答えなさい。

ア　腹の虫がおさまらない　　イ　気持ちが晴れない

ウ　いたたまれない　　エ　やる気が出ない

問六　傍線部5「母の目はまっすぐ奈津子を見ていた」とあるが、このとき母親はどのような目で娘を見ていたのか。最も適当なものを次から選び、記号で答えなさい。

ア　自分が嘘を言っているかのように思われていることに対して不満を訴える眼差《まなざ》し。

イ　自分の中で作りあげた物語を、事実であると信じ込んでいる確信に満ちた眼差し。

ウ　目の前に娘がいるのに、まるで初めて会ったかのように興味深く見つめる眼差し。

エ　奈津子の思い違いを正して、真実を伝えていることを静かに訴える真剣な眼差し。

三

次の文章を読んで、後の問いに答えなさい。

今はむかし、物ごと自慢くさきは1未練の2ゆゑなり。3物の上手の上からは、すこしも自慢はせぬ事なり。我より手上の者ども、広き天下にいかほどもあるなり。諸芸ばかりに限らず、侍道にも武辺・口上以下、さらに自慢はならぬものを、今の世は貴賤《きせん》上下それぞれに自慢して、声高に荒言はきちらし、わがままをする者多し。その癖に、おのれが疵《きず》を

する。
　そして、向かった先は、海だ。
　3奈津子は自分の指先からすうっと血の気が引いていくような気がした。何を問えばいいかも分からない中、一度火がついた思い出話は終わらない。
「合同のお通夜も可哀相《かわいそう》でねえ。親御《おやご》さんが何人も泣き叫んで、つられてみんな泣いてたわ。あんたも他の生き残った同級生も可哀相に、みんなショック受けてたねえ。奈津子は、仲良くしてくれたヨッちゃんて子があれしたから、余計にひどくて」
（中略）
「うそ」と、絶望のようなcナゲきの声が出た。
「うそでしょ、そんなの、人が死ぬなんて事故、目の前で起きたら、忘れるはずない」
「だからねえ、そこなの」
　母はきっと奈津子の方を向くと、鼻先にぴっと人差し指を立てた。目はしっかりと奈津子を捕えているが、表情はどこかとろんとしている。
「うちの次女ね、ほら、爆風のショックもあるんだろうけど、目の前であんなことがあったから、しばらくご飯も食べれなくて夜も大声上げて飛び起きるようになって。可哀相でねえ」
　奈津子に対して、話す内容は『次女』についてのことだ。恐らく、今、母にとっては『誰か』に娘についてのことを語っているのだ。
「うちの旦那、ほら、中学の先生やってたでしょう。直接の責任はないんだけど、沢山の児童が亡くなって、同じ場所にいた自分の娘が無傷っていうのも、随分4座りがわるい思いだったらしくて。それもあったせいか、寝てる時にdヒメイ上げて泣く次女ぎゅーって抱いて、『忘れなさい、忘れていい事だ、忘れていいんだ』って、言い続けたのさ」
　いつのまにか、同じテーブルで食事をしていた他の入所者も母の話に聞き入っているのが奈津子の視界の端に見えた。しかし奈津子は母の視線から目を逸《そ》らせないままでいる。話が耳から入り、意味を咀嚼《そしゃく》し、理解するまで、妙に時間がかかっていた。
「したら、半年ぐらいしたら、本当に忘れたのよ。時々夜中にヒメイ上げるのは結局直んなかったし、亡くなった子たちには悪いけど、私も旦那もほっとしたわ。ほんと、娘があの事故忘れてくれて良かったわぁ」
　うんうんと頷《うなず》きながら、母は味噌汁を口に含んだ。母の記憶に嘘があるとはもはや思えず、しかし語られた内容への驚きに奈津子は喉を震わせた。
「じゃ、じゃあ、クジラは。クジラは爆発していないの？」
「クジラ？」
　母は味噌汁の椀《わん》と箸《はし》を置き、椅子の上で座る向きを変えた。
「クジラなんて爆発してないよ」
　5母の目はまっすぐ奈津子を見ていた。認知症特有の、一部の筋肉がe緩んだような顔ではなく、意思と緊張を伴って娘に言葉を投げかけているように見えた。

（河崎秋子『鯨の岬』）

問一　傍線部a～eのカタカナは漢字に直し、漢字はその読みをひらがなで答えなさい。

問二　傍線部1「声に出して記憶の引き出しを一つ一つ確かめているようだ」とあるが、母と同じように奈津子が自分の記憶を確認しようとしている一文を抜き出し、初めの五字を答えなさい。

ウ　恋愛が自分の思うとおりにならないことで、自分の生き方や自分自身について考えるようになるから。

エ　恋愛が自分の思い通りにいきすぎると、苦労していない分、本当の喜びを感じられなくなるから。

問六　傍線部4「表現しようとしても、どう言っていいかわからぬ、どうしても表現したい深い思い」を端的に説明した箇所を十字以内で抜き出して答えなさい。

問七　筆者の考えと一致しているものを次から選び、記号で答えなさい。

ア　青春とは、努力と苦痛が常に伴うものであり、一瞬たりとも甘さを感じることがあってはならない。

イ　青春とは、たちはだかる障碍を乗り越え、言うに言われぬ思いを抱えたときにはじめて本物になる。

ウ　青春とは、よい友人、よい環境があることが望ましく、それが望めない場合は我慢をするしかない。

エ　青春とは、ある時は饒舌であり、ある時は沈黙し、精神的に安定している時はないものである。

二　次の文章を読んで、後の問いに答えなさい。

「母さん」

「あら奈津子、どうしたのさ。忘れ物？」

周囲にいる他の入所者も驚いてこちらを見る中、奈津子は母のa傍らに膝をついて声をb潜めた。

「ちょっと聞いておこうと思って。あのさ、クジラの爆発、覚えてる？私が小学校の六年生ぐらいの時に起こったと思うんだけど」

「クジラの爆発？」

はて、と母は首を傾《かし》げた。ばくはつ、ばくはつ、と二度三度、1声に出して記憶の引き出しを一つ一つ確かめているようだ。奈津子は膝をついたまま、辛抱強く待った。たっぷり一分は経った後に、母は「ああ」と声を上げた。

「クジラは知らないけど、爆発ならあったねえ。爆弾の。本当大変だったわ。奈津子の同級生、何人も亡くなってさあ。本当に痛ましかった。なんで戦争終わって十年も二十年も経ってから、爆弾なんて流れ着くものかねえ」

え、と奈津子は息を呑《の》んだ。クジラではなく、爆弾。同級生が亡くなった。母の口から出た単語と記憶の断片が結びつかない。母は認知症から不確かなことを言っているのではないか、という疑念が底に渦巻いて、否定したい気持ちの背を押している。

「待って。それ、釧路？　霧多布《きりたっぷ》じゃなくて？」

「うんそう、釧路でのこと。奈津子は霧多布から転校して割とすぐで。炊事遠足でみんなに馴染《なじ》みたいって言ってた時だったから、覚えてるわ。ほんと、あんたあの時火の近くにいたら危なかったわあ」

母は完全に昔語りの気分になったのか、もはや奈津子ではなく、同じテーブルについた他の入所者に語り掛けている。「そうなのお」「大変ねえ」と、2呑気《のんき》な彼らの相槌《あいづち》がひどくちぐはぐに思えた。

「炊事、遠足」

言葉に出すと、奈津子の中で記憶が輪郭を得ていくような気がした。遠足で向かった先で、自分たちで炊事をする。そんな行事があった気が友情感が多分にふくまれているものだ。恋愛が感覚的な性的な戯《たわむ》れでないかぎり、そこには求道《ぐどう》の心が必ずある筈だ。友情によって支えられた恋愛を、私は恋愛の最高型態だと思っている。人間であるかぎり、人間としての様々の欲望はむろん避けられないが、そのd中枢をeツラヌくものとして、友情感がほしい。青春の恋愛は全人格的なものでなければならない。という意味は、我いかに生くべきかという、真剣な問いにおいて為されねばならぬものだということだ。そういう場合は、或《あるい》は稀《まれ》かもしれないが、たといプラトーニック・ラブでもいい、片思いでもいい。世の所謂《いわゆる》幸福な映画的恋愛よりは、3片思いや失恋の方がよほど大切である。

人間にはみな、言うに言われぬ思いというものがあるのだ。深い感動は、真理の探求にあっても、恋愛にあっても、言葉を失わしめる、沈黙の苦悩を迫る。言うに言われぬ思いという、この沈黙を知らない青春は見こみがないと言っていい。現代の人はおおむね饒舌《じょうぜつ》である。いかなる秘めごとでも、わめき散らす傾向がある。秘めごとはもう秘めごとでなくなる。こうして恋愛も思想も俗化してしまう。乃至《ないし》は頭だけ、感覚の上だけ発達して、精神をおき忘れてしまう。我々が4表現しようとしても、どう言っていいかわからぬ、どうしても表現したい深い思いというものがある。つまり精神という、「秘めごと」を、大切に育てなければならぬ。これは青春の第一の義務だ。

（亀井勝一郎『青春論』）

（注）・混沌…もやもやと入りまじったさま。
・想像妊娠…実際はしていないのに、自分の想像の中で妊娠したと思い込むこと。
・耶蘇…キリストのこと。
・さきの耶蘇の言葉…この部分の前に「聖書」の中のキリストの言葉が引用されている。
・敗戦後…第二次世界大戦終結後。
・由る…関係がある。
・邂逅…出会い。
・求道…正しい道を求めること。
・饒舌…おしゃべり。

問一　傍線部a～eのカタカナは漢字に直し、漢字はその読みをひらがなで答えなさい。

問二　傍線部1「そこ」とは、何を指すか。「～を知らないこと。」につながるように、三十字以内で適当な箇所を抜き出し、初めと終わりの三字を答えなさい。

問三　空欄Aに当てはまる最も適当な語句を次から選び、記号で答えなさい。

ア　怠惰　イ　危険　ウ　臆病　エ　卑怯

問四　傍線部2「真の友情」とはどういうものか。それを説明した五十字以内の箇所を抜き出し、初めと終わりの三字を答えなさい。

問五　傍線部3「片思いや失恋の方がよほど大切である」というのはなぜか。その説明として最も適当なものを後から選び、記号で答えなさい。

ア　恋愛がうまくいかないことで、悩んだり傷ついたりするうちに、人の痛みを理解できるようになるから。

イ　恋愛がうまくいってしまうと、読書したり考えたりする時間が削られて、真理の探求が疎《おろそ》かになるから。

【国　語】（五〇分）〈満点：一〇〇点〉

一　次の文章を読んで、後の問いに答えなさい。

青春は様々の可能性をふくむ混沌《こんとん》のいのちである。何になるかわからない。何かに成れそうだという気がする。様々の夢を抱き、ロマンチックになるのは誰にも共通した点だ。しかし青春の夢は、想像妊娠で終《おわ》ることが多い。空想的に或《あ》るものに成りうると思い、想像の中で自分を英雄化したり女主人公化したりして、結局そのままで終ることが多い。青春の夢は大切だが、夢を少しでも実現させるためには、どれだけの努力と苦痛が必要か。不幸にして若者は知らない。青春の不幸が1そこにある。

たとえば手近な例として、読書を考えてみよう。読書というと、いかにも地味だがこの地味なことが、青春を養う実は最も大きな糧《かて》なのである。青春の危険は、地味な内的着実さを欠く点にある。むろん欲求は多いだろうし、享楽を求め、遊ぶことが面白いのは当然だが、地道に一つの本を精読し、一年も二年も時間をかけて、心ゆくまで厳しく探求するaシュウカンをもつことが何より大切である。厳しさの欠如、これが後になってb致命傷となる。気分としての青春に陶酔《とうすい》するのは危険だ。

「懲《こ》らされてこその教育」という言葉があるが、精神の上に大きな重荷を与えられ障碍物《しょうがいぶつ》を設けられて、懲らされることが必要なのだ。読書でもよい、芸事でもよい、一日に一時間ずつでいいから自己を厳格に教育する時間をもたなければならない。障碍物がなかったら、自分で設けることだ。第一流の著書をめがけて突進するのもよい。スポーツにおいて、障碍物が肉体の訓練になるように、精神においても障碍物は必要である。大きければ大きいほどよい。

あらゆる意味で、苦労を避けて通ろうというのは卑怯《ひきょう》なことだ。青春は甘やかさるべきものではない。自分で自分を甘やかしてはならない。自由とは峻烈《しゅんれつ》なものだ。さきの耶蘇《やそ》の言葉のごとく激しいものだ。精神が独立するために、障碍のない平坦《へいたん》な道などある筈《はず》はない。この点で、敗戦後の青春のおかれた道を私は憂うる。精神に対しては、どれほどストイックであってもいい。甘やかされた青春、それを恥じよ。むろん時代苦や生活苦は誰しも感じているだろうが、それを時代のせいにして、自分の責任をまぬかれようとする態度も私は A だと思う。時代と環境のわるいのは事実だ。しかし我々は時代と環境の奴隷ではない筈だ。悪い環境こそ、乗り越えねばならぬ障碍物で、実はいい環境だと感じる勇気を、私は青春にほしい。苦労のため、いじけてはいけない。自己をc卑下してはいけない。苦労を光栄として厳しく自己を鍛えることが大切だと思う。

青春時代に最も大切なのは、友情と恋愛であろう。人間は唯《ただ》ひとり生きるものではない。自己にめざめ、道を求むるのも、すべて先師や同時代人のたすけに由《よ》る。良き読書、良き師はむろん大切だが、共に学び共に遊ぶものとして友人の影響は実に大きい。この意味での邂逅《かいこう》こそ人生の一大事である。友情とは、共に道を求むるもの同志が、互《たが》いに求めあぐんで、その悩める心をうちあけあう、そういう心と心との結合を謂《い》うのである。そうでない単なる遊び友達もあるが、2真の友情とはこの結合である。滅多に得られぬものかもしれないが、青春は必ずかかる友情を夢みている。それは青春の中の一番正しい欲求だ。

青春時代の友情の中には、恋愛感情が多分にふくまれ、恋愛の中には、

MEMO

大切なことはメモしておこうネ！

2023年度

解　答　と　解　説

《2023年度の配点は解答欄に掲載してあります。》

＜数学解答＞

[1]　(1)　2　　(2)　-24　　(3)　$-2a^2+a-4$　　(4)　$\dfrac{5a+13b}{6}$　　(5)　$-13\sqrt{2}$

[2]　$\left(\dfrac{13}{10}x-y\right)$円　　[3]　(1)　$3x^2-3x-6$　　(2)　$9x^2+12xy+4y^2$

[4]　(1)　$(2x+5y)(2x-5y)$　　(2)　$(x-2)(x+6)$

[5]　(1)　$x=-4$　　(2)　$x=3$，$y=1$　　(3)　$x=-3\pm2\sqrt{2}$　　[6]　B，D

[7]　$\dfrac{3}{8}$　　[8]　（自転車で走った道のり）　8km，（歩いた道のり）　2km　　[9]　$\dfrac{34}{3}\pi\,\mathrm{cm}^3$

[10]　(1)　あ　④　　い　⑧　　う　⑩　　え　⑨　　(2)　128度

[11]　(1)　$a=-\dfrac{3}{2}$　　(2)　$(1,\ -3)$

[12]　(1)　A店　①　　B店　③　　C店　②　　(2)　ア，エ

[13]　(1)　$\dfrac{1}{18}$　　(2)　(1)で求めた確率はウ　理由は解説参照

○推定配点○

[1]～[7]　各4点×15　　[8]　4点(完答)　　[9]　4点　　[10]　(1)　各1点×4　　(2)　4点

[11]　各4点×2　　[12]　各4点×2(各完答)　　[13]　各4点×2　　計100点

＜数学解説＞

[1]　（数・式の計算，平方根）

基本　(1)　$4-5+3=4+3-5=7-5=2$

(2)　$(-2)^3\times3=-8\times3=-24$

(3)　$a^2-5a-1-3(a^2-2a+1)=a^2-5a-1-3a^2+6a-3=-2a^2+a-4$

(4)　$\dfrac{5a+6b}{3}-\dfrac{5a-b}{6}=\dfrac{2(5a+6b)-(5a-b)}{6}=\dfrac{10a+12b-5a+b}{6}=\dfrac{5a+13b}{6}$

(5)　$\dfrac{4}{\sqrt{2}}-3\sqrt{10}\times\sqrt{5}=\dfrac{4\times\sqrt{2}}{\sqrt{2}\times\sqrt{2}}-3\times(\sqrt{5}\times\sqrt{2})\times\sqrt{5}=\dfrac{4\sqrt{2}}{2}-3\times\sqrt{5}\times\sqrt{5}\times\sqrt{2}=2\sqrt{2}-15\sqrt{2}=-13\sqrt{2}$

[2]　（文字式の利用）

30%の利益を見込んで定価をつけると，定価は原価の130%になるので，$\dfrac{13}{10}x$　　売値は$\dfrac{13}{10}x-y$(円)

[3]　（展開）

(1)　$3(x+1)(x-2)=3(x^2-x-2)=3x^2-3x-6$

(2)　$(3x+2y)^2=(3x)^2+2\times3x\times2y+(2y)^2=9x^2+12xy+4y^2$

[4]　（因数分解）

(1)　$4x^2-25y^2=(2x)^2-(5y)^2=(2x+5y)(2x-5y)$

(2)　$(x+3)^2-2(x+3)-15=\{(x+3)-5\}\{(x+3)+3\}=(x-2)(x+6)$

5 (方程式)

基本 (1) $3x-1=5x+7$　$3x-5x=7+1$　$-2x=8$　$x=-4$

(2) $\frac{2x+3y}{3}=3$は両辺を3倍して$2x+3y=9$…①　$\frac{x+4y}{7}=1$は両辺を7倍して$x+4y=7$…② 両辺をさらに2倍して$2x+8y=14$…②×2　②×2－①は$5y=5$　$y=1$　②に代入すると$x+4=7$　$x=3$

(3) $x^2+6x+1=0$　解の公式を利用する。$x=\frac{-6\pm\sqrt{6^2-4\times1\times1}}{2\times1}=\frac{-6\pm\sqrt{36-4}}{2}=\frac{-6\pm4\sqrt{2}}{2}$ $x=-3\pm2\sqrt{2}$

6 (1次関数のグラフ)

$y=3x-2$…①　$x=0$のとき①は$y=3\times0-2=-2$，0ではないのでAは①上の点ではない。$x=1$のとき①は$y=3\times1-2=1$　Bは①上の点である。$x=-5$のとき①は$y=3\times(-5)-2=-17$ -16ではないのでCは①上の点ではない。$x=-\frac{1}{3}$のとき①は$y=3\times\left(-\frac{1}{3}\right)-2=-3$　Dは①上の点である。

やや難

7 (確率)

$(n+3)$角形の内角の和は$180(n+3-2)=180(n+1)$度なので，$180(n+1)=540$　両辺を180でわると$n+1=3$　$n=2$　硬貨①，②，③の3枚を投げたとき，表裏の出方は，表を○，裏を×と表すと(①，②，③)＝(○，○，○)，(○，○，×)，(○，×，○)，(×，○，○)，(○，×，×)，(×，○，×)，(×，×，○)，(×，×，×)　表が2枚となるのは全部で8通りのうちの3通りであり，確率は$\frac{3}{8}$

8 (連立方程式の応用，速さ)

自転車で1時間15分＝$\frac{75}{60}$分かかる予定だったことから公園1周の道のりは$8\times\frac{75}{60}=10$km　自転車で走った道のりを$x$km，歩いた道のりを$y$kmとすると，道のりの合計が10kmであることから$x+y=10$…①　合計2時間かかったことから$\frac{x}{8}+\frac{y}{2}=2$　両辺を8倍すると$x+4y=16$…②　②－①は$3y=6$　$y=2$　①に代入すると$x+2=10$　$x=8$

9 (回転体の体積)

直角三角形を回転させてできる部分は底面の半径3，高さ4の円錐，おうぎ形を回転させてできる部分は半径1の半球になる。$3^2\times\pi\times4\times\frac{1}{3}-\frac{4}{3}\times\pi\times1^3\times\frac{1}{2}=12\pi-\frac{2}{3}\pi=\frac{34}{3}\pi\,\mathrm{cm}^3$

10 (円の性質，角度)

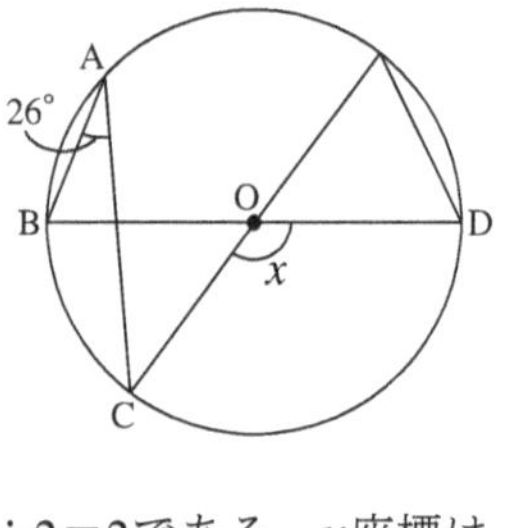

(1) 半円に対する中心角∠AOC＝180°なので，円周角∠ABC＝$180°\times\frac{1}{2}=90°$　あ＝④　い＝⑧　う＝⑩　え＝⑨

(2) $\overset{\frown}{BC}$に対する円周角∠BAC＝26°なので，$\overset{\frown}{BC}$に対する中心角∠BOC＝26°×2＝52°　∠x＝∠BOD－∠BOC＝180°－52°＝128°

11 (図形と関数・グラフの融合問題)

重要 (1) $y=ax^2$のグラフはy軸に関して対称なので，AB＝4よりAのx座標は4÷2＝2である。y座標は-6なのでA(2，-6)　これが$y=ax^2$上の点なので　$2^2\times a=-6$　$a=-\frac{3}{2}$

(2) 平行四辺形の対角線は中点で交わるので，OAの中点の座標を求めればよい。$\left(\frac{0+2}{2},\ \frac{0-6}{2}\right)=$

(1, －3)

12 (箱ひげ図)

重要 (1) A店の月ごとの来店者数のデータを小さい順に並べると30, 41, 44, 46, 47, 48, 52, 55, 65, 75, 80, 110　最大値は110, 中央値は(48＋52)÷2＝50　B店のデータは30, 40, 44, 50, 55, 56, 64, 70, 75, 81, 90, 110　最大値は110で中央値は(56＋64)÷2＝60　C店のデータは30, 32, 33, 35, 45, 50, 54, 61, 65, 75, 80, 100　最大値は100で中央値は(50＋54)÷2＝52　箱ひげ図①～③と比べると　A店は最大値が110で中央値が50であることから①, B店は最大値が110で中央値が60であることから③, C店は最大値が100であることから②

(2) A店は中央値が50でアは正しい。B店は第2四分位数が(44＋50)÷2＝47, 第3四分位数が(75＋81)÷2＝78なので, 四分位範囲は78－47＝31でイは正しくない。C店の平均は(30＋32＋33＋35＋45＋50＋54＋61＋65＋75＋80＋100)÷12＝660÷12＝55　ウは正しくない。A店の範囲は110－30＝80, B店の範囲は110－30＝80　エは正しい。　正しいものはアとエ

13 (座標平面と確率, 相似)

やや難 (1) ∠AOA′＝∠BOB′(共通), ∠AA′O＝∠BB′O(＝90°)　2組の角がそれぞれ等しいので△OAA′∽△OBB′　相似な図形の面積比が4：9なので, 辺の比OA′：OB′＝a：b＝2：3　これを満たす(a, b)＝(2, 3), (4, 6)の2通り。さいころ2個の出る目の総数は6×6＝36通りなので, 確率は$\frac{2}{36}=\frac{1}{18}$

(2) 直線①の式を$y=\frac{1}{2}x$にかえても, (1)で求めた確率は変わらない(ウ)　面積比が4：9になるということは, △OAA′と△OBB′の相似比が2：3であるので, 直線の傾きが変わっても相似比が2：3になる場合の数は変わらない。したがって, 確率は変わらない。

★ワンポイントアドバイス★

前半の, 基本的な計算問題を確実に, 素早く解決していきたい。後半にはデータ処理を必要とする12や説明を記述する13のように時間のかかる問題もある。まずは教科書レベルの基本事項をしっかり身につけよう。

＜英語解答＞

1 問1 エ→イ→ア→ウ　問2 from　問3 ウ　問4 this station is a good spot to see　問5 イ　問6 No, she didn't.　問7 エ, カ

2 問1 swimming　問2 夜空の星を見ること　問3 エ　問4 cool[cold]　問5 ウ　問6 ウ, オ

3 問1 ウ　問2 ア　問3 ア　問4 I want to see[Dolphin Jumping Show / Seal Mogumogu Time / Penguin Walking Show].

4 問1 carrot(s)　問2 2kg　問3 火を止めてカレーソース(ルー)を入れる。

5 問1 イ　問2 ア　問3 ウ　問4 エ　問5 ウ　問6 ウ　問7 エ　問8 ウ　問9 イ　問10 ア

6 問1 ウ　問2 イ　問3 ア　問4 ア　問5 ア

7　問1　イ　　問2　ア　　問3　ウ　　問4　ア　　問5　ア

○推定配点○

1　各3点×7(問1・問7各完答)　　2　各3点×6(問6完答)　　3　各3点×4　　4　各3点×3

5　各2点×10　　6　各2点×5　　7　各2点×5　　計100点

＜英語解説＞

重要　1　(会話文：語句補充，語句整序問題[不定詞]，英問英答，要旨把握，内容吟味)

(全訳)　クレア　　　：やぁ，オースティン。今日はどう？

オースティン：とても良い気分だよ，ありがとう。クレア，いい天気だね？

クレア　　　：ええ。小樽への一日旅行がとても楽しみです。初めて行きます。

(約10分後)

田中先生，おはようございます！今日ご一緒してくれてありがとうございます。

田中先生　　：おはようございます。今日，ツアーガイドを務めることができてうれしいです。もう8時半です。電車に乗りましょう。

クレア　　　：(約40分後)ここが小樽駅ですね！札幌①からはそんなに遠くないですね！ええと，待って！その歌，誰の曲ですか？

田中先生　　：それは石原裕次郎さんの曲です。彼は日本で人気のあった歌手で，俳優でもありました。彼は若い頃，小樽に住んでいました。オースティン，この4番線ホームは「裕次郎ホーム」と呼ばれています。

オースティン：本当に？②どうして？

田中先生　　：1978年に彼がこの4番線ホームでテレビ番組の収録をしていたからです。

クレア　　　：それは知りませんでした。もちろん，私は1978年には生まれていません。見て！4番線ホームの看板，ヨットに見えますね。

田中先生　　：裕次郎さんはヨットの操縦がとても上手で，海をとても愛していました。

オースティン：なるほど。それに，大きな写真パネルがありますね。彼が裕次郎さんですか？

田中先生　　：ああ，そうです。彼は本当に日本の大スターでした。

クレア　　　：田中先生，この駅にはガラスのランプが至る所にありますね。とても美しいです。

田中先生　　：そうですね。ここには300以上のガラスランプがあるし，改札の上にもあります。さあ，改札を通りましょう。

オースティン：分かりました。この建物はそんなに大きくないですね，でも歴史が長そうです。

クレア　　　：そうですね。その情報板には約90年の歴史があると書いてあります。

田中先生　　：そうですね。そして，これはとても似ていますね。

オースティン：分かった！東京の上野駅ですね。これが小樽駅のモデルなんですね。

田中先生　　：それを知っていましたか？両駅ともに本当に長い歴史があり，日本では非常に有名です。

クレア　　　：そう思います。外観から見ると，二つの駅は兄弟のようです。

オースティン：面白いですね。あ，見てください。建物の前に小さな鐘がありますね。

田中先生　　：それは列車の到着を告げるために使われていました。それは「むかい鐘」と名付けられています。まあ，それはおそらく「列車が到着する鐘」という意味です。

クレア　　　：それは面白いですね。さて，カナダ人2人が小樽駅に到着したので，この鐘を鳴らしましょう！（クレアは力いっぱい鐘を鳴らす）

オースティン：やめて，クレア！みんながこっちを見てるよ！
クレア　　　：わかった，わかった。小樽には素晴らしい観光スポットがたくさんありますが，③この駅も見るべき良い場所ですね。
田中先生　　：その通りです。あそこにバスターミナルがありますので，バスでどこでも行けます。また，有名な運河まで歩いて15分ほどです。さて，自分たちだけでデートを楽しんでください！私はあの市場のレストランで海鮮丼を食べます。
オースティン：ああ，田中先生，ありがとうございます！それでは，クレア，④どこに行こうか。
クレア　　　：運河周辺を散策するのも楽しいかもしれませんが，私，とてもお腹が空きました！田中先生と一緒に海鮮丼を食べたい！オースティン，少し駅で待っててくれる？

問1　「小樽駅の4番線ホームの看板」→「石原裕次郎さんの写真パネル」→「小樽駅のガラスのランプ」→「小樽駅の建物の前のむかい鐘」の順に会話に登場している。

問2　far from ～「～から遠い」

問3　この後 Because で答えているので Why? が適切である。

問4　「見るべき」は不定詞の形容詞的用法を用いて表現する。不定詞の形容詞的用法は修飾する名詞「良い場所」の後に置けばよい。

問5　この後で「運河周辺を散策するのも楽しいかもしれない」と答えているので「どこに行きましょうか」が適切である。

問6　「クレアはオースティンと運河までバスに乗りましたか」　田中先生が「運河まで歩いて15分ほど」と言っていることからバスには乗っていないと判断できる。

問7　小樽駅には300以上のガラスランプがあり改札の上にもある。また，むかい鐘は建物の前にあり，列車の到着を告げるために使われていたものである。

2　**（長文読解問題・説明文：語句補充，指示語，要旨把握，内容吟味）**

（全訳）　子供たちは特に夏に外で遊ぶのが楽しい。スポーツをしたり，①水泳をしたり，遊園地に行ったりすることは子供たちにとって非常に人気がある。キャンプは多くの日本人が休暇を過ごす最も人気のある活動の一つだ。人々は屋外を楽しむ。子供たちは森，キャンプ場，川や湖の近くでキャンプをする。彼らは家族と一緒に1泊以上そこに滞在することができる。彼らが都市の大自然でキャンプするとき，彼らは通常テントで寝る。人々がニセコでキャンプに行くとき，彼らはよく釣り，ハイキング，乗馬，マウンテンバイクなどの他のアウトドア活動をする。彼らは焼肉を食べた後に温泉に入ることさえできる。暗闇の中でたくさんの星を見ることもできる。都市に住む子供たちは現在，都市の光のせいでたくさんの星を見ることができない。②これは貴重な経験になるだろう。札幌には民間のテント場がオープンしている。一部のテント場は，大都市近くの自然を楽しみに来るキャンパーを支援する人々によって管理されている。自然でキャンプする場合，テント，食料品と飲み物，調理器具，寝袋などを家から持っていく必要がある。③しかしながら，それらの物品は用意されているので，これらの物品を準備したり，高価な道具を買う必要はない。

キャンプ中は暖かい服を着ることを確認してほしい。北海道の夜の④寒い天候から保護されるように，セーターを何枚か持っていくことが重要だ。傘と靴下を持って行くことを忘れないでほしい。時々，札幌でクマが現れるニュースがある。彼らは市の中心部を歩き回り，時々人々を襲う。彼らは私たちを怖がらせる。そしてクマは銃で撃たれ，殺されるかもしれない。キャンプに行くとき，私たちは時々クマの近くにいることを学ぶべきだ。野生のクマは悪くないので，私たちは安全に彼らを保護する必要がある。

問1　主語になっている部分なので，動名詞を用いればよい。

重要　問2　「貴重な経験」とは，前に書かれている「夜多くの星を見ること」を指している。

問3　前の部分に「キャンプに必要なものを家から持っていく必要がある」と書かれており，後の部分に「用意されているので買う必要がない」とあるため，反対の内容になっていることから「しかしながら(However)」が適切である。

重要 問4　セーターを持っていくと述べられていることから「寒い(涼しい)」気候だとわかる。

問5　ニセコのアクティビティで挙げられているものは「釣り，ハイキング，乗馬，マウンテンバイク」である。

問6　札幌には民間のテント場があり，またキャンプに行くときには熊の近くにいることを学ぶべきであると述べられている。

基本 3　(資料問題：要旨把握，条件英作文)

問1　大人2人(1,500円×2)，高校生1人(1,000円)，中学生1人(600円)である。

問2　1日で最も多く見る機会のあるショーは，3回見られる Dolphin Jumping Show である。

問3　年間パスポートはあるが，月間パスポートはない。

問4　Which show do you want to see ～? と尋ねられているので，I want to see ～. という英文を作ればよい。

4　(資料問題：要旨把握)

問1　にんじんは「carrot」である。

問2　肉は4人分で200gである。40人分は10倍して2000gとなり，2kg必要だとわかる。

問3　「弱火で20分煮込む」は手順の6番目であるので，この後に行うことは手順の7であるため「火を止めて鍋の中にカレーソースを入れる」である。

重要 5　(語句補充問題：分詞，不定詞，動名詞，比較，受動態，前置詞，関係代名詞)

問1　Ken and I が主語であるので，are が適切である。

問2　last Sunday が用いられているので，過去形を用いればよい。

問3　dancing near the tree は前の名詞を修飾する分詞の形容詞的用法である。

問4　〈ask ＋人＋ to ～〉「人に～するように頼む」

問5　by ~ing「～することで」

問6　than が用いられているので，比較級の文にすればよい。

問7　受動態は〈be動詞＋過去分詞〉の形になり，「～される」という意味になる。

問8　〈in ＋月〉「～月に」

問9　先行詞が人以外の目的格の関係代名詞は which(that) を用いる。

問10　〈in ＋服〉「～を着て」。

6　(アクセント)

問1　場所を尋ねているので場所を答えているウを強く発音する。

問2　数を尋ねているので数を答えているイを強く発音する。

問3　誰がコンピュータを使うのかを尋ねているので誰を答えているアを強く発音する。

問4　どちらがあなたのものかを尋ねているので自分のものを答えているアを強く発音する。

問5　通学手段を尋ねているので手段を答えているアを強く発音する。

基本 7　(和文英訳・選択)

問1　父と息子が2人とも本を読んでいるイラストである。

問2　雨の中傘を持っていない男性が走っているイラストである。

問3　女性がスマートフォンでパンケーキの写真を撮っているイラストである。

問4　授業中全ての生徒が挙手しているイラストである。

問5　男性が分かれ道のところに立っているイラストである。

★ワンポイントアドバイス★

読解問題，英文法問題ともに比較的取り組みやすい問題となっている。教科書に載っている単語や熟語はきちんと身につけておこう。

＜理科解答＞

[1] 問1 燃焼　問2 エ　問3 エ　問4 屈折　問5 ウ　問6 交流
問7 中枢神経　問8 相同器官　問9 生殖細胞　問10 食物網　問11 深成岩
問12 震央　問13 冬至　問14 示準化石

[2] 問1 ① 6　② 高く　③ 4　④ 音量　問2 ウ　問3 68m

[3] 問1 9.9N/cm^2　問2 イ　問3 積乱雲　問4

問5 西高東低　問6 ウ

[4] 問1 消費者　問2 ① イ　② ア
③ オ　④ エ　問3 カ　問4 ケ
問5 Ⅰ エ　Ⅱ ア　Ⅲ イ　Ⅳ ウ
問6 乾燥の非常に強い日中に気孔を閉じていることで水分の損失を防いでいる。

[5] 問1 手で鼻の方にあおいでにおいをかぐ。　問2 OH^-　問3 水上置換法　問4 A
問5 E　問6 食塩水

○推定配点○

[1] 各2点×14　[2] 問1 各2点×4　他 各3点×2　[3] 各3点×6　[4] 問6 3点
他 各2点×11　[5] 問1，問2，問6 各3点×3　他 各2点×3　計100点

＜理科解説＞

基本 [1] （理科総合－小問集合）

問1 物質が酸素と反応することを酸化といい，光や熱を出しながら激しく酸化されることを燃焼という。

問2 液体窒素の沸点は－196℃である。

問3 エタノールの分子の運動が，お湯をかけることで活発になり体積が増加した。

問4 コインからやってくる光が水から空気中に出るときに屈折するため，コインの位置が実際より浅い所に感じられ浮き上がって見える。

問5 凸レンズを通して焦点距離の2倍の位置にある物体を見ると，実際と同じ大きさに見え，2倍の位置と焦点の間にある物体は実際より大きく見える。物体が焦点にあるときは，像は見えない。焦点距離より内側にある物質では，実際と同じ向きの虚像が見える。

問6 電流の向きや強さが変化しない電流を直流といい，周期的に変化する電流を交流という。

問7 脳や脊髄を中枢神経という。中枢神経の指令を体の各部に伝える神経を末梢神経という。

問8 形態や働きは異なるが，基本的な構造や発生の起源が同じとされる器官を相同器官という。形や働きは似ているがもともとは別の器官で，進化して似るようになったものを相似器官という。

問9 精子や卵，胞子など，生殖に関係する細胞を生殖細胞という。

問10 自然界において，生物は食う食われるの関係でつながっている。しかし，1つの生物が1つの生物のみを食べるわけではなく，食う食われるの関係をつなげると網の目のような図になる。こ

れを食物網という。

問11　マグマが地下の深いところでゆっくり冷えてできた岩石を深成岩という。マグマが急激に冷やされてできる岩石を火山岩といい，これらを合わせて火成岩という。

問12　地震が発生した場所を震源といい，その真上の地表の部分を震央という。

問13　日本で一番太陽の南中高度が低いのは，冬至の日である。

問14　地層の年代を特定する手掛かりになる化石を示準化石といい，その生物が生きていた当時の環境を知る手掛かりになる化石を示相化石という。

2　（光と音の性質―音の性質）

基本　問1　弦楽器では太い弦ほど音が低く，弦の長さが短いほど高い音になる。ドの音からミの音までド♯，レ，レ♯，ミの半音4つ分移動させるので，フレットを4つ分ずらす。ギターのボディーで共鳴して大きくなった音がサウンドホールから出てくる。

重要　問2　1秒間に繰り返される波の数を周波数といい，周波数が大きい波は高い音になる。波の幅を振幅といい，振幅が大きいほど音の大きさが大きい。図2の音は図1の音より，低く小さい音になる。

問3　ギターから出た音は，壁にはね返されて戻ってくる。音が壁に達するまでの時間は0.2秒なので，壁までの距離は$340\times0.2=68$(m)である。

3　（天気の変化―天気の変化・気圧）

問1　断面積が2cm^{2}で高さが73cmの水銀柱の質量は$2\times73\times13.6$gになる。100gの物体にはたらく重力が1Nなので，1cm^{2}あたりにかかる圧力は$\frac{2\times73\times13.6}{100\times2}=9.928\fallingdotseq9.9$(N/cm^2)である。

重要　問2　気圧が19日は高かったが，20日に下がり，21日の夜に上昇する。19日の気温は高く20日は低い。21日には上がるが，19日ほどの気温にはならなかった。湿度は20日の午後から高くなり，21日に下がっている。これらより19日は晴れていたが，20日には雨が降り気圧，気温が下がり湿度が大きくなった。21日には雨が上がって，気温が上がり湿度も下がったと思われる。

基本　問3　強い上昇気流によって生じる雲は積乱雲である。入道雲や雷雲と呼ばれる。

問4　南東の風で風力が3である。風向きは風の吹いてくる方向に矢印が向く。雲量が1割以下の時は快晴，2から8割で晴れ，9割以上で曇りとする。この日は8割だったので晴れである。晴れの天気記号は，○に縦の1本の線が入る。

基本　問5　日本付近の冬の典型的な気圧配置は，西高東低である。

問6　（ウ）の天気図では，北海道の北にある低気圧から日本海上空に寒冷前線が伸び，低気圧の移動に伴って日本海側に雨を降らせる。寒冷前線の通過では，急激に激しい雨が降り，風が強まることが多い。西日本は太平洋の高気圧や西から移動してくる低気圧の影響で晴れたり曇ったりの変わりやすい天気になると予想される。

4　（植物の体のしくみ―光合成）

基本　問1　植物食性動物や動物食性動物を総称して，消費者という。

基本　問2　光合成は水と二酸化炭素が太陽の光エネルギーによって反応し，有機物と酸素を作り出す反応である。一方，呼吸では酸素を取り入れ，二酸化炭素を放出する。

問3　植物の葉が緑色に見えるのは，葉緑体が原因である。タマネギの根端細胞には葉緑体はない。光合成をおこなったササの葉の葉緑体では，デンプンができておりヨウ素液の色の変化が観察できる。コケ植物も葉緑体を持ち光合成をする。シダ植物は胞子で増える。シダ類も光合成をおこなっている。

問4　気孔を出入りする気体には，蒸散で発散する水蒸気がある。また，光合成で用いる二酸化炭素が入り，呼吸で発生する二酸化炭素が放出される。酸素は呼吸で取り入れられ，光合成で発生した酸素が放出される。水分は根から吸い上げられるので，気孔から取り入れない。

基本 問5　道管は根から吸い上げた水分や，水に溶けた栄養分の通り道である。師管は光合成でつくられ栄養素の通り道であり，道管と師管を合わせて維管束という。維管束の役割は液体の運搬だけでなく，植物の体を支える役割もある。維管束には葉緑体がなく光合成は行わない。

問6　CAM植物は砂漠地帯などの乾燥した土地に生えているので，日中は気孔を閉じて水分の蒸散を抑えて，水分の損失を防いでいる。

5　(溶液とその性質―水溶液の区別)

問1　有毒な気体もあるので，臭いをかぐときは手であおいで多くの気体を吸い込まないように注意する。

重要 問2　フェノールフタレイン溶液が赤くなるのは，水溶液がアルカリ性であるため。アルカリ性の水溶液には，水酸化物イオン(OH^-)が含まれる。

基本 問3　Aから発生する気体は，火を近づけるとポンと音がして燃えたので水素である。水素の捕集方法は水上置換法が適する。

重要 問4　Aはスチールウールと反応して水素を発生するのでうすい塩酸である。Bは鼻をさすにおいがするアルカリ性の水溶液なのでアンモニア水である。Cは中性で，熱すると最終的に黒くなったので砂糖水であり，Dは中性で熱すると白い固体が出てきたので食塩水，Eはアルカリ性で熱すると白い固体が出てくるので石灰水である。これらのうちBTB溶液で黄色に変化するのは，酸性の塩酸のみである。

問5　線香が燃えて生じる二酸化炭素と反応して白くにごるのは石灰水である。石灰水はEである。

重要 問6　水溶液Dは中性で，加熱すると白色の固体が生じるので食塩水とわかる。

★ワンポイントアドバイス★

問題のレベルは標準的で，難問はないが理科全般のしっかりとした理解と，幅広い知識が求められる。

＜社会解答＞

1　問1　え　　問2　い　　問3　え　　問4　Ⅰ　う　　Ⅱ　い

2　問1　A　平城　　B　平安　　C　征夷大将軍　　D　藤原道長　　問2　あ　　問3　え
問4　えみし　　問5　い　　問6　荘園　　問7　摂関政治

3　問1　Ⅰ　あ　　Ⅱ　え　　問2　あ　　問3　日本アルプス　　問4　あ
問5　(記号)　C　　(都道府県)　愛知県　　問6　b

4　問1　②　　問2　い　　問3　う　　問4　BRICS　　問5　(プランテーションで)働かせるため，奴隷として連れてこられた。　　問6　メスチソ　　問7　フィヨルド　　問8　あ

5　問1　い　　問2　与党　　問3　A　憲法審査　　B　三分の二　　C　発議
問4　Ⅰ　え　　Ⅱ　い　　Ⅲ　う　　問5　え　　問6　あ

6　問1　間接金融　　問2　い　　問3　Ⅰ　え　　Ⅱ　え　　問4　Ⅰ　利子　　Ⅱ　あ
問5　サービス　　問6　B　え　　C　い　　X　高齢者　　問7　累進課税

○推定配点○

1　各2点×5　　2　各2点×10　　3　各2点×7(問5完答)　　4　各2点×8
5　各2点×10　　6　各2点×10(問6完答)　　計100点

＜社会解説＞

1 （日本の歴史－古代～近代の政治・社会・文化史など）

問1　11世紀中頃，藤原頼通が父の別荘を寺とした平等院鳳凰堂。ちょうどその頃日本では末法の世に入るという教えが広まり浄土信仰が流行。(あ)は飛鳥，(い)は奈良，(う)は鎌倉時代。

問2　首里城の城門である守礼門。琉球王国は中継ぎ貿易で発展，中国とは江戸時代まで朝貢関係を続けていた。倭寇は北九州，朱印船貿易は大名や大商人，樺太などに進出したのはアイヌ。

重要　問3　明治の自由民権運動にも影響を与えた福沢諭吉。(あ)は坂本龍馬，(い)は伊藤博文，(う)は勝海舟。

問4　Ⅰ　貧しい暮らしの中20代で病死した樋口一葉。(あ)は津田梅子，(い)は与謝野晶子，(え)は平塚らいてふ。　Ⅱ　下関条約は1895年。(あ)は1863年，(う)は1909年，(え)は1906年。

2 （日本の歴史－古代の政治・文化史など）

重要　問1　A　藤原京から遷都された都。　B　明治まで千年以上続いた都。　C　源頼朝以降は武家政権の首領を意味した。　D　4人の娘を次々と天皇に嫁がせ栄華を極めた人物。

問2　法華経を根本経典とし，仏教の総合大学ともいえる延暦寺を創建した僧。

問3　桓武天皇は農民に大きな負担となっていた雑徭《ぞうよう》(国司の下での年60日の労役)を半減させた。

問4　古くは毛人とも呼ばれたヤマト王権にいまだに服属していない人々の総称。

問5　全国各地にある天満宮は菅原道真を祭神とする神社。天満は道真に贈られた神号。

重要　問6　人口増による田畑の不足から墾田の開発を計画，結果的には荘園の発生につながり律令制度の根本である公地公民制度の崩壊を招いてしまった。

問7　天皇と外戚関係を持った藤原氏が確立した政治制度。

3 （日本の地理－自然・産業など）

基本　問1　Ⅰ　A　南端は沖ノ鳥島，北端は択捉島。　B　西端は与那国島，東端は南鳥島。　Ⅱ　一般にはプレート境界に沿っており地殻活動の活発な地域。

問2　経度15度で時差が1時間なので南鳥島の方が2時間ほど早くなる。

問3　明治に来日したお雇い外国人のゴーランドがヨーロッパのアルプス山脈に因《ちな》んで命名。

重要　問4　一般に寒流は暖流に比べると栄養塩類が多くプランクトンが繁殖しやすい。千島海流も栄養分が多く魚介類を育成することから親潮と呼ばれている。

問5　世界最大の自動車メーカー・トヨタの本拠地がある県。

問6　日本は領土では世界60位前後だが，EEZ(排他的経済水域)を含めるとベスト10に入る。aは中国，cはブラジル，dはインドネシア。

4 （地理－南米の自然・産業・貿易など）

重要　問1　赤道はアフリカ中央部，ユーラシア大陸の南端，南米はアマゾン川周辺を通過する。

問2　A　アマゾン流域のジャングル。　B　ラプラタ川流域の大平原で南米最大の農牧地域。

問3　C　チリは世界の約3割の銅を生産。　D　ベネズエラは世界最大の原油埋蔵量を誇る。

問4　2000年代初期にアメリカの証券会社が国名の頭文字から命名したもの。

問5　スペインなどが進出した新大陸では先住民を労働者として鉱山やサトウキビなどを生産，過酷な労働や病気により先住民が激減したためアフリカからの奴隷労働に頼った。

問6　スペイン人やポルトガル人とインディオの混血。中米やアンデスの国々が特に多い。

問7　氷河が削ったU字谷に海水が浸入した地形。北欧やアラスカなどにもみられる。

やや難　問8　大豆やコーヒー・サトウキビの生産は世界1位だが小麦は輸入している。

5 （公民－憲法・政治のしくみなど）

問1　衆議院解散中に召集される参議院の集会。決定事項は次期国会で衆議院の同意を要する。

問2　2012年以降，自民党と公明党による連立政権が続いている。

やや難　問3　A　2007年の国民投票法の成立を受けて衆参両院に設けられた憲法改正を審議する機関。　B　厳格な規定で1度も改憲されていない。　C　議案を提出すること。

問4　Ⅰ　経済活動の自由を制限。　Ⅱ　言論の自由を制限。　Ⅲ　(あ)は研究やそれを教える自由。

問5　財産や身分など市民生活に関する基本事項を定めた法。

問6　権利を奪うのではなく，選挙の意味を学び政治に関心を持たせる努力が必要となる。

6　(公民ー日本経済・財政など)

問1　中小企業が多い日本では金融機関などからの借り入れに頼る割合が高い。

問2　株価は企業の人気を表す指標でもあり，需要と供給の関係で変化する。

問3　Ⅰ　日本銀行は政府の銀行や銀行の銀行と呼ばれ，個人とは取引しない。　Ⅱ　不景気の時は市中に資金を提供，好景気の時は資金を回収する政策を選択。

問4　Ⅰ　利息とも呼ばれる。利子は利潤より低く需給関係で決まる。　Ⅱ　現金通貨は市中にある紙幣と硬貨，預金通貨はすぐに現金化できる銀行預金で現金通貨に比べ圧倒的に多い。

問5　運輸・通信・金融・公務・医療・教育など現代社会ではサービスの割合が増えている。

問6　B　国債の発行残高は1000兆円を突破。　C　高齢化で社会保障関係費は拡大，歳出の3分の1を超えている。　X　年金や医療費がかかる高齢者の割合は30％に近づいている。

重要　問7　所得税は所得に応じて5～45％の7段階で課税。累進課税は所得の再配分効果を持っている。

★ワンポイントアドバイス★

世界の地理や歴史はなかなかなじみがない分野である。日本の地理や歴史と関連づけながら学習するだけでなく，必ず地図で確認する習慣をつけよう。

＜国語解答＞

一　問一　a　習慣　b　ちめいしょう　c　ひげ　d　ちゅうすう　e　貫

問二　夢を少～必要か(を知らないこと。)　問三　エ　問四　共に道～の結合

問五　ウ　問六　言うに言われぬ思い　問七　イ

二　問一　a　かたわ　b　ひそ　c　嘆　d　悲鳴　e　ゆる　問二　言葉に出す

問三　ア　問四　エ　問五　ウ　問六　エ

三　問一　2　ゆえ　4　いわく　5　かよう　問二　イ　問三　イ

問四　本の白鷺が(飛ぶ姿)　問五　ア

四　問一　a　NHKテレビ　b　69.0　c　インターネット　d　61.3　e　7.7

問二　ウ

○推定配点○

一　問一・問三　各2点×6　他　各4点×5　二　問一・問五　各2点×6　他　各4点×4

三　問一　各2点×3　他　各4点×4　四　各3点×6　計100点

＜国語解説＞

一 （論説文―漢字の読み書き，指示語，脱語補充，言い換え，文脈把握，内容吟味，要旨）

問一　a「習」を使った熟語はほかに「習熟」「習得」など。訓読みは「なら(う)」。　b「致」を使った熟語はほかに「致死量」「一致」など。訓読みは「いた(す)」。　c「卑」を使った熟語はほかに「卑小」「卑劣」など。訓読みは「いや(しい)」「いや(しむ)」「いや(しめる)」。　d「中枢」は，物事の中心になる大切なところ。「枢」を使った熟語はほかに「枢軸」「枢要」など。
e「貫」の音読みは「カン」。熟語は「貫通」「終始一貫」など。

問二　直前に「夢を実現させるためには，どれだけの努力と苦痛が必要か，不幸にして若者は知らない」とあるので，「そこ」が指示する部分としては「夢を少しでも実現させるためには，どれだけの努力と苦痛が必要か(30字)」があてはまる。

問三　同段落の冒頭に「あらゆる意味で，苦労を避けて通ろうとするのは卑怯なことである」とあり，直前には「時代のせいにして，自分の責任をまぬかれようと態度も」とあるので，「卑怯」が入る。

問四　直前に「友情とは，共に道を求むるもの同志が，互いに求めあぐんで，その悩める心をうちあけあう，そういう心と心の結合を謂うのである」と説明されているので，「共に道を求むるもの同志が，互いに求めあぐんで，その悩める心をうちあけあう，そういう心と心の結合(48字)」を抜き出し，最初と最後の「共に道」と「の結合」を書き抜く。

やや難 問五　直前に「青春の恋愛は全人格的なものでなければならない。という意味は，我いかに生くべきかという，真剣な問いにおいて為されねばならぬものだということだ」と述べられているので，「自分の生き方や自分自身について考えるようになるから」とするウが適切。

問六　「表現しようとしても，どう言っていいかわからぬ」と同様のことは，同段落冒頭で「言うに言われぬ思い(9字)」と言い換えられている。

やや難 問七　イは，「『懲らされてこその教育』……」で始まる段落に「精神においても障碍物は必要である。大きければ大きいほどよい」とあり，最終段落に「深い感動は，真理の探究にあっても，恋愛にあっても，言葉を失わしめる，沈黙の苦悩を迫る。言うに言われぬという，この沈黙を知らない若者は見こみがないと言っていい」と述べられていることと合致する。アの「一瞬たりとも甘さを感じることがあってはならない」，ウの「それが望めない場合は我慢するしかない」，エの「精神的に安定している時はない」は，本文の内容と合致しない。

二 （小説―漢字の読み書き，文脈把握，情景・心情，内容吟味，語句の意味，大意）

問一　a「傍」の訓読みはほかに「そば」。音読みは「ボウ」。熟語は「傍観」「傍聴」など。
b「潜」の訓読みは「ひそ(む)」「もぐ(る)」「くぐ(る)」。音読みは「セン」。熟語は「潜在」「潜入」など。　c「嘆」の訓読みは「なげ(かわしい)」「なげ(く)」。音読みは「タン」。熟語は「嘆息」「感嘆」など。　d「悲」を使った熟語はほかに「悲哀」「悲運」など。訓読みは「かな(しい)」「かな(しむ)」。　e「緩」の訓読みは「ゆる(い)」「ゆる(む)」「ゆる(める)」「ゆる(やか)」。音読みは「カン」。熟語は「緩衝」「緩和」など。

問二　奈津子は母の言葉を聞き，「『炊事，遠足』」と記憶をたどりながら，「言葉に出すと，奈津子の中で記憶が輪郭を得ていくような気がした。」とあるので，自分の記憶を確認している様子としては，「言葉に出す……」から始まる一文が適切。

問三　「爆発ならあったねえ。爆弾の。奈津子の同級生，何人も亡くなってさあ。本当に痛ましかった。」という痛ましい話を，入居者たちは「『そうなのお』」「『大変ねえ』」と相槌を打っていることを「ちぐはぐ」と言っているので，アが適切。

やや難 問四　直前に「遠足に向かった先で，自分たちで炊事をする。そんな行事があった気がする」「そして，向かった先は，海だ」とあることから，忘れていた記憶が少しずつよみがえっていることがわかる。直後には「一度火がついた思い出話は終わらない」とあり，記憶が導き出されていくことを「血の気が引いていく」としていることから，思い出したくない記憶が呼び覚まされていると考えられるので，「恐れと不安」とあるエが適切。

問五　「座りが悪い」は，安定しない，落ち着かない，という意味。ここでは，「たくさんの児童が亡くなって，同じ場所にいた自分の娘が無傷」という状態における心情なので，ウの「いたたまれない」が適切。

問六　直後に「認知症特有の，一部の筋肉が緩んだような顔ではなく，意思と緊張を伴って娘に言葉を投げかけているように見えた」とあるので，「真実を伝えていることを静かに訴える真剣な眼差し」とするエが適切。

三　**（古文一仮名遣い，文脈把握，口語訳，指示語，心情，大意）**

〈口語訳〉　今は昔，物事の自慢ばかりしたがるのは未熟だからである。名人や達人の場合には，少しも自慢はしないものである。自分よりも優れている人が，広く世の中にはたくさんいることを知っているからである。芸事だけに限らず，侍道にも武芸や武士としての口のきき方，さらには自慢にもならないことを(自慢するなど)，今の世は，身分の上下に関わらずそれぞれに，声高に偉そうなことを言い散らし，わがままをする者が多い。それなのに，自分の欠点を隠そうとして，優れた者をけなし笑うこともある。

ある者が，席を設けて絵を描かせた。白鷺の他は何も描かないことを望んだ。絵描きは「承知しました」と言って焼筆を用意する。亭主が「どれもよさそうだが，この白鷺の飛び上がる様子は，羽の使い方がこのようでは飛べないのではないか」と言う。絵描きは「いやいや，この飛び方がもっともすぐれた点です」と言っていると，本当の白鷺が四，五羽連なって飛んでいる。亭主はこれを見て，「あれをご覧なさい，あのように描きたいものだ」と言うと，絵描きはこれを見て，「いやいやあの羽の使い方であっては，私が描いたようには飛べないでしょう」と言った。

問一　2 「ゑ」は，現代仮名遣いでは「え」となるので，「ゑ」を「え」に直して「ゆえ」となる。　4 語頭以外の「はひふへほ」は，現代仮名遣いでは「わいうえお」となるので，「は」を「わ」に直して「いわく」となる。　5 「やう」は「よー」と発音し，現代仮名遣いでは「よう」とするので，「かよう」となる。

問二　直前に「物ごと自慢くさきは」とあり，後に「声高に荒言はきちらし，わがままをする者多し。その癖に，おのれが疵をかくさんとて，よき者を誹り笑ふ事あり」とあるので，ア，ウ，エは，「未練(未熟)」な者のすることにあてはまる。直後に，「未熟な者」とは対照的な例として，「物の上手の上からは，すこしも自慢はせぬ事なり」とあり，イがあてはまるので，「適当でないもの」としてはイが適切。

問三　直後に「我より手上の者ども，広き天下にいかほどもあるなり。」とある。広く世の中には，自分よりもすぐれている者はたくさんいると知っているから自慢はしないのである，と説明されているので，イが適切。

問四　直前に「本の白鷺が四五羽うちつれて飛ぶ」とあるので，「本の白鷺が(飛ぶ姿)」とするのが適切。

やや難　問五　本当の白鷺が飛ぶ姿を見て，あの羽の使い方では自分が描いた白鷺のようには飛べないだろう，と，負け惜しみのようなことを言っているので，「自分の絵の技術が未熟なことをごまかすため」とするアが適切。

重要　**四**　**（資料読み取り）**

問一　「もっとも信頼度の高いメディア」は，総数で「69.0」の「NHKテレビ」なので，aには「N

HKテレビ」，bには「69.0」が入る。情報信頼度の高さは，NHKテレビ，新聞，民放テレビ，ラジオ，インターネット，雑誌の順なので，cには「インターネット」が入る。「民放テレビ」の信頼度は，総数で「61.3」なので，dには「61.3」が入る。NHKテレビの信頼度「69.0」に対して，民放テレビの信頼度は「61.3」なので，eには「7.7」が入る。

問二　インターネットへの信頼度が最も高いのは30代(54.6)で，10代～60代まで，信頼度に大きな違いはないので，ウはあてはまらない。

★ワンポイントアドバイス★

現代文の読解は，言い換え表現や指示内容をすばやく的確にとらえる練習をしよう！　表やグラフの数値を正しく読み取り，資料から読み取れることを的確につかむ力をつけよう！

2022年度

★★★★★★★★★★★★★★★★★★★★★★★

入　試　問　題

2022年度

札幌北斗高等学校入試問題

【数　学】（50分）　＜満点：100点＞

1　次の計算をしなさい。

(1)　$3-5$　　(2)　$17-(-9)$

(3)　$12a^2b \div 4ab$　　(4)　$\dfrac{3a+1}{5}-\dfrac{a-1}{3}$

(5)　$\sqrt{3}\times\sqrt{15}-\dfrac{10}{\sqrt{5}}$

2　ある自然数を２乗すると576になった。ある自然数を求めなさい。

3　次の式を展開しなさい。

(1)　$(x+2)(x+5)$　　(2)　$(5x-4y)^2$

4　次の式を因数分解しなさい。

(1)　x^2+x-12

(2)　$x(x+3)-(5x+8)$

5　次の方程式を解きなさい。

(1)　$3(x-5)=2x-2$

(2)　$\begin{cases} 0.3x+0.5y=2 \\ x+y=6 \end{cases}$

(3)　$5(x+1)^2=(x+2)(x+4)-4$

6　花子さんはコーヒーゼリーを作ろうとしています。レシピには「500mlのペットボトル入りコーヒー１本，ゼラチン10ｇ，砂糖30ｇ」が必要だと書いてありました。しかし準備の途中でコーヒーをこぼしてしまい，コーヒーが350mlになりました。コーヒーをすべて使い，レシピ通りの割合で作るには，ゼラチンと砂糖をそれぞれ何ｇずつ用意すればよいか求めなさい。

7　大小２個のさいころを同時に投げるとき，出た目の数の積が６の倍数になる確率を求めなさい。

8　１辺が x cmの立方体の表面積が y cm^2 であるとき，y を x の式で表しなさい。また，y が x の１次関数である場合は○，そうでない場合には×をつけなさい。

9　半径 r ㎝のペットボトル４本をテープで図A，Bのようにまとめました。Aで使ったテープの長さとBで使ったテープの長さでは，どちらが何㎝短くなるかを求めなさい。

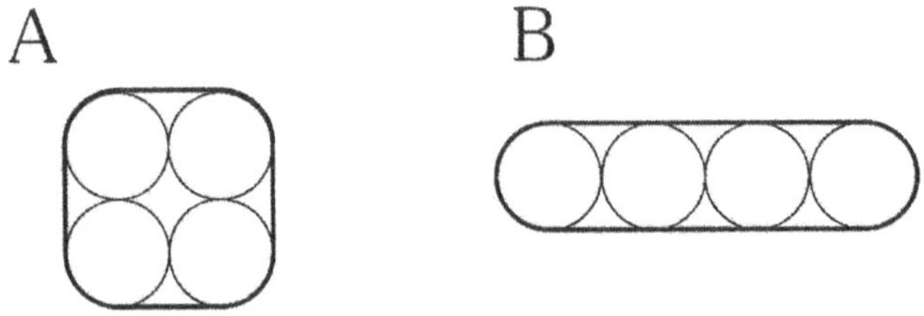

10　次の図のような直方体ABCD－EFGHがあります。次の問いに答えなさい。

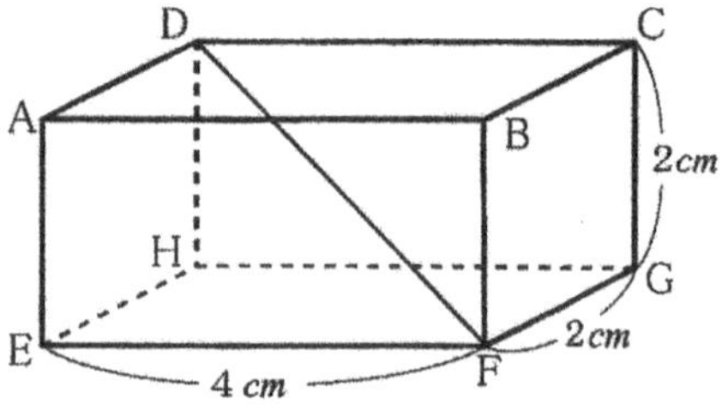

(1)　辺DHとねじれの位置にある辺は何本あるか答えなさい。

(2)　線分DFの長さを求めなさい。

11　次の図のような１から100までの番号が１つずつ書いてある100枚のカードがあります。カードには次のような規則で星印をつけます。まず番号が２の倍数であるすべてのカードに１個ずつつけます。次に４の倍数であるすべてのカードにもう１個ずつつけます。さらに８の倍数であるカードに１個ずつつけ，最後に16の倍数であるカードに１個ずつつけます。このとき，次の問いに答えなさい。

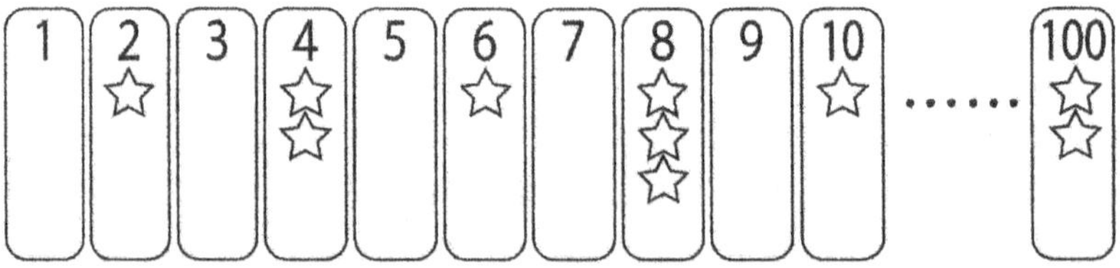

(1)　番号が１から16までのカードについている星印の総数は何個か答えなさい。

(2)　番号が１から n までの n 枚のカードについている星印の総数が78個でした。このとき，n の値を求めなさい。ただし，n は偶数とします。

12　次のページの図において，曲線①は関数 $y=\frac{1}{3}x^2$ のグラフであり，曲線②は関数 $y=\frac{a}{x}$ のグラフです。

曲線①上の点で，x 座標が－３である点をA，－６である点をBとします。また，曲線①と曲線②の交点をCとし，点Cの y 座標は点Aの y 座標と等しいものとします。さらに y 軸上の点をPとするとき，次の問いに答えなさい。ただし，$a>0$ とし，Oは原点とします。

(1)　a の値を求めなさい。

(2)　AP＋PBが最小になるとき，点Pの座標を求めなさい。

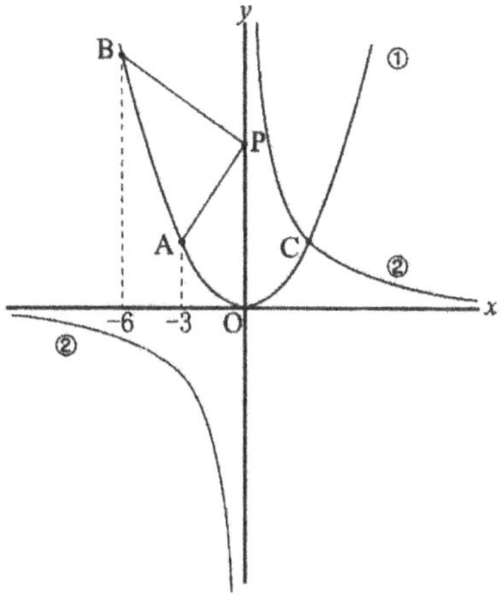

13　右の図のような，底面の正方形の１辺の長さが x cmで，高さが２cmである正四角錐《しかくすい》の体積を y cm^3 とします。このとき，次の問いに答えなさい。

ただし，x の変域を $0 \leqq x \leqq 6$ とし，$x=0$ のとき $y=0$ とします。

(1)　y を x の式で表しなさい。また，解答用紙の表を完成させなさい。

(2)　x と y の関係をグラフに表しなさい。

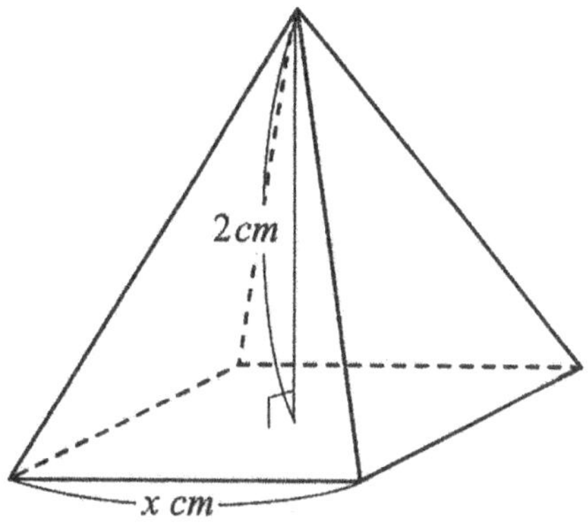

【英　語】（50分）　＜満点：100点＞

1　次の英文は，Takeshi と Lucy が週末の土曜日に訪れようとしている店について会話しているものです。次のページの表を参考にし，よく読んで後の問に答えなさい。

Takeshi: You know, the climate in Hokkaido is wonderful. It is very cold in winter, but you can enjoy sunny days in every summer, and of course, so many foods!

Lucy: Yeah. And in Sapporo, there are many great shops. Especially, dessert shops are real heavens for me!

Takeshi: (　A　) Hokkaido is the ①(big) prefecture in Japan, and the dairy industry is very famous. They produce the best cheese, cream, and butter in this country. Thanks to these ingredients, we can taste amazing desserts. OK. Let's check this guidebook. Lucy, we can visit some shops next Saturday together. ②Let's【desserts / fine / like / some / try / you】.

Lucy: Thank you. Let me see... Snow-star Pudding... It may be a white pudding made from milk.

Takeshi: Right. And Special Green Tea Ice Cream... Japanese *maccha* taste, you know.

Lucy: What is *maccha*?

Takeshi: Green tea powder. I think you can make *maccha* ice cream by yourself. Let's try another shop. Now, Nanairo Café... Cream Cheese Sandwich! Shall we have lunch there? We can take out Butter Cookies there.

Lucy: That's a good idea. We can enjoy Hokkaido desserts at home, too. Next, Pretty Penguins'... Interesting name, isn't it? Takeshi, do you know gelato?

Takeshi: Yes. Italian ice cream. Wait, you have to (　B　) to go to Pretty Penguins' from Sapporo Station.

Lucy: Oh. OK, let's not go there. Finally, Green Cozy... Takeshi, I don't know Tokachi. What is it?

Takeshi: It's the mid-eastern part in Hokkaido. There are so many farms in this area, and you can enjoy so many kinds of sweets.

Lucy: Oh, really? I would like to go there. There's no information on this guidebook, but maybe we can buy Tokachi milk at the shop.

Takeshi: OK. Look, Green Cozy is open until late at night this weekend. All right, let's go to Makomanai first. This area is famous for Sapporo Olympic Games in 1972. Next, we will have lunch at (　C　), and take a walk in Odori Park. Then, take a bus to Mt. Moiwa, and watch a beautiful night view. We'll visit (D) and buy Tokachi milk. We can have cookies with Tokachi milk at home.

Lucy: What a nice plan! I can't wait for this weekend!

Takeshi: Hey, Lucy. This guidebook says, "To enjoy parfaits and ice cream for NIGHTS at dessert shops is a big trend you can find only in Hokkaido." Let's have dinner at Moiwa Restaurant, and later, try some parfaits at (D) and follow the trend!

（注） heaven：天国　prefecture：都道府県　dairy industry：酪農　ingredient：原料
pudding：プリン　powder：粉　view：景色　parfait：パフェ　trend：流行

~ The Best Dessert Shops You Must Try in Sapporo ~

①	Snow-star Parlor
②	Snow-star Pancake & Pudding
③	Special Green Tea Ice Cream
④	10:00-21:00
⑤	8 minutes walk from Sapporo Sta.

①	Nanairo Café (Seven-color Café)
②	Butter Cookies
③	Nanairo Cream Cheese Sandwich
④	10:30-18:00
⑤	10 minutes walk from Susukino Sta.

①	Pretty Penguins'
②	Homemade Gelato
③	Special Apple Ice Cream
④	8:00-23:00
⑤	10 minutes by bus from Sapporo Sta.

①	Green Cozy
②	Tokachi Milk Pudding
③	Tokachi Milk Parfait
④	10:00-20:00 (Friday / Saturday 10:00-22:00)
⑤	Next to Maruyama Koen Sta.

① Name　② Popular Desserts　③ Limited-time Desserts　④ Business Hours　⑤ Access

（注） Sta. = Station　limited-time：期間限定の

問１　（A）に入る最も適切な英文を次の中から１つ選び，記号で答えなさい。

ア　Yes, I do.　　イ　No, she didn't.

ウ　I agree.　　エ　I don't like it.

問２　下線部①の語を正しい形に直しなさい。

問３　下線部②が「あなたが好きな美味しいデザートを試してみましょう。」という意味になるように，【　】内の語を並べかえなさい。

問４　（B）に入る最も適切な語句を次の中から１つ選び，記号で答えなさい。

ア　take a bus　　イ　walk ten minutes

ウ　wait at Sapporo Station　　エ　arrive at 11:00

問５　（C），（D）に入る店名を次の中からそれぞれ１つずつ選び，記号で答えなさい。

ア　Snow-star Parlor　　イ　Nanairo Café

ウ　Pretty Penguins'　　エ　Green Cozy

問６　本文の内容に合うものをあとの中から２つ選び，記号で答えなさい。

ア　On the next Saturday, Takeshi will visit some dessert shops alone.

イ　Special Green Tea Ice Cream is really good, and you can't make it by yourself.

ウ Pretty Penguins' is open in the morning, so you can enjoy ice cream at 10:00.

エ Takeshi doesn't know what gelato is.

オ Takeshi and Lucy will visit some spots before they try some desserts.

2 次の英文は，ある日本人の大学生が書いたものです。次のページの地図を参照して後の問に答えなさい。

When I was in the elementary school, I watched a speech on YouTube. It was about Martin Luther King, Jr. giving a speech at a national park in Washington D.C., on August 28, 1963. The title of the speech was "I have a dream." He was talking about the importance of freedom (A) front of over 200,000 people. I was so moved by his speech that I wanted to visit the same place someday.

I forgot about the speech for many years, but when I studied about Martin Luther King, Jr. in university, the scene of Martin Luther King, Jr. giving a speech came back to my mind. So I decided to visit Washington D.C. before graduating from university. At the same time, I hoped to visit other cities like Boston and NewYork, too.

There were two reasons to visit these cities. First, in Boston, I wanted to visit Harvard University, one of the top universities in the world. I was interested in the school life in the U.S. because I was going to study abroad next year. Second, I wanted to travel to New York to see the Statue of Liberty. It is the symbol of freedom.

I checked on the Internet to buy a ticket from Tokyo to Boston. But it was very expensive. So I bought a ticket from Tokyo to New York.

I left Narita Airport and arrived at New York on April 3. It took me about 13 hours. When I saw the Statue of Liberty for the first time, it made me very excited. After that, I stayed at a hotel there for two days. Then I arrived at the train station at 8:00 a.m. on the third day. I didn't know (B) to buy a ticket, but a staff told me about that. Then I got on the Amtrak train to go to Boston. I looked forward to visiting Harvard University. However, the train stopped on the way because of an accident. It only started moving again after ten hours. When I finally arrived at Boston at 11:00 p.m., it was already too late to go out. So, I could not go to Harvard University. On the next morning, I left for Washington D.C. by plane.

After I arrived at Washington D.C., I quickly went to the national park. A *sakura* festival was held there and I was glad to see *sakura* in the U.S. After that, I walked around the Lincoln Memorial. Martin Luther King, Jr. made a speech here about 60 years ago. I couldn't stop crying when I stood at the same place.　My dream came true at last!

（注）　Martin Luther King, Jr.：マーティン・ルーサー・キング・ジュニア（アメリカの人種差別に反対した人物）
freedom：自由　　Harvard University：ハーバード大学
the Statue of Liberty：自由の女神像
Lincoln Memorial：リンカーン記念堂

問１　（A）に入る最も適切な語を次の中から１つ選び，記号で答えなさい。
ア　with　　イ　in　　ウ　to　　エ　from

問２　筆者はなぜボストンに行きたいのか。その理由を日本語で答えなさい。

問３　筆者は何月何日にボストンに到着しましたか。日本語で答えなさい。

問４　（B）に入る最も適切な語を次の中から１つ選び，記号で答えなさい。
ア　how　　イ　which　　ウ　what　　エ　who

問５　本文の中で筆者がアメリカで実際に見ていないものを次の中から１つ選び，記号で答えなさい。

ア

イ

ウ

エ

問６　筆者が実際にたどった行程と利用した交通機関の組み合わせで正しいものを次のア～オから１つ選び，記号で答えなさい。

記号	目的地	→ 交通機関 →	目的地	→ 交通機関 →	目的地
ア	Boston	Amtrak train	New York	plane	Washington D.C.
イ	New York	plane	Boston	Amtrak train	Washington D.C.
ウ	Boston	plane	New York	Amtrak train	Washington D.C.
エ	New York	Amtrak train	Boston	plane	Washington D.C.
オ	Washington D.C.	Amtrak train	New York	plane	Boston

3 次の表はある空港の出発時刻表です。これを見て，後の問に答えなさい。

出発 Departure					2月16日（火）	現在の時刻 ７：３７	
定刻 Scheduled	変更時刻 Estimated	便名 Flight No.	行き先 Destination	天候 Weather	空席状況 Vacant Seat	搭乗口 Gate No.	備考 Remarks
８：２０	８：３０	ROS236	Okinawa	Sunny	×	１７	時刻変更
８：４０	９：３０	TJC341	Sapporo	Snowy	△	３０	悪天候時刻変更
８：５０		JWC57	Tokyo	Rainy	×	１２	定刻
８：５０		JWC66	Okinawa	Sunny	×	１５	定刻
９：１０		AYN772	Fukuoka	Cloudy	○	２７	定刻
９：３０		ROS290	Osaka	Cloudy	△	１７	定刻
９：３０	１０：１０	ROS615	Sapporo	Snowy	×	２５	悪天候時刻変更
９：５０		JWC83	Okinawa	Sunny	△	１４	搭乗口変更

問1 How is the weather today in Tokyo?

ア Sunny　イ Cloudy　ウ Rainy　エ Snowy

問2 Takashi is going to Sapporo with his family. This is his first trip to Sapporo. His flight is forty minutes late because it snows there. What is the flight number of the plane?

ア ROS236　イ TJC341　ウ JWC57　エ ROS615

問3 Risa is going to Universal Studios Japan in Osaka with her friends for the first time. What is the gate number for ROS290?

ア 12　イ 14　ウ 17　エ 27

問4 Ken's father has to go to Okinawa for business. However, he doesn't have a flight ticket to Okinawa yet, and now he is on the waiting list. Which flight has a vacant seat?

ア ROS236　イ JWC66　ウ ROS290　エ JWC83

4 次のページの案内掲示はある映画館のものです。これを見て，後の問に答えなさい。

問1 How many shows are there in the afternoon?

ア 8 shows　イ 9 shows　ウ 10 shows　エ 11 shows

問2 How much is it for two adults, a junior high school student and a three-year boy to see a movie at this theater?

ア 25 dollars　イ 35 dollars　ウ 45 dollars　エ 50 dollars

問3 What screen should you go if you want to see "Life ~ a beautiful story ~ ?"

ア No.2　イ No.5　ウ No.11　エ No.12

問4　Where can you buy popcorn in this theater? Write one sentence on your answer sheet.

Hokuto Station Tower Movie Theater
This Week's Movies

Names of the Movies (Screen Number)	Show time		
	1st show	2nd show	3rd show
Hollywood Super Dreams (No.2)	10:30 a.m.	15:00 p.m.	19:00 p.m.
Life ~ a beautiful story ~ (No.5)	14:30 p.m.	17:00 p.m.	20:00 p.m.
The Clock Tower (No.11)	9:00 a.m.	11:30 a.m.	15:00 p.m.
Dancing in My Heart (No.12)	14:30 p.m.	17:30 p.m.	21:00 p.m.

Ticket Price　Adult: 20 dollars
Child (4~15 years): 5 dollars
Child (0~3 years): no charge

* You can buy tickets on the second floor, and light food and drinks on the third floor.
* If you want more information about our place, please check out our Web site!!

5　次の英文の（　）に入る最も適切な語句を次の中からそれぞれ1つずつ選び，記号で答えなさい。

問1　He (　　) care of his sister.
ア got　イ had　ウ made　エ took

問2　My sister (　　) in Australia for three years.
ア has lived　イ lives　ウ lived　エ will live

問3　Some students like English, and (　　) like math.
ア another　イ one　ウ other　エ others

問4　How (　　) are you going to stay in Sapporo?
ア long　イ many　ウ much　エ old

問5　We had (　　) wind yesterday.
ア cloudy　イ healthy　ウ polite　エ strong

問6　I'm looking for someone (　　) can help me with my homework.
ア what　イ which　ウ who　エ whose

問7　I'll show you a letter (　　) to me by Jane.
ア send　イ sending　ウ sent　エ to send

問8　I cannot run as (　　) as he can.
ア fast　イ faster　ウ fastest　エ more fast

問9　She left (　　　).

ア　good-bye saying without　　　イ　saying good-bye without

ウ　without good-bye saying　　　エ　without saying good-bye

問10　Tell me (　　　).

ア　where is the post office　　　イ　where the post office is

ウ　where to go to the post office　　　エ　where to the post office

6　次のA，Bの対話で，Bの発言のうち，最も強く発音するべき語句はどれですか。それぞれ1つずつ選び，記号で答えなさい。

問1　A：How did you meet her for the first time?

B：I met [her]ア at the [birthday party]イ last [year]ウ.

問2　A：What are you looking at?

B：I'm [looking]ア at that big [dog]イ crossing the [street]ウ.

問3　A：I haven't seen Ken since last Monday.

B：[He]ア [has]イ been [sick]ウ for a week.

問4　A：How much is a ticket of the concert?

B：The [newspaper]ア says it is [two thousand yen]イ for [a person]ウ.

問5　A：Have you finished doing the homework that Mr. Brown gave us yesterday?

B：No, I haven't.　But [Misaki]ア has [finished]イ [it]ウ.

7　イラストの内容を表す最も適切なものを次の中からそれぞれ1つずつ選び，記号で答えなさい。

問1　ア　The boy is cleaning the room.

イ　The boy is washing his hands.

ウ　The boy is giving water to flowers.

問2　ア　The children are talking in the classroom.

イ　The children are eating rice balls in the kitchen.

ウ　The children are eating lunch outside.

問3　ア　My watch says it is ten seven.

イ　The clock says it is ten fifteen.

ウ　The clock on the wall says it is ten thirty.

問4 The boy is going to go on a picnic tomorrow, so ________

ア he hopes that it will stop raining.

イ he wants to take a lot of pictures with his friends.

ウ he will go to bed early.

問5

ア The family is suffering from stomachaches.

イ The boy broke the cup that his parents liked.

ウ An earthquake is happening, so they are under the table.

【理　科】（50分）　＜満点：100点＞

1　次の文章を読み，問いに答えなさい。

Ⅰ　日本列島では四季が見られる。これは，地球の地軸が太陽に対して傾いた状態で太陽の周りを公転しているからである。また，太陽の動きを観察すると東から西へと動いているように見える。これは，地球の自転によるもので，このような太陽の1日の見かけの動きを太陽の【　A　】という。太陽の動きは観測する場所によって，見える方向や動きが変わる。

Ⅱ　太陽は，みずから光り輝く天体であり，表面のようすを観察できる恒星である。また，私たちが住む地球に対して，生物の生命活動に必要なエネルギー源でもある。太陽は，8つの惑星やその他の小天体をともなって，太陽系の中心として存在している。下の表は，太陽系に存在する惑星の特徴を表にしたものである。

表

惑星	直径（地球＝1）	質量（地球＝1）	密度（g/cm³）	太陽からの距離（太陽地球間＝1）
①	0.4	0.06	5.4	0.4
②	0.5	0.1	3.9	1.5
③	0.9	0.8	5.2	0.7
地球	1.0	1.0	5.5	1.0
④	3.9	17.1	1.6	30.1
⑤	4.0	14.5	1.2	19.2
⑥	9.4	95.1	0.7	9.6
⑦	11.2	317.8	1.3	5.2

問1　【A】に当てはまる語句は何か，答えなさい。

問2　太陽の表面を天体望遠鏡で観察すると黒点やプロミネンスが見られる。その他に太陽の表面を取り巻いている高温のガスの層を何というか，答えなさい。

問3　表の⑦の惑星は何か，漢字で答えなさい。

問4　次の（ア）～（エ）の記述について，誤って述べられているものをすべて選び，記号で答えなさい。

（ア）①の惑星は他の天体と比べて質量が小さく，直径も小さいため，地球型惑星に分けられる。

（イ）③の惑星は二酸化炭素などの厚い大気におおわれているため，表面の平均温度が400℃以上である。

（ウ）⑥の惑星は主に大量の岩石と金属でできているため，他の天体と比べて密度が小さい。

（エ）太陽からの距離が長くなるほど，惑星の直径は大きくなる。

問5　図のような地球の公転軌道を持つとき，太陽側から見て地球の自転と公転の方向が正しいものを，次の（ア）～（エ）から1つ選び，記号で答えなさい。

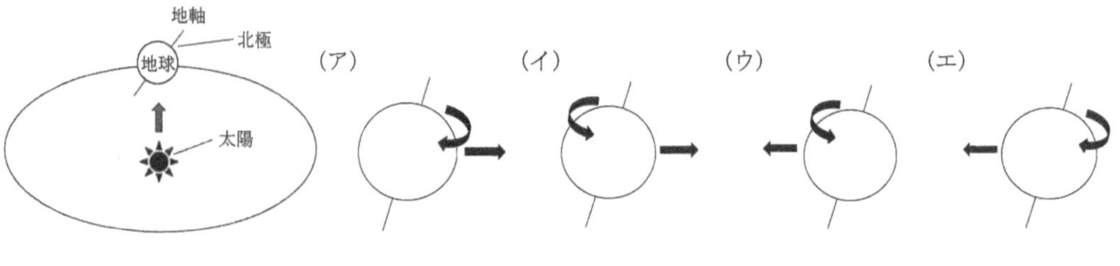

図

問６　春分・秋分のころに，オーストラリアのシドニーから観測される天球上での太陽の動きとして正しいものを次の（ア）～（オ）から１つ選び，記号で答えなさい。ただし，観測者はＯ点にいるものとする。

（ア）

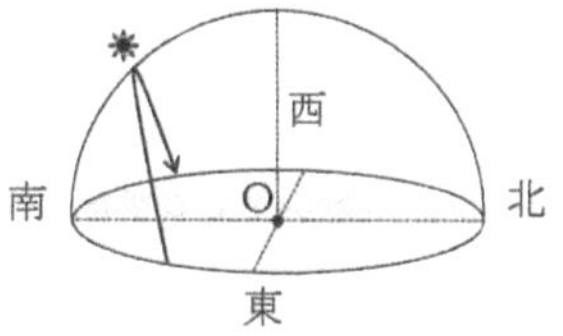

（イ）

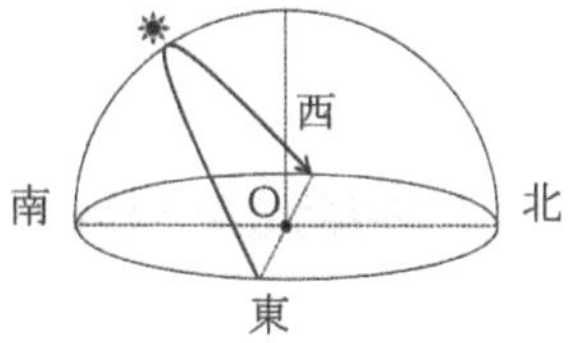

（ウ）

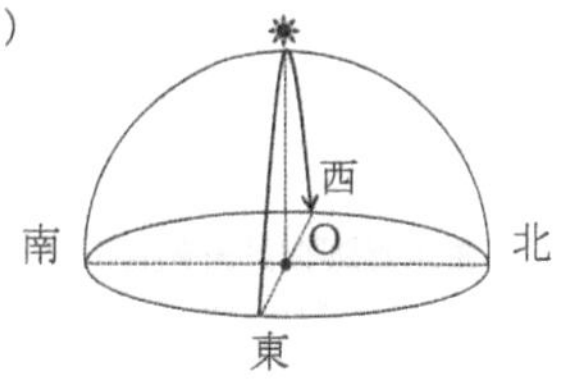

（エ）

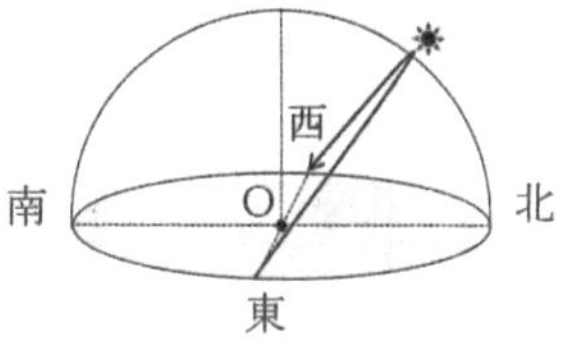

（オ）

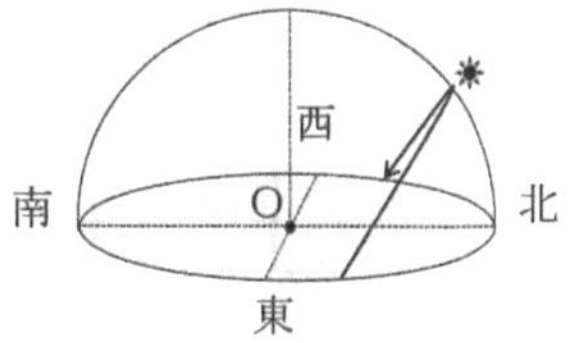

2　次の実験について，問いに答えなさい。

実験１　アルカリ性の水溶液に中性になるまで塩酸を加え，この水溶液の水を蒸発させたら，塩化ナトリウムだけが残った。
実験２　塩化ナトリウム，炭酸カルシウム，砂糖，ガラスの粉末，亜鉛の粉末の混合物がある。この混合物に十分な水を加えてからろ過した。ろ紙上に残った物質に十分な塩酸を加えると，その一部分が溶けて2種類の気体が混合気体として発生した。この混合気体を水酸化ナトリウム水溶液に通したところ，一方の気体だけが完全に吸収された。
実験３　20％の塩化ナトリウム水溶液50ｇに25℃であと何ｇの塩化ナトリウムが溶けるかを調べたら，4.4ｇであった。

問１　実験１について，アルカリ性の水溶液に塩酸を加えたときに起こる反応を何というか，漢字で答えなさい。

問２　実験１について，使用したアルカリは何の水溶液か，化学式で答えなさい。

問３　実験２について，塩酸を加えても溶けなかった固体は何か，次の（ア）～（オ）の中から１つ選び，記号で答えなさい。

（ア）塩化ナトリウム　　（イ）炭酸カルシウム　　（ウ）砂糖　　（エ）ガラス　　（オ）亜鉛

問４　実験２について，混合気体のうち，水酸化ナトリウム水溶液にほとんど吸収されなかった気体は何か，化学式で答えなさい。

問５　物質がそれ以上溶けなくなった水溶液を何というか，答えなさい。

問６　実験３の結果から25℃の水100ｇに塩化ナトリウムは何ｇまで溶けると考えられるか，答えなさい。ただし，実験３で温度変化はなかったものとする。

3 次の文章を読み，問いに答えなさい。

ヒトの心臓は2つの心房と2つの心室からなり，これらの心房と心室が交互に収縮と弛緩(しかん)を繰り返すことによって血液を一定の方向に送り出している。心房と心室の壁は心筋からなり，心房と心室の間にある房室弁，心室と動脈の間にある動脈弁の働きにより，血液の逆流が防がれている。また，心臓で周期的に興奮する細胞が集まった部分は洞房結節と呼ばれ，この洞房結節の刺激により，心臓は意思とは無関係に拍動する。これを心臓の自動性という。

問1　図1は，ヒトの循環系の模式図で，矢印は血液が流れている方向を示している。図1の（A）の器官の名称は何か，答えなさい。

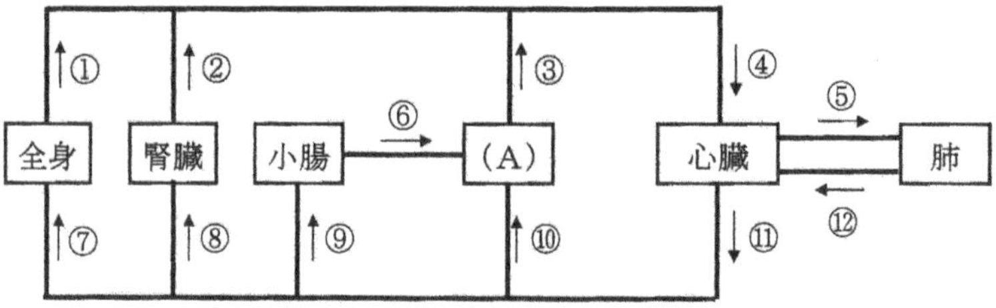

図1

問2　次の（Ⅰ）・（Ⅱ）の血液は，図1のどこを流れているか，最も適当なものを，①～⑫の中から1つずつ選び，それぞれ記号で答えなさい。

（Ⅰ）酸素が最も多く含まれている血液。

（Ⅱ）いろいろな栄養素が最も多く含まれている血液。

問3　心室の内圧と容積との間には，図2に示したような関係があり，a→b→c→d→aを繰り返している。a→b間では，動脈弁も房室弁も閉じており，心室内圧が動脈圧を下回っているので，心室の容積は一定で内圧が急上昇している。c→d間でも，動脈弁も房室弁も閉じており，心室内圧が心房内圧を上回っているので，心室の容積は一定で内圧は急降下している。これらのことと弁により血液の逆流が防がれていることから，bで開く弁およびdで開く弁はそれぞれ何であると考えられるか。次の語群からそれぞれ選べ。

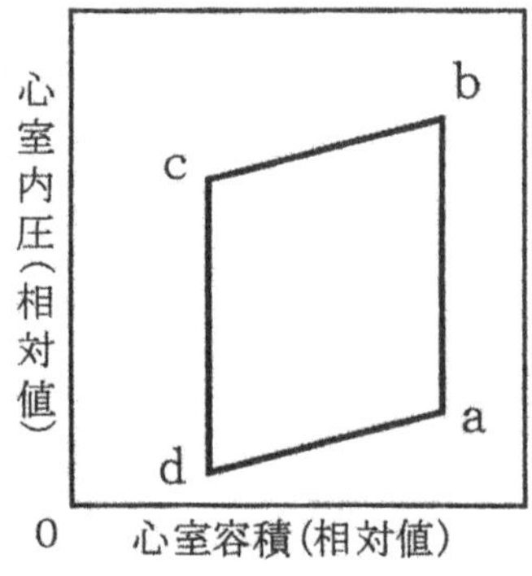

図2

【語群：動脈弁　　房室弁】

問4　次の（ア）～（エ）の記述について，誤って述べられているものを1つ選び，記号で答えなさい。

（ア）白血球は免疫反応に関わり細菌などの異物を分解する。

（イ）血小板は出血した際に血液を固めるはたらきをもつ。

（ウ）血しょうは養分や不要物を運搬する液体成分である。

（エ）赤血球は毛細血管の壁をすりぬけることができる。

問５　ヒトの心臓において，左心室の壁が右心室の壁よりも厚くなっている理由は何か，簡単に説明しなさい。

4　次の実験について，問いに答えなさい。

なめらかな斜面上を下り，その後なめらかな水平面上を運動する台車の様子を１秒間に50回打点する記録タイマーを用いて調べた。次の表は，記録テープを最初の打点（０秒とする）から５打点ごとに切り，ａ区間からｅ区間のそれぞれの長さを順に記入したものである。また，実験１～３は斜面の傾きを変えて得られた値である。ただし，摩擦や空気の抵抗は考えないものとする。

区間	a	b	c	d	e
実験１	1.6cm	4.8cm	8.0cm	11.2cm	11.2cm
実験２	1.3cm	3.9cm	6.5cm	9.1cm	11.7cm
実験３	2.5cm	7.5cm	12.5cm	12.5cm	12.5cm

表

問１　記録タイマーが10打点を打つのにかかる時間は何秒か，答えなさい。

問２　斜面上を下る台車にはいろいろな力がはたらいている。垂直抗力以外では何があるか，答えなさい。

問３　実験１のｄ～ｅ間や実験３のｃ～ｅ間の台車の運動を何というか，答えなさい。

問4　実験１，実験２，実験３の中で，傾きが一番小さい斜面上を運動している実験はどれか，答えなさい。

問５　斜面上を下るにつれて，台車のもつ位置エネルギーと運動エネルギー，力学的エネルギーはそれぞれどのように変化するか，次の（ア）～（オ）から１つ選び，記号で答えなさい。

	位置エネルギー	運動エネルギー	力学的エネルギー
(ア)	大きくなる	大きくなる	大きくなる
(イ)	小さくなる	小さくなる	小さくなる
(ウ)	変わらない	変わらない	常に一定
(エ)	大きくなる	小さくなる	常に一定
(オ)	小さくなる	大きくなる	常に一定

問６　実験１について，ａ～ｄ区間の平均の速さは何㎝/秒か，答えなさい。

5　植物は，主に体細胞分裂をすることで成長する。特に植物の根は先端部分に活発に細胞分裂を行う根端分裂組織を持っている。そのことを確かめるために，図のようにタマネギの根に4つの印をつけた。数日後，成長したこの根を観察したとき，４つの印はどのような位置になるか思考し，解答用紙に４つの印を図示しなさい。

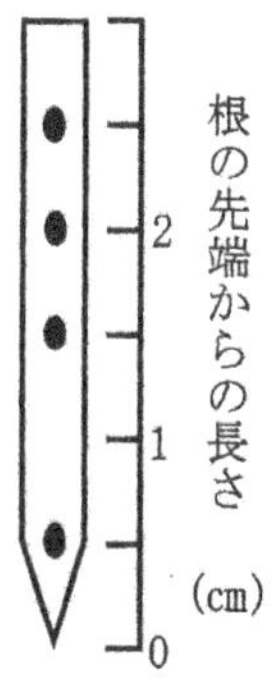

図

【社　会】（50分）　＜満点：100点＞

1　東南アジアについて，【地図】を見て，問いに答えなさい。

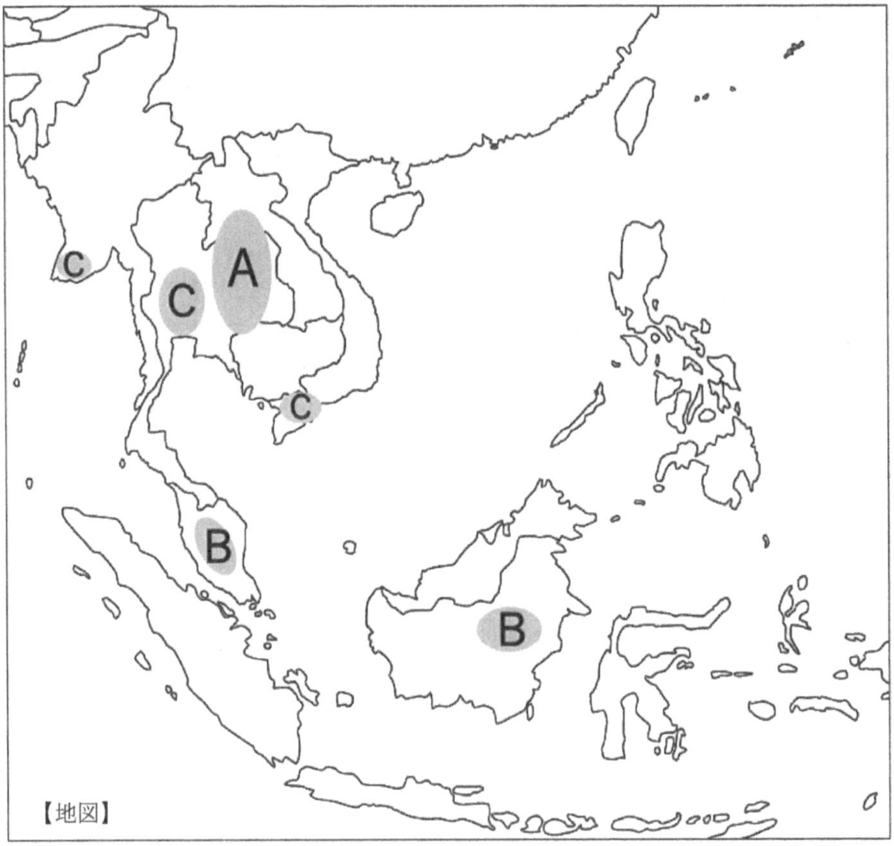

【地図】

問１　以下の文は，地図中　A地域の気候について説明したものです。これを参考にして，　A地域の気候区名として正しいものを，下の（あ）～（え）から１つ選び，記号で答えなさい。

> 赤道から離れ，回帰線にやや近づいた地域で，降水量が多い雨季と降水量が少ない乾季がはっきりとみられる。

（あ）ツンドラ気候　（い）温暖湿潤気候　（う）サバナ気候　（え）ステップ気候

問２　地図中　B地域の主な植生景観として正しいものを，下の（あ）～（え）から１つ選び，記号で答えなさい。

（あ）

（い）

（う）

（え）

問３　前のページの地図中　B地域では，山林や原野を焼いてその灰を肥料として作物を育てる農業が実施されています。この農業を何といいますか，答えなさい。

問４　地図中　C地域で主に栽培されている農作物は何ですか，答えなさい。

問５　東南アジアの熱帯地域では高床式住居が多く見られます。高床式にしている理由を説明しなさい。

問６　下の【グラフ１】は，マレーシアの輸出品の変化をあらわしたものです。これを見て，【①】・【②】にあてはまる語句の組み合わせとして正しいものを，下の（あ）～（え）から１つ選び，記号で答えなさい。

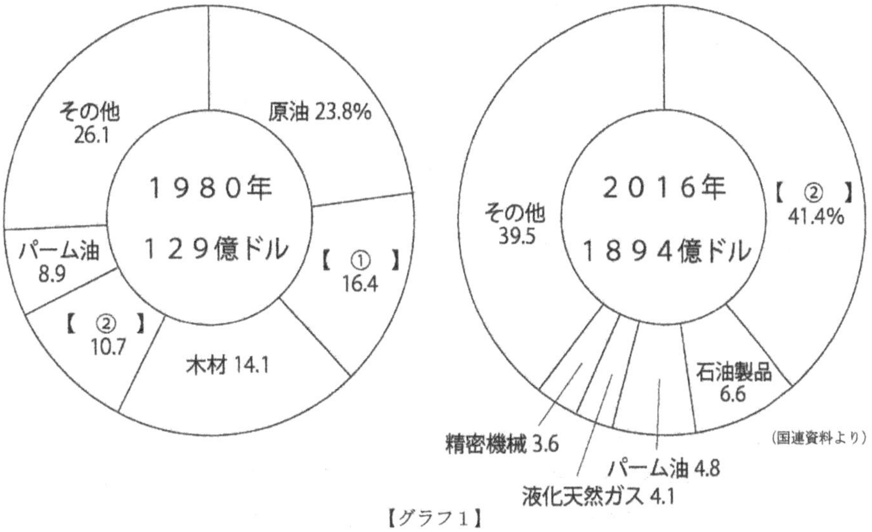

【グラフ１】

（あ）【①】：天然ゴム　　【②】：鉄鋼　　（い）【①】：天然ゴム　　【②】：機械類

（う）【①】：米　　【②】：鉄鋼　　（え）【①】：米　　【②】：機械類

問７　東南アジアの国々で構成されている地域協力機構の名称を何といいますか，**アルファベット**で答えなさい。

問８　右の写真は，ある宗教を信仰している女性の写真です。この宗教の信者数が人口の約80％以上を占めている国を，下の（あ）～（え）から１つ選び，記号で答えなさい。

（あ）タイ

（い）ベトナム

（う）フィリピン

（え）インドネシア

2　関東地方に関する次の文章を読み，問いに答えなさい。

①関東地方は，首都である②東京を中心に開発が進み，世界から多くの③観光客が訪れるようになりました。そのため，交通網が整備され，鉄道路線や航空路線，高速道路なども発達しました。なかでも［ A ］国際空港は，日本全体の航空旅客の約６割が利用する国内最大の空

港となりました。また，1978年に整備された千葉県の [B] 国際空港は，日本有数の輸出・輸入額を誇る貿易港となり，貨物輸送の面でも重要な役割を果たしています。

現在，日本には多くの④在留外国人が暮らしています。その数は約238万人で，国内総人口の1.9%ほどを占めています。そして，都道府県別では，東京都が最も多く，愛知県・大阪府・神奈川県・埼玉県と続いています。

問1　下線部①について，ここには日本最大の関東平野が広がります。そこに見られる，火山灰が積もった赤土のことを何といいますか，答えなさい。

問2　下線部②について，中心部にあったオフィスや商業の機能の一部を移転させた，新宿・渋谷・池袋などの地域を何といいますか，**漢字3字**で答えなさい。

問3　下線部③について，東京都に属する世界自然遺産で，サンゴ礁が発達し，観光名所となっている諸島を何といいますか，答えなさい。

問4　文中 [A] ・ [B] にあてはまる語句の組み合わせとして正しいものを，下の（あ）～（え）から1つ選び，記号で答えなさい。

（あ）A：成田　　B：伊丹　　（い）A：東京　　B：新千歳

（う）A：福岡　　B：成田　　（え）A：東京　　B：成田

問5　下線部④について，静岡県浜松市に暮らす外国人の中で，その割合が最も多い出身国籍を，以下の文章を参考にして，下の（あ）～（え）から1つ選び，記号で答えなさい。

1990年に外国人の日本への入国に関する法律が改正され，かつて移民として移住した日本人の子孫の就労についての資格が緩和され，数多くの日系人が日本に入国してきました。彼らは，浜松市に多数立地されている輸送用機械や楽器関連の大工場と，それに関連する中小・下請け工場などで働いていましたが，日本の深刻な不況から2008年以降，その数は減少しています。

（あ）ブラジル　　（い）中国　　（う）韓国　　（え）フィリピン

問6　右の【グラフ2】は，関東地方に生産地が集中する農作物の都道府県別の生産割合をあらわしています。この農作物として正しいものを，下の（あ）～（え）から1つ選び，記号で答えなさい。

（あ）ぶどう

（い）らっかせい

（う）レタス

（え）さつまいも

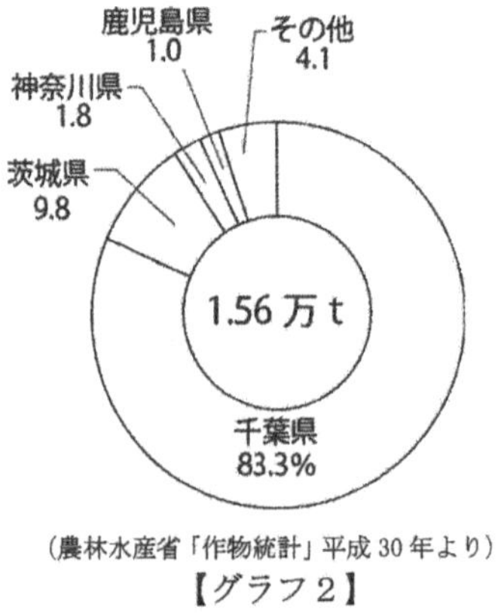

（農林水産省「作物統計」平成30年より）

【グラフ2】

問7　関東地方に関する文章として正しいものを，あとの（あ）～（お）から**2つ**選び，記号で答えなさい。

（あ）東京大都市圏の拡大にともない，東京から郊外に向かって交通網が発達したため，人やモノの移動が活発となり，通勤電車の混雑や道路の渋滞などの問題が完全に解消された。

（い）「海の玄関」として利用されてきた横浜港は，旅客輸送の中心が航空機に移った現在でも，自動車の輸出をはじめ貨物輸送が盛んで，日本有数の貿易港として発展している。

（う）関東地方の気候は，梅雨時から秋にかけて降水量が多くなる。冬は積雪量が多く，気温も低いため，降った雪が解けにくくなる。

（え）東京に機能が集中しすぎたため，千葉市の「みなとみらい」や横浜市の「幕張新都心」などの開発がおこなわれ，機能の一部を移転する計画が1980年代に進められた。

（お）第二次世界大戦後，東京への人口集中が進み地価が高くなったため，地価の安い郊外に住宅を求めたことで，1970年代には丘陵地や臨海部の埋め立て地にニュータウンの建設が進められた。

3　次の年表を見て，問いに答えなさい。

西暦	日本の主なできごと	世界の主なできごと
1600	関ヶ原の戦い	
1603	①江戸幕府が開かれる	
1615	豊臣氏が滅びる	
1637	島原・天草一揆	
1642		ピューリタン革命（イギリス）
1644		A が中国を統一
1669	シャクシャインの戦い	
1688		②名誉革命（イギリス）
1716	B の改革	
		イギリスで C がはじまる
1767	田沼意次の政治	
1774	③『解体新書』が発行される	
1775		アメリカ独立戦争
1787	D の改革	
1789		④フランス革命
1804		フランスでナポレオンが皇帝になる
1837	大塩平八郎の乱	
1840		アヘン戦争
1841	E の改革	
1861		⑤南北戦争（アメリカ）

問１　下線部①について，征夷大将軍に任命されて幕府を開いた人物は誰ですか，**漢字**で答えなさい。

問２　年表中 A にあてはまる王朝名を，下の（あ）～（え）から１つ選び，記号で答えなさい。

（あ）唐　（い）清　（う）元　（え）宋

問３　下線部②について，この革命後に発表され，国王は議会の承認がなければ，法律の停止や課税ができないことを定めたものを何といいますか，答えなさい。

問４　年表中 B ・ D ・ E にあてはまる元号と，改革をおこなった人物の組み合わせとして正しいものを，あとの（あ）～（え）から１つ選び，記号で答えなさい。

（あ）B：天保－松平定信　D：享保－徳川吉宗　E：寛政－水野忠邦

（い）B：寛政－徳川吉宗　D：天保－水野忠邦　E：享保－松平定信

（う）B：享保－水野忠邦　　D：寛政－松平定信　　E：天保－徳川吉宗

（え）B：享保－徳川吉宗　　D：寛政－松平定信　　E：天保－水野忠邦

問5　以下の文を参考にして，年表中 C にあてはまる語句を**漢字**で答えなさい。

> 綿織物分野において，紡績機や機織り機などの機械が次々と発明された。また，蒸気機関を動力として，工場での生産は増大し，蒸気船や蒸気機関車などが造られた。このような動きがイギリスから世界に広まっていった。

問6　下線部③について，人体解剖書を翻訳して出版した人物の組み合わせとして正しいものを，下の（あ)～(え）から1つ選び，記号で答えなさい。

（あ）前野良沢－杉田玄白　　（い）本居宣長－平賀源内

（う）伊能忠敬－葛飾北斎　　（え）小林一茶－近松門左衛門

問7　下線部④について，革命を支持する人々が，基本的人権の尊重と人民主権の考えにもとづき発表したものを何といいますか，答えなさい。

問8　下線部⑤について，合衆国の統一と奴隷の解放をめざした大統領は誰ですか，答えなさい。

4　第二次世界大戦敗戦後，連合国軍に占領された日本が，独立を回復してから今年で70年をむかえます。この間，日本の経済力はめざましく成長し，世界の状況も大きく変化しました。このことについて，年表などを見て，問いに答えなさい。

西暦	主なできごと
1951	サンフランシスコ平和条約調印・日米安全保障条約調印
1953	テレビ放送開始
1956	日ソ共同宣言調印・国際連合加盟・高度経済成長がはじまる（1972年頃まで）
1960	日米安全保障条約改定・安保闘争がおこる
1965	日韓基本条約調印
1972	日中国交正常化・沖縄が日本に復帰・札幌冬季オリンピック開催
1973	A 危機がおこり，①日本経済に大きな影響を与える
1978	日中平和友好条約調印
1979	2度目の A 危機がおこる
1980～	自動車や半導体などでアメリカとの間に貿易摩擦がおこる
1987	B 経済がはじまり，②日本経済に大きな影響を与える
1991	B 経済が崩壊し，③日本経済に大きな影響を与える
1995	阪神・淡路大震災がおこる
2009	民主党政権が発足し，政権交代がおこる
2011	C 大震災がおこる

問1　下の（あ)～(え）は，高度経済成長期のできごとです。古いものから順に並べなさい。

（あ）公害対策基本法が制定された。

（い）大阪で日本万国博覧会が開かれた。

（う）電気洗濯機・電気冷蔵庫・白黒テレビが「三種の神器」とよばれた。

（え）日本の国民総生産（GNP）が資本主義国のなかで世界第2位となった。

問2　高度経済成長期に日本の首相をつとめた人物として正しいものを，次のページの（あ)～(え）

から２つ選び，記号で答えなさい。

（あ）吉田茂　（い）池田勇人　（う）佐藤栄作　（え）鳩山由紀夫

問３　高度経済成長期には公害問題が深刻化しましたが，「四大公害病」のうち富山県で発生したものを何といいますか，答えなさい。

問４　前のページの年表中 A ・ B ・ C にあてはまる語句をそれぞれ答えなさい。

問５　下の【グラフ３】は，1973年度から2003年度までの日本の実質経済成長率の変化をあらわしたものです。これを見て，次の問いに答えなさい。

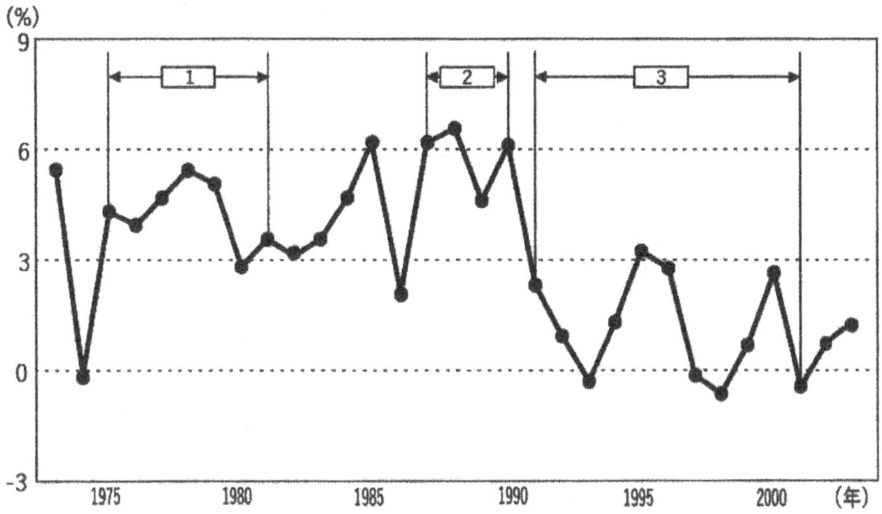

【グラフ３】　(内閣府統計表より)

Ⅰ．【グラフ３】中の 1 ～ 3 は，前のページの年表中の下線部①～③の期間です。 1 ～ 3 の時の日本経済の様子として正しいものを，下の（あ）～（え）から１つずつ選び，記号で答えなさい。

（あ）急激な円高が進み，深刻な不況に見まわれた日本では景気回復策がとられ，銀行の資金援助を受けた企業が資金を土地や株に投資したため，地価や株価が大幅に上がり，国民の資産価値が高まった結果，景気が良くなった。

（い）朝鮮戦争がはじまり，アメリカの軍事物資などの生産を大量に引き受けたことで特需がおこり，景気が良くなった。

（う）日本だけでなく世界的にも深刻な不況となったが，省エネルギー技術の開発などを進め，工業製品の輸出を伸ばし，「経済大国」化が進んだ。

（え）企業倒産が相次ぎ，銀行の経営状況が悪化したため金融不安がおき，「平成不況」といわれる長期間の不況におちいった。

Ⅱ．【グラフ３】中の 2 の期間にあてはまる世界の動きとして正しいものを，あとの（あ）～（え）から１つ選び，記号で答えなさい。

（あ）冷戦の象徴であった「ベルリンの壁」が取りはらわれた。

（い）地球温暖化を防止するために，先進国に温室効果ガスの排出削減を義務づける京都議定書が採択された。

（う）アメリカは同時多発テロを受けて，アフガニスタンを攻撃し，イラクにも軍隊を送った。
（え）重要な国際問題を話し合う第１回先進国首脳会議（サミット）が開かれた。

5　以下はSDGsで掲《かか》げられている17の目標です。これを見て，問いに答えなさい。

目標1　①貧困をなくそう
目標2　飢餓をゼロに
目標3　②すべての人に健康と福祉を
目標4　質の高い教育をみんなに
目標5　③ジェンダー平等を実現しよう
目標6　安全な水とトイレを世界中に
目標7　④エネルギーをみんなに　そしてクリーンに
目標8　⑤働きがいも⑥経済成長も
目標9　産業と技術革新の基盤をつくろう
目標10　⑦人や国の不平等をなくそう
目標11　住み続けられる⑧まちづくりを
目標12　⑨つくる責任　つかう責任
目標13　⑩気候変動に具体的な対策を
目標14　海の豊かさを守ろう
目標15　陸の豊かさも守ろう
目標16　平和と⑪公正をすべての人に
目標17　⑫パートナーシップで目標を達成しよう

問1　下線部①について，様々な理由によって貧しい生活を強いられている「難民」に関する次の問いに答えなさい。

Ⅰ．次の文章は，難民条約をもとに難民の定義をまとめたものです。A にあてはまる語句を，下の（あ）～（え）から１つ選び，記号で答えなさい。

人種，A ，国籍，政治的意見や特定の社会集団に属するなどの理由で，自国にいると迫害を受けるか，迫害を受けるおそれがあるために他国に逃れた人々。今日では，戦争・紛争や人権侵害を逃れるために国境を越えた人々も指す。

（あ）身分　（い）宗教　（う）納税額　（え）能力

Ⅱ．難民支援を含む途上国支援のために政府開発援助というしくみがあります。この「政府開発援助」の略称を**アルファベット３字**で答えなさい。

問2　下線部②に関連する次の問いに答えなさい。

Ⅰ．日本国憲法では，人間らしい豊かな生活を保障する社会権を規定していますが，その社会権の内容に**あてはまらないもの**を，下の（あ）～（え）から１つ選び，記号で答えなさい。

（あ）生存権　（い）参政権　（う）教育を受ける権利　（え）勤労の権利

Ⅱ．環境衛生の改善や感染症の予防などに取り組む国際機関である「世界保健機関」の略称として正しいものを，下の（あ）～（え）から１つ選び，記号で答えなさい。

（あ）WHO　（い）IOC　（う）ILO　（え）WTO

Ⅲ．障がいの有無や年齢にかかわらず，すべての人が区別されることなく，社会の中で普通に生活を送ることをめざす考え方を何といいますか。下の（あ）～（え）から１つ選び，記号で答えなさい。

（あ）ノーマライゼーション　（い）クーリング・オフ
（う）ユニバーサルデザイン　（え）イノベーション

問3　下線部③について，1999年に制定された，男性と女性が対等な立場であらゆる社会活動に参加し，利益と責任を分かち合う社会の実現をめざした法律を何といいますか，答えなさい。

問4　下線部④について，次のページの表は，発電方法の利点と課題をまとめたものです。表中の

A～Cにあてはまる発電方法の組み合わせとして正しいものを，以下の（あ）～（え）から１つ選び，記号で答えなさい。

	A	B	C
利点	・電力供給が大量で安定的。 ・発電量を調節しやすい。 ・消費地の近くに建設しやすい。	・資源枯渇《こかつ》のおそれがなく，国内で確保できる。 ・温室効果ガスを排出しない。	・電力供給が大量で安定的。 ・燃料を安定的に供給できる。 ・温室効果ガスを排出しない。
課題	・温室効果ガスを排出する。 ・燃料の調達量や費用が海外情勢に左右されやすい。 ・燃料枯渇《こかつ》のおそれがある。	・電力供給が気象条件に左右されやすい。 ・発電費用が高い。 ・立地が限定される。	・立地が臨海部に限定される。 ・放射性廃棄物の最終処分場が決まっていない。 ・事故の被害が大きい。

（あ）A：再生可能エネルギー　B：原子力　C：火力
（い）A：再生可能エネルギー　B：火力　C：原子力
（う）A：火力　B：再生可能エネルギー　C：原子力
（え）A：原子力　B：再生可能エネルギー　C：火力

問５　下線部⑤について，近年は，労働時間を減らして，仕事と家庭生活とを両立できる［ B ］を実現することが課題となっています。［ B ］にあてはまる語句を，下の（あ）～（え）から１つ選び，記号で答えなさい。

（あ）ワークシェアリング　（い）ワーキングプア
（う）ワーク・ライフ・バランス　（え）ワーキングホリデー

問６　下線部⑥について，経済の動きに関する説明として**誤っているもの**を，下の（あ）～（え）から１つ選び，記号で答えなさい。

（あ）不景気が深刻になると，物価の下落と企業の利益の減少が連続して起こるデフレスパイラルとなる。
（い）好景気のときは，消費が拡大し，商品の需要量が増える。需要量が供給量を上回ると，物価が上がり続けるインフレーションが起こる。
（う）日本銀行は，物価の変動をおさえ，景気の安定化を図るために金融政策をおこなう。
（え）好景気のときは，日本銀行が銀行に国債などを売って，代金を受け取る。銀行は手持ちの資金が増えるため，企業などに積極的に貸し出そうと，貸し出し金利を引き下げる。

問７　下線部⑦について，途上国の原料や製品を適正な価格で購入することを通じて，生産者の経済的な自立をめざす運動のことを何といいますか，**カタカナ**で答えなさい。

問８　下線部⑧においては，日本国憲法でも規定されている「地方自治」が重要な役割を果たしています。「地方自治」に関する次の問いに答えなさい。

Ⅰ．地方議会が定める，地方公共団体独自の法のことを何といいますか，**漢字２字**で答えなさい。

Ⅱ．義務教育や道路整備などの費用にあてられる，国が使い途《みち》を指定して支給するお金のことを何といいますか，答えなさい。

Ⅲ．地方自治に関する文として**誤っているもの**を，あとの（あ）～（お）から**２つ**選び，記号で答えなさい。

（あ）都道府県知事は，住民の直接選挙によって選ばれる。
（い）地域の重要な問題について，住民全体の意見を明らかにするしくみとして国民投票がある。

（う）選挙で選ばれた地方公共団体の首長に対して，住民は解職を請求することができない。

（え）地方選挙では，18歳以上の住民に選挙権が与えられている。

（お）地方公共団体の歳入のうち，地方税からの収入はおよそ４割にとどまっている。

問９　下線部⑨について，大量に発生するごみを減らすため，［　C　］型社会をめざして，［　C　］型社会形成推進基本法が制定されています。［C］にあてはまる語句を，**漢字２字**で答えなさい。

問10　下線部⑩について，気温上昇をおさえるために，途上国を含む197か国・地域がそれぞれの目標を立てて取り組むこととなった，2015年に採択された協定を何といいますか，答えなさい。

問11　下線部⑪について，公正な競争をうながすために1947年に制定され，公正取引委員会がその運用にあたっている法律を何といいますか，答えなさい。

問12　下線部⑫について，世界各地の地域経済統合の名称とその略称の組み合わせとして**誤っているもの**を，下の（あ）～（え）から１つ選び，記号で答えなさい。

（あ）ヨーロッパ連合－EU　　（い）アジア太平洋経済協力会議－APEC

（う）南米南部共同市場－NAFTA　　（え）環太平洋経済連携協定TPP

して、三十日以上応答がない場合

三号　本サービスにおける利用料金等の支払債務の履行遅延または不履行があった場合

2項　利用者は前号当該行為により当社及び第三者が被った一切の損害の賠償をするものとします。

3項　当社が利用契約の解除を行ったことにより、利用者に生じた不利益や損害については一切の責任を負わないものとします。

のとします。

第4条【（　Ⅱ　）の成立】

1項　利用希望者は、前条に定める利用の準備の後、本サービスの利用登録を行うものとします。

2項　利用契約は、次の各号により成立するものとします。

一号　利用希望者が、自ら前項の利用登録を行い、これに対して利用登録完了後のサイト上に当社が承諾した旨を表示した時点

二号　利用希望者が、自ら当社に対し本サービスの利用登録の申込みを行い、当社が利用登録を承諾し、手続きが完了した時点

第5条【禁止事項】

1項　利用者は、本サービスを利用するにあたり、次の各号に定める行為を行ってはならないものとします。

一号　営利、非営利目的にかかわらず、本サービスにより提供されるアプリ、音声、および文字、画像等の情報を、著作権法で認められた私的使用の範囲を超えた複製、譲渡、公衆送信、BGM利用、改変等の行為、または第三者のこれらの行為を助長する行為

二号　本サービスのアカウントを、第三者に対し利用させる行為、または貸与、譲渡、名義変更する行為

三号　当社または第三者の財産、プライバシー、著作権、ソフトウェア情報等の知的財産権およびその他一切の権利を侵害する行為

四号　未成年者を害する行為、または第三者の行為を助長する行為

五号　他人または架空の情報を用いて成りすます行為、または第三者や組織との関係を偽る行為

六号　前各号の他、当社または第三者に損害を与えるような行為

第6条【利用者による（　Ⅲ　）】

1項　利用者は、本サービスの解約を希望する場合は、当社所定の方法により、自ら当社に解約の申し出を行うものとします。

2項　利用者は、本サービスの解約時に、本サービスの利用に関する一切の権利を失うものとし、当社に対していかなる請求権も行使しないものとします。

第7条【利用契約の解除】

1項　利用者は、本サービスを利用するにあたり次の各号に定める行為、またはそのおそれのある行為を行ってはならないものとし、利用者が本条のいずれか一つにでも該当したと当社により判断された場合、当社は利用契約を解除するものとします。

一号　本規約および本サービスに関する当社所定の条件に違反した場合

二号　当社からの問い合わせ、その他の回答を求める連絡に対

問三　Aさんは「UTA-ZUKI」に登録してある自分のアカウントを友人のCさんに貸していたところ、運営会社から利用契約を解除するという通知が届いた。運営会社は第何条第何項に基づいて対応したと考えられるか。次の文はその対応について記したものである。空欄a～dにあてはまる数字を答えなさい。

Aさんの行為は利用規約の第（　a　）条第（　b　）項に該当したため、運営会社はAさんに対し、第（　c　）条第（　d　）項に基づき、利用規約を解除する通知を出した。

問四　空欄Ⅰ～Ⅲに入る適当な語句を、それぞれ解答欄の字数に合わせて資料（利用規約の一部）から抜き出しなさい。

【資料（利用規約の一部）】

第1条【利用規約の適用】

1項　株式会社「UTA-ZUKI」（以下「当社」といいます）は、「UTA-ZUKI」利用規約（以下「本規約」といいます）にのっとり利用登録をした者に対し、音楽配信サービス「UTA-ZUKI」（以下「本サービス」といいます）を提供します。

2項　本サービスの利用希望者は、本サービスを利用する場合、本サービスの利用に必要な本サービス用のアプリケーション（以下「アプリ」といいます）を当社が定める手段、方法により自らの責任と費用負担においてダウンロードし、本規約に同意のうえ、本サービスを利用するものとします。

3項　本規約のほか、本サービスのサイト（インターネット上の本サービスの提供を受けるための情報ページであり、以下「サイト」といいます）上のご利用に関する案内、ご利用の条件等の当社の定める各種取り決め事項も本規約に準ずるものとし、以下で「本規約」という場合は、当該事項もこれに含まれるものとし、利用者が本サービスを利用する場合には、サイト上に変更があった場合も含め、その内容も承諾したものとみなします。

第2条【規約の変更】

1項　当社は、本規約および本サービスを改定することがあります。この場合、変更後の本規約が適用されるものとします。

2項　変更後の本規約は、当社が別途定める場合を除き、本サービスのサイト上に掲示した時点より、効力を有するものとします。

第3条【利用の準備】

1項　本サービスの利用には次の各号が必要になります。

一号　「UTA-ZUKI」利用規約に定めるアカウント情報

二号　（　Ⅰ　）のダウンロード

2項　本サービスの利用には、利用希望者がアプリをダウンロードし、当社がサイト上に掲示する仕様を備えた対応端末にインストールする必要があります。

3項　利用希望者は、本サービスの利用に必要な、対応端末・インターネット接続環境等の通信手段、アプリ、その他ソフトウェア等を利用希望者自らの責任と費用負担にて用意するも

問二　傍線部2「不審」とあるが、どのようなことを「不審」と思ったのか。次から適当なものを選び、記号で答えなさい。

ア　紀伊国からわざわざ和泉の国を通って都へ行ったこと。
イ　歌を詠んだら、晴れていた空が急に曇ってきたこと。
ウ　神さまがいない土地だったのに、実はいたこと。
エ　乗っていた馬がすわりこんで進まなくなったこと。

問三　傍線部3「いふ」の内容は、この後に続く「これは」から始まるが、最後はどこで終わるか。本文中から三文字を抜き出して答えなさい。

問四　傍線部4「います」の意味として最も適当なものを次から選び、記号で答えなさい。

ア　出てきた　　イ　いらっしゃる
ウ　おります　　エ　住んでいる

問五　Aの和歌について説明した次の文の空欄に当てはまる語を、本文中から抜き出しなさい。

> この和歌の歌意は、すっかり曇っていて、昼と夜との区別もつかないこの大空の向こうに、星があろうとは思えない、という意味であるが、裏では、貫之に意地悪をした「蟻通」という神様の名を、歌の中に［　　］と隠して詠み込んだのである。

問六　この話の内容として適当なものを次から選び、記号で答えなさい。

ア　貫之が都を離れて紀伊国に行ったことをとがめた神様に対して、歌を詠んでもう二度としないと誓った。
イ　貫之が夜中に出歩いていたことで神様の怒りに触れたため、歌を詠んで神様の怒りを解こうとした。
ウ　貫之が乗っていた馬の様子が突然おかしくなった時、その理由を察知して神様に対して歌を詠みかけた。
エ　貫之は、神様に気付いたらしい馬を落ち着かせるために、神様に馬を驚かさないよう歌を詠んで頼んだ。

四

次の問いは音楽配信サービス「UTA-ZUKI」の利用に関する問いである。次のページの資料（利用規約の一部）を参考にして、それぞれの問いに答えなさい。

問一　Aさんは「UTA-ZUKI」を利用して、お気に入りの音楽再生リストを作っている。新曲が出たので、曲の入れ替えをしようとしたら、曲の入れ替えが有料サービスに変更されていて、曲を入れ替えることができなかった。了承もしていないのに勝手に有料サービスに変更されたので、無料に戻してほしいとAさんは運営会社に訴えたが、運営会社は利用規約をもとに、無料にはできないと説明した。運営会社の主張の根拠となるのは第何条と第何条か。二つ数字で答えなさい。

問二　Bさんが「UTA-ZUKI」に利用登録しようとしたところ、それを見ていた兄に、このままだと利用規約違反になると指摘された。兄の指摘として最も適当なものを次から選び、記号で答えなさい。

ア　Bさんが個人情報の登録時に父親の名前を使ったこと。
イ　Bさんのインターネット回線が光回線ではないこと。
ウ　Bさんは現在高校生なのに、保護者の承諾をとらなかったこと。
エ　Bさんが過去に一度、携帯電話の使用料を滞納したこと。

なことか。解答欄の空欄に合うように、本文中から二十八字で抜き出し、初めと終わりの五字をそれぞれ答えなさい。

問五　傍線部6「禍い転じて福となった思い」とはどのようなことか。その説明として最も適当なものを次から選び、記号で答えなさい。

ア　不自由に感じていた独り暮らしであったが、箱のおかげで楽しみを見いだせたという思い。

イ　独り暮らしは不本意であったが、箱をかぶったまま生活するには都合が良かったという思い。

ウ　箱が大きすぎて不満があったが、箱をかぶって暮らすのに適していて良かったという思い。

エ　箱をかぶって過ごすことにやましさを感じていたが、それがかえって心地よくなってきたという思い。

問六　傍線部7「自分が何を求めているのか、やっと理解した」とあるが、どのようなことを「理解」したのか。解答欄の空欄に合うように、本文中の語句を九字で抜き出して答えなさい。

問七　傍線部8「そしてそのまま、戻ってこなかった」とはどのようなことか。その説明として最も適当なものを次から選び、記号で答えなさい。

ア　窓の下に住み着いていた箱男と同じように、箱をかぶったまま路上で暮らすようになったということ。

イ　箱の中という自分の居場所を見つけたが、仕事には行かなければならなかったということ。

ウ　箱をかぶったまま仕事に出かけてしまったため、仕事を首になってしまったということ。

エ　自分が箱男と似てきていることに危険を感じ、逃げ出してしまったということ。

三　次の文章を読んで、後の問いに答えなさい。

また、いつの頃にかありけん、貫之、紀伊国《きいのくに》に行きて都に帰り上《のぼ》らるるに、夜中に和泉《いずみ》の国を通られけるが、1にはかに乗りたる馬、足を折りて進み行かざる所ありければ、2不審に思はれたるに、道行く人の3いふ、これはこの所に4います神の所為《しょい》なり、年来社《としごろやしろ》もなくて知れる人も侍《はんべ》らねど、いとうたてしく咎《とが》め給ふ神なり。さきざきも5かやうの事侍りきと申しければ、貫之ただちに馬より下り立ちて、旅中の事故《ゆゑ》、神に捧《ささ》ぐべき幣帛《へいはく》もなければ、ただ手を洗ひ、ひざまづきて神のいましげもなき山に向ひて、そもそも何の神とか申すと問へば、かの人、蟻通《ありとほし》の神となん申し候《さふらふ》といへば、

A　かき曇りあやめも知らぬ大空にありと星をば思ふべきかは

と詠まれければ、かの馬たちまち起き上がりて常よりもまされる駿足《しゅんそく》となりたる由いへり。

（『百人一首一夕話』）

（注）・貫之…平安時代前期の歌人、紀貫之《きのつらゆき》のこと。
・紀伊国…今の和歌山県あたりの旧名。
・和泉の国…今の大阪府南部あたりの旧名。
・所為…しわざ。したこと。　・うたてしく…ひどく
・幣帛…神さまにそなえるもの。
・あやめも知らぬ…「区別がつかない」ということ。

問一　傍線部1「にはかに」・5「かやう」を現代仮名遣いに直しなさい。

さらに五日目からは部屋にいるかぎり、食事と、大小便と、睡眠以外のほとんどを、箱のままで過《すご》すようになった。一抹《いちまつ》の疚《やま》しさを除けば、べつに異常なことをしているという意識はない。それどころか、この方がずっと自然で、気も楽だ。これまでは嫌々ながらだった独り暮《ぐら》しまで、今ではかえって、6禍《わざわ》い転じて福となった思いである。

六日目。いよいよ最初の日曜日。来客の予定はないし、外出の計画もない。朝から箱にへばりつく。気分は落着き、なごんでいるのだが、なにか一つ物足りない。昼すぎてから、7自分が何を求めているのか、やっと理解した。街に出て、あわただしく買物《かいもの》してまわる。便器、懐中電燈、魔法瓶、ピクニック用の食器セット、ガムテープ、針金、手鏡、ポスター・カラー七色、その他加工せずに食べられる食料品数種。引返《ひきかえ》して、ガムテープと針金で箱を補強すると、他の小道具一式をかかえて、箱に籠城《ろうじょう》した。これで食事にも、用便にも、一切さまたげられずにすむ。Aは、箱の内側——覗き窓に向《むか》って左側——に手鏡を吊《つる》すと、懐中電燈の光をたよりにポスター・カラーで唇を緑色に塗った。それから、眼のまわりに、赤からはじまる虹の七色で、しだいに広がる輪を描いた。人間よりも、鳥か魚の顔に似てきた。ヘリコプターから見た遊園地の風景に似てきた。その風景の中を一目散に逃げて行く、小さな自分の後ろ姿。これほど箱に似合った化粧もないだろう。やっと容器に見合った内容になれたのだと思う。(中略)はじめて、箱をかぶったままで、壁にもたれて寝についた。

そして、翌朝——ちょうど一週間目——Aは箱をかぶったまま、そっと通りにしのび出た。8そしてそのまま、戻ってこなかった。

(安部公房『箱男』)

問一　傍線部2・5の語句の意味として最も適当なものを次から選び、記号で答えなさい。

2　頃合い

(ア　余裕のある　イ　ちょうどよい　ウ　窮屈な)

5　いたずらな

(ア　無意味な　イ　おおげさな　ウ　悪意のある)

問二　傍線部1「冷凍室つきの新しい冷蔵庫」とあるが、「新しい冷蔵庫」が届いたのは何曜日か。漢字一字で答えなさい。

問三　傍線部3「思いきり乱暴に——ただし壊れない程度に——箱を蹴飛ばした」とはどのようなことか。その説明として最も適当なものを次から選び、記号で答えなさい。

ア　箱を頭からかぶってみると、体調の悪化を感じて本能的に箱をはねのけて蹴飛ばしたが、箱を壊すほどの力は入らなかったということ。

イ　箱を頭からかぶってみると、箱男に対する嫌悪感を思い出し反射的に箱を蹴飛ばしたが、箱男に対する苛立《いらだ》ちはまだ残っているということ。

ウ　箱を頭からかぶってみると、言い知れない危機感を覚えて箱から飛び出し衝動的に箱を蹴飛ばしたが、箱に愛着を感じ始めているということ。

エ　箱を頭からかぶってみると、箱を始末することを思い出し突発的にたたもうとしたが、箱をもったいなく思う気持ちは残っているということ。

問四　傍線部4「変化は感じられる」とあるが、「変化」とはどのよう

に話しかけてくれる、他者の言葉に満ちている。

ウ　どんなに技術革新が進んでいっても、自分を確かめる技術は心の働きに関わるため、変わることはない。

エ　社会や世界は、あまりに大きすぎて全体を一望することができず、地図の上でしか確かめることができない。

[二]　次の文章を読んで、後の問いに答えなさい。

「箱男」とは、ダンボール箱を頭からかぶったまま路上で暮らす人物のことである。Aは自分のアパートの窓の下に住み着いたその箱男を追い払うため、彼を空気銃で撃ってしまった。

　それから、半月ばかり、Aは箱男のことをほとんど忘れかけていた。ただ、通勤の際、駅までの近道だった狭い路地を通るのがさすがに気掛《きがか》りで、知らずにコースを変更していたり、起き抜けや、外から戻った時など、まず窓の外をうかがってみる、といった習慣の変化はまだ拭《ぬぐ》いきれなかった。彼がもし、冷蔵庫の買い替えを思い立ったりしなければ、いずれはそんな習慣からも恢復《かいふく》できていたのだろうが……

　だが、1冷凍室つきの新しい冷蔵庫も、当然のことだが、やはりダンボールの箱に入っていた。それがまた、じつに2頃合いの大きさのやつなのだ。なかみを出して、空にしたとたん、いきなり箱男の記憶がよみがえってきた。鞭《むち》打つような音がした。二週間の時間をさかのぼって、空気銃の弾がはね返って来たような気がした。Aはうろたえ、急いで箱を片付けてしまおうとした。ところが実際に彼のしたことといえば、手を洗い、鼻をかみ、せっせとうがいを繰返《くりかえ》すだけだったのだ。はね返った弾が、頭蓋骨のなかを飛びまわり、脳の調子を狂わせてしまったのかもしれない。しばらくあたりの様子をうかがってから、窓のカーテンを閉め、彼はおずおずと箱の中に這《は》い込んでみた。

　箱の中は暗く、防水塗料の甘い匂いがした。なぜか、ひどく懐かしい場所のような気がした。いまにも辿《たど》り着けそうで、手の届かない記憶。何時《いつ》までもそのままでいたかった。一分足らずで、我に返って、箱を出た。多少のこだわりを感じながら、箱の始末はしばらく先にのばすことにした。

　翌日、勤めから戻ると、苦笑まじりにナイフで箱に覗《のぞ》き窓をつけ、こんどは箱男ふうに頭からかぶってみる。すぐに箱をはねのけ、苦笑どころではなかった。何が起きたのか、自分にもよくは飲み込めない。しかし胸の動悸《どうき》が、なにやら危険を告げていた。部屋の隅めがけて、3思いきり乱暴に——ただし壊れない程度に——箱を蹴飛ばした。

　三日目。多少落着《おちつ》きを取戻《とりもど》し、覗き穴から外の様子を眺めてみた。昨夜、何にあれほど驚かされたのか、もうよくは思い出せない。たしかに4変化は感じられる。しかし、この程度の変化なら、むしろ好ましいくらいのものだ。すべての光景から、棘《とげ》が抜け落ち、すべすべと丸っこく見える。すっかりなじんで、無害な物になり切っていたはずの、壁のしみ……乱雑に積み上げた古雑誌……アンテナの先が曲った小型テレビ……その上の吸い殻があふれかけているコンビーフの空罐《あきかん》……そうしたすべてが、思いもかけず棘だらけで、自分に無意識に緊張を強いていたことにあらためて気付かせられたのだ。箱に対して5いたずらな先入観は捨てるべきなのかもしれない。

　翌日、Aは箱をかぶったままでテレビを見た。

心、と簡単に言うことはできても、その心は、人の身体のどこにあるのか。心臓がどこにあるかはわかる。指がどこにあるか、眼球がどこにあるかもわかっています。しかし、心が身体のどこにあるのか。技術が働きかけることができるのは、そこにあるとわかっているもので、それを変えたりつくったりすることができる。けれども、心はどこにもないものだから、言葉でしか言えないのです。

そのため技術革新の華やかな時代に疎かにされがちなのは、心の働きです。2心の働きとか、あるいは勘どころとか魂込めといった訳《わけ》のわからないものは、もはや時代遅れに見えます。しかし流行は、すべてではありません。わたしたちのあいだには言葉でしか言えないもの、言葉でしか読みとれないものが、どうしたってあるからです。

そもそも社会が、現実が、世界が3そうです。社会や現実や世界は地図のうえにはないし、これがそうだとも指させない。にもかかわらず、わたしたちは社会というものがあるとeジュクチしているし、現実というものをひしひしと実感しているし、世界というものがあるということも知りぬいています。

どうやって？　言葉によって、です。言葉からしか感受できないものがある。そのことをわたしたちに教えてくれるのが、言葉です。

（長田弘『読書からはじまる』）

（注）・ソリッドさ…固さ。

問一　傍線部a～eのカタカナは漢字に直し、漢字はその読みをひらがなで答えなさい。

問二　空欄Aに当てはまる最も適当な語句を次から選び、記号で答えなさい。

ア　日記の言葉　　イ　手紙の言葉

ウ　小説の言葉　　エ　台本の言葉

問三　傍線部1「技術革新の大波がおしよせてきて」を具体的に言い換えている箇所を本文中から過不足なく抜き出しなさい。

問四　空欄Bに当てはまる最も適当な語句を次から選び、記号で答えなさい。

ア　個人　　イ　進歩　　ウ　計画　　エ　現実

問五　傍線部2「心の働きとか、あるいは勘どころとか魂込めといった訳のわからないもの」について、「訳のわからないもの」である理由として最も適当なものを次から選び、記号で答えなさい。

ア　言葉でしか言うことができず、技術によって手を加えることができないものであるから。

イ　すでに時代遅れの分野であり、だれにも見向きもされない古めかしいものであるから。

ウ　だれも見たことのない、実際にはどこにも存在しない空想上のものであるから。

エ　実体を持たないので、技術がより進化しなければ見つけることができないものであるから。

問六　傍線部3「そう」が指示する箇所を本文中から二十五字で抜き出しなさい。

問七　本文の内容と一致しているものを次から選び、記号で答えなさい。

ア　英語は世界の通用語として認められているが、国境を越えられないためグローバル・スタンダードにはなりえない。

イ　マンガやドラマの言葉は、自分と同じことを考えている人が自分

【国　語】（五〇分）〈満点：一〇〇点〉

[一] 次の文章を読んで、後の問いに答えなさい。

今日のように、国境という仕切りが低くなって、人びとをつなぐaキジュンが世界的に共通になってくると、問われるのは、何がグローバル・スタンダードかということです。

言葉はどうか。言葉というのは、どこまでも地域性に根ざすだけに、どうあってもグローバル・スタンダードにならないでしょう。今、世界の通用語とされる英語にしても、グローバル・スタンダードというのとは違うように思います。

英語にしても、おそろしく地域性がつよく、専門家であればどこの英語かほとんどわかると言います。シドニーはシドニー風英語、テキサスはテキサス風英語、ベルファストはベルファスト風英語というように。それでも英語が世界の通用語の位置をしめるようになったのは、英語くらい、言葉の完全さをでなく、言葉の不完全さを受け容《い》れてきた言葉はすくなくないという歴史があるからだろうと思えます。

国境を越える言葉は、完全な言葉でなく、むしろ不完全な言葉なのです。たとえば、国境を越えて働きにゆく人たちのコミュニケーションをささえるのが、カタコト言葉と、表情と、身ぶりであるように、です。

その意味では、不完全さこそ言葉の本質と言ってよく、言葉を言葉たらしめるものは、違いを違いとして受けとめられるだけの器量です。

言葉には、おおざっぱに言って、二つあります。

一つは、他者を確かめる言葉です。b挨拶の言葉。（　A　）。電話の言葉がいちばんいい例です。電話はだれかにかけるもの、そしてだれかからかかってくるものです。つまり、他人なしには存在しない道具です。それに、メディアの言葉。情報の言葉。わたしたちの日常のおおくの言葉は、そこに他者がいる。他者が感じられる、そういう言葉です。あるいは、他者を確かめるための方法としての言葉です。

言葉には、もう一つの言葉があります。自分を確かめる言葉です。ここに自分がいると感じられる言葉、自分を確かめるための、あるいはそのための方法としての言葉です。本の言葉はいつもそうでしたし、今でもそうですが、歌や映画、マンガやドラマも、ただおもしろいというだけでなく、cキョウカンしたり反発したり、ここに自分とおなじ人間がいる、そこに自分の世界があると感じられる、そうした「私」の言葉でできています。

他者を確かめる言葉と、自分を確かめる言葉と、わたしたちがもつ言葉には二つの方向、二つの働きがあります。1技術革新の大波がおしよせてきてめざましくすすんだのは他人を確かめる言葉の技術ですが、自分を確かめる言葉の技術のほうはどうかと言えば、本なら本を開いて読む。歌なら、歌に耳をかたむける。映画なら映画館で、あるいは部屋でビデオを見る。マンガならページを追う。今も、そんなふうに（　B　）的です。

インターネットのような新しい空間がひろがって、他人を確かめる技術がとんでもなくすすんでも、自分を確かめる言葉のあり方が、だからといって変わってゆかないのは、自分を確かめる方法は心の働きだからです。万事にソリッドさ、d堅固さをつくりだしてきた技術革新のあり方とは違って、心というのはかたちのない見えないものにすぎません。

MEMO

大切なことはメモしておこうネ！

2022年度

解　答　と　解　説

《2022年度の配点は解答欄に掲載してあります。》

＜数学解答＞

[1]　(1)　-2　　(2)　26　　(3)　$3a$　　(4)　$\frac{4a+8}{15}$　　(5)　$\sqrt{5}$　　[2]　24

[3]　(1)　$x^2+7x+10$　　(2)　$25x^2-40xy+16y^2$

[4]　(1)　$(x+4)(x-3)$　　(2)　$(x-4)(x+2)$

[5]　(1)　$x=13$　　(2)　$x=5,\ y=1$　　(3)　$x=-\frac{1}{2}$　　[6]　ゼラチン　7g　　砂糖　21g

[7]　$\frac{5}{12}$　　[8]　$y=6x^2$，×　　[9]　A(で使ったテープの長さの方が)$4r$(cm短くなる。)

[10]　(1)　4本　　(2)　$2\sqrt{6}$ cm　　[11]　(1)　15個　　(2)　$n=84$

[12]　(1)　$a=9$　　(2)　(0，6)　　[13]　(1)　$y=\frac{2}{3}x^2$　　表：解説参照　　(2)　解説参照

○推定配点○

[1]～[7]　各4点×15　　[8]　各2点×2　　[9]～[12]　各4点×7　　[13]　(1)　各2点×2

(2)　4点　　　計100点

＜数学解説＞

[1]　(数・式の計算，平方根)

基本　(1)　$3-5=-2$

(2)　$17-(-9)=17+9=26$

(3)　$12a^2b\div 4ab=\frac{12a^2b}{4ab}=3a$

(4)　$\frac{3a+1}{5}-\frac{a-1}{3}=\frac{3(3a+1)-5(a-1)}{15}=\frac{9a+3-5a+5}{15}=\frac{4a+8}{15}$

(5)　$\sqrt{3}\times\sqrt{15}-\frac{10}{\sqrt{5}}=\sqrt{45}-\frac{10\sqrt{5}}{5}=3\sqrt{5}-2\sqrt{5}=\sqrt{5}$

[2]　(2次方程式)

ある自然数をxとすると，$x^2=576=2^6\times 3^2=(2^3\times 3)^2=24^2$

[3]　(展開)

基本　(1)　$(x+2)(x+5)=x^2+(2+5)x+2\times 5=x^2+7x+10$

(2)　$(5x-4y)^2=(5x)^2-2\times 5x\times 4y+(4y)^2=25x^2-40xy+16y^2$

[4]　(因数分解)

(1)　$x^2+x-12=(x+4)(x-3)$

(2)　$x(x+3)-(5x+8)=x^2+3x-5x-8=x^2-2x-8=(x-4)(x+2)$

[5]　(方程式)

(1)　$3(x-5)=2x-2$　　$3x-15=2x-2$　　$3x-2x=-2+15$　　$x=13$

(2)　$0.3x+0.5y=2$は両辺を10倍して$3x+5y=20$…①　　$x+y=6$は両辺を3倍して$3x+3y=18$…②

①－②は$2y=2$　$y=1$　①に代入して$3x+5=20$　$3x=15$　$x=5$

(3)　$5(x+1)^2=(x+2)(x+4)-4$　$5(x^2+2x+1)=x^2+6x+8-4$　$5x^2+10x+5=x^2+6x+4$

$4x^2+4x+1=0$　$(2x+1)^2=0$　$x=-\frac{1}{2}$

6 (割合)

コーヒーを500mL使う予定がこぼしてしまったことにより350mLしか使えなくなった。その割合は予定の$\frac{350}{500}\times100=70$(%)なので，ゼラチン，砂糖も70%使うことになり，ゼラチンは$10\times0.7=7$(g)，砂糖は$30\times0.7=21$(g)用意すればよいことになる。

7 (確率)

2個のさいころの目の出方は全部で$6\times6=36$(通り)。その中で出た目の積が6の倍数になるのは(大，小)＝(1，6)，(2，3)，(2，6)，(3，2)，(3，4)，(3，6)，(4，3)，(4，6)，(5，6)，(6，1)，(6，2)，(6，3)，(6，4)，(6，5)，(6，6)の15通り。その確率は$\frac{15}{36}=\frac{5}{12}$

8 (関数)

立方体の6つの面すべてが正方形なので，$y=6x^2$　これは2乗に比例する関数であり，1次関数ではないので×。

重要 **9** (文字式の利用)

周の長さを，曲線部分と直線部分にわけて考える。曲線部分についてはA，Bとも，合計すると半径rの円の周の長さに等しくなり，差はない。直線部分についてはAが$8r$，Bが$12r$なので，その差は$12r-8r=4r$　Aで使ったテープの長さの方が$4r$cm短くなる。

A

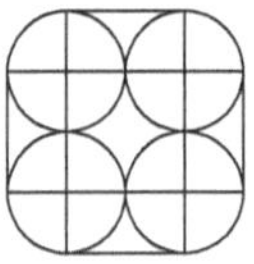

B

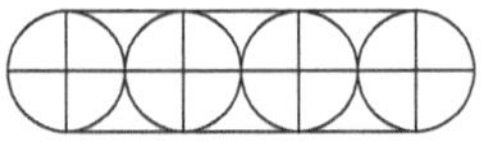

10 (空間図形，三平方の定理)

(1)　直方体の12本の辺の中で，辺DH自分自身以外，DHと交わる辺がDA，DC，EH，GHの4本，DHと平行な辺がAE，CG，BFの3本。残りの$12-1-4-3=4$(本)がねじれの位置にある。その4本は，AB，BC，EF，GF

重要 (2)　HFを結ぶ。△FEHは直角三角形なので三平方の定理より$HF^2=HE^2+EF^2=2^2+4^2=20$　△DHFも直角三角形なので三平方の定理より$DF^2=DH^2+HF^2=2^2+20=24$　$DF=\sqrt{24}=2\sqrt{6}$(cm)

11 (倍数)

(1)　1～16に2の倍数は2×1～2×8の8個，4の倍数は4×1～4×4の4個，8の倍数は8×1～8×2の2個，16の倍数は16×1の1個。星印の総数は$8+4+2+1=15$(個)

やや難 (2)　1から16までの16個の数の中に星印が15個。同様に17～32までの16個の数の中に星印が15個，33～48までにも15個，49～64までにも15個，65～80までにも星印は15個あり，ここまでで$15\times5=75$(個)，このあと82に星印が1つ，84に星印が2つであわせて$75+1+2=78$(個)となる。$n=84$

12 (図形と関数・グラフの融合問題)

(1)　点Aは$x=-3$で，$y=\frac{1}{3}x^2$上の点なので，$y=\frac{1}{3}\times(-3)^2=3$　A$(-3,\ 3)$である。$y=\frac{1}{3}x^2$のグラフはy軸に関して線対称なグラフであり，AとCはy座標が等しいのでC$(3,\ 3)$となる。この点が$y=\frac{a}{x}$上の点なので，$3=\frac{a}{3}$　$a=9$

やや難　(2)　点Bは$x=-6$で$y=\frac{1}{3}x^2$上の点なので$y=\frac{1}{3}\times(-6)^2=12$　　B$(-6,\ 12)$である。直線BCの式を$y=mx+n$とおくと，Bを通ることから$-6m+n=12$…①　　Cを通ることから　$3m+n=3$…②　　②－①は$9m=-9$　　$m=-1$　　②に代入すると$-3+n=3$　　$n=6$　　直線BCの式は$y=-x+6$　　この直線とy軸の交点をPとすればAP＋PBが最小になる。P$(0,\ 6)$

13　(立体の体積，関数とグラフ)

(1)　錐体の体積は底面積×高さ×$\frac{1}{3}$なので，$y=\frac{1}{3}\times x^2\times 2$　　$y=\frac{2}{3}x^2$　　この式に$x=0,\ 1,\ 2,$ …6を代入してyの値を求め，表を完成させる。

1辺の長さx(cm)	0	1	2	3	4	5	6
正四角錐の体積y(cm^3)	0	$\frac{2}{3}$	$\frac{8}{3}$	6	$\frac{32}{3}$	$\frac{50}{3}$	24

(2)　表をもとにグラフを作成する。

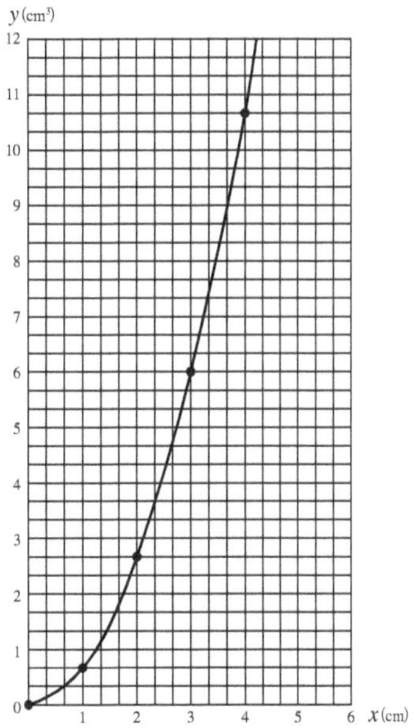

★ワンポイントアドバイス★

前半の計算問題は基本的なものなので確実に得点したい。後半には各単元の基本的な考え方をしっかり身につけた上で，それを応用する問題も含まれ，6のように算数の基本問題もあり，グラフを描く問題もあり，とあらゆる分野で基本事項を確認する必要がある。

＜英語解答＞

[1] 問1 ウ　問2 biggest　問3 (Let's) try some fine desserts you like　問4 ア
問5 C イ　D エ　問6 ウ，オ

[2] 問1 イ　問2 ハーバード大学を訪れたかったから。　問3 4月5日　問4 ア
問5 ウ　問6 エ

[3] 問1 ウ　問2 エ　問3 ウ　問4 エ

[4] 問1 イ　問2 ウ　問3 イ　問4 I [We] can buy popcorn / it on the third floor.

[5] 問1 エ　問2 ア　問3 エ　問4 ア　問5 エ　問6 ウ　問7 ウ
問8 ア　問9 エ　問10 イ

[6] 問1 イ　問2 イ　問3 ウ　問4 イ　問5 ア

[7] 問1 イ　問2 ウ　問3 ア　問4 ア　問5 ウ

○推定配点○
[1]～[3]，[4]問4　各3点×18([1]問6完答)　他　各2点×23　計100点

＜英語解説＞

重要 [1] (会話文：語句補充，語句整序問題[関係代名詞]，要旨把握，内容吟味)

(全訳) タケシ　：北海道の気候は素晴らしいよね。冬はとても寒いけど，毎年夏は晴れた日が楽しめるし，もちろん食べ物もたくさんあるよ！

ルーシー：うん。そして札幌には，素晴らしいお店がたくさんあるね。特にデザートショップは私にとって本当の天国だよ！

タケシ　：(A)そうだね。北海道は日本①最大の都道府県であり，酪農産業は非常に有名で，この国で最高のチーズ，クリーム，バターを生産しているんだ。この食材のおかげで，素晴らしいデザートを味わうことができるね。わかった。このガイドブックをチェックしよう。ルーシー，来週の土曜日に一緒にいくつかのお店を訪ねていいよ。②好きなおいしいデザートを食べようよ。

ルーシー：ありがとう。ちょっと待って…スノースタープリン…牛乳から作られた白いプリンかもしれないね。

タケシ　：そうだね。そして，特別な緑茶アイスクリーム...日本の抹茶の味だよ。

ルーシー：抹茶って何？

タケシ　：緑茶の粉末なんだ。自分で抹茶アイスクリームは作れると思うよ。別のお店で食べてみよう。さて，七色カフェ…クリームチーズサンドイッチ！そこで昼食をとろうか？そこでバタークッキーを持ち帰ることができるね。

ルーシー：それは良い考えだね。北海道のデザートも自宅で楽しめるね。次に，プリティペンギンズ…面白い名前だよ。タケシ，ジェラートを知っている？

タケシ　：うん。イタリアのアイスクリームだね。待って，札幌駅からプリティペンギンズに行くにはバスに乗ら(B)なければならないよ。

ルーシー：ああ。では，行くのはやめよう。最後に，グリーン・コージー…タケシ，私は十勝を知らないな。それは何？

タケシ　：北海道の中東部だよ。この地域にはたくさんの農場があり，たくさんの種類のお菓子を楽しむことができるんだ。

ルーシー；ああ，本当に？行ってみたいな。このガイドブックには情報はないけれど，お店で十勝

牛乳を買えるかもしれない。

タケシ　：わかった。ほら，グリーン・コージーは今週末夜遅くまで営業しているよ。よし，まずは真駒内へ行こう。この辺りは1972年の札幌オリンピックで有名だよ。次は，(C)七色カフェで昼食をとり，大通り公園を散歩しようよ。その後，バスで藻岩山まで行き，美しい夜景を眺めよう。(D)グリーン・コージーを訪れ，十勝牛乳を購入しよう。自宅で十勝牛乳と一緒にクッキーを食べることができるね。

ルーシー：なんて素敵な計画なの。今週末が待ち遠しいな！

タケシ　：ねえ，ルーシー。このガイドブックには「デザートショップで夜のパフェやアイスクリームを楽しむのは，北海道でしか見られない大きなトレンドです」と書かれています。藻岩レストランで夕食をとり，その後，(D)グリーン・コージーでパフェを食べて，流行を追いかけよう！

問1　タケシはルーシーの「デザートショップは私にとって本当の天国だ」という発言に同意し，この後で，「素晴らしいデザートを味わうことができる」と言っている。

問2　前に the があるので，最上級が適切。

問3　you like は前の名詞を修飾する目的格の関係代名詞が省略された形である。

問4　プリティペンギンズは，資料から，札幌駅からバスで10分かかると読み取れる。

問5　(C)　タケシの4番目の発言で，「そこで昼食を食べようよ」と言っているので「七色カフェ」が適切。　(D)「十勝牛乳を買う」と言っているので「グリーン・コージー」が適切。

問6　ア「次の土曜日，タケシは一人でいくつかのデザートショップを訪れるつもりだ」タケシはルーシーと訪れるつもりであるため不適切。　イ「スペシャルグリーンティーアイスクリームはおいしいが，自分で作ることができない」抹茶アイスクリームは自分で作れるとタケシが言っているので不適切。　ウ「プリティペンギンズは午前中開店しているので，10時にアイスクリームを楽しむことができる」プリティペンギンズは午前8時に開店するので適切。　エ「タケシはジェラートが何か知らない」タケシはジェラートについて尋ねられて答えているので不適切。　オ「タケシとルーシーはデザートを試す前に，いくつかのスポットを訪れる」タケシとルーシーは，デザートを食べる前に真駒内や大通公園を訪れるため適切。

2　**(長文読解問題・説明文：語句補充，要旨把握)**

(全訳)　小学生の頃，YouTubeでスピーチを見た。1963年8月28日，ワシントンD.C.の国立公園でスピーチをしたマーティン・ルーサー・キング・ジュニアについてだった。スピーチのタイトルは「私には夢がある」だった。彼は20万人以上の人々(A)の前で自由の重要性について話していた。私は彼のスピーチにとても感動したので，いつか同じ場所に行きたいと思った。

長年スピーチのことを忘れていたが，大学でマーティン・ルーサー・キング・ジュニアについて勉強していたところ，マーティン・ルーサー・キング・ジュニアがスピーチをしている光景がよみがえった。そこで私は大学卒業前にワシントンD.C.を訪れることにした。同時に，ボストンやニューヨークなど他の都市にも行きたいと思っていた。

これらの都市を訪れる理由は2つある。まず，ボストンで，世界トップクラスの大学であるハーバード大学を訪問したいと思った。来年留学する予定だから，アメリカの学校生活に興味を持った。第二に，私は自由の女神像を見るために，ニューヨークに行きたかった。それは自由の象徴だ。

東京からボストンまでのチケットをインターネットで調べてみた。しかし，それは非常に高価だった。それで，東京からニューヨークまでのチケットを買った。

成田空港を出発し，4月3日にニューヨークに到着した。約13時間かった。初めて自由の女神像を見たとき，とてもワクワクした。その後，ホテルに2日間泊まった。そして3日目の午前8時に駅に着いた。チケットの(B)買い方はわからなかったが，スタッフに教えてもらった。それからアムトラックの鉄道に乗ってボストンに向かった。ハーバード大学を訪問するのを楽しみにしていた。しかし，電車は事故で途中で止まってしまった。10時間後に再び動き始めた。午後11時にようやくボストンに着いたとき，もう外出するには遅すぎた。だから，ハーバード大学には行けなかった。翌朝，私は飛行機でワシントンD.C.に向かった。

ワシントンD.C.に着くと，急いで国立公園に行った。そこで桜祭りが開催され，アメリカで桜を見てうれしかった。その後，リンカーン記念館を歩き回った。マーティン・ルーサー・キング・ジュニアは約60年前にここで演説をした。同じ場所に立ったとき，私は涙を止められなかった。ついに夢が叶った！

基本 問1　in front of ～「～の前で」

重要 問2　第3段落第2文参照。ボストンに行きたい理由は，世界トップクラスの大学のハーバード大学を訪問したいと思ったからである。

重要 問3　4月3日にニューヨークに到着し，3日目の午後11時にボストンに着いたので，4月5日である。

問4　〈how to ＋動詞の原形〉「～の仕方，方法」

問5　電車の事故でボストンの到着が午後11時だったので，ハーバード大学には行けなかった。

問6　ニューヨークからボストンへは，アムトラックの鉄道で移動し，ボストンからワシントンD.C.へは飛行機で移動した。

基本 3 （資料問題：要旨把握）

問1　8時50分出発の東京行の時刻表を見ると，東京の天候は雨であるとわかる。

問2　札幌行で，出発が40分遅れているのは，ROS615便である。

問3　ROS290便の搭乗口は17番ゲートである。

問4　沖縄行の便で空席があるのは，9時50分発のJWC83便である。

4 （資料問題：要旨把握，条件英作文）

問1　午後には9本の映画がある。

問2　大人2人，中学生，3歳の男の子だと，20(ドル)×2(名)＋5(ドル)＝45(ドル)かかる。3歳の男の子は無料である。

問3　「Life ～ a beautiful story ～」は5番スクリーンで上映する。

重要 問4　注意事項に食べ物と飲み物は3階で買うことができるとあるので，そこに書かれている表現を用いて英文を作ればよい。ただし，疑問文は you を用いているので，答えを書く場合には，I または We で始めた英文にする。

重要 5 （語句補充問題：熟語，現在完了，代名詞，関係代名詞，分詞，比較，前置詞，間接疑問文）

問1　take care of ～「～の世話をする」

問2　for があるので現在完了の継続用法の文になる。

問3　Some ～, others …「～がいれば…もいる」

問4　How long で期間を尋ねる疑問文になる。

問5　strong wind「風が強い」

問6　someone を修飾する主格の関係代名詞である。

問7　sent to me by Jane は前の名詞を修飾する過去分詞の形容詞的用法である。

問8　〈as ＋原級＋ as…〉「…と同じくらい～」

問9　without ～ing「～せずに」

問10　間接疑問文は〈where ＋主語＋動詞〉の語順になる。

6 （アクセント）

問1　どのようにして彼女に初めて会ったのか聞かれているので，イが適切。

問2　何をさがしているのかを聞かれているので，イが適切。

問3　ケンに会っていないと言っているので，会えない理由にあたるウが適切。

問4　How much で値段を尋ねているので，イが適切。

問5　「私」は終わっていないけれども，「ミサキ」が終わったと伝えたいのでアが適切。

基本 7 （和文英訳・選択）

問1　手を洗っているので washing his hands となる。

問2　外で食べているので eating lunch outside となる。

問3　10時10分よりも前なので ten seven となる。

問4　てるてる坊主をつくっているので，雨が止む stop raining となる。

問5　揺れていて地震が起きていると判断できるので，an earthquake is happening となる。

★ワンポイントアドバイス★

基本的な出題である。したがって，教科書に載っている英単語や熟語はきちんと身につけておきたい。また，教科書の英文は暗唱できるまで反復しておこう。

＜理科解答＞

1　問1　日周運動　問2　コロナ　問3　木星　問4　ウ，エ　問5　ウ　問6　エ

2　問1　中和(反応)　問2　NaOH　問3　エ　問4　H_2　問5　飽和水溶液
問6　36g

3　問1　肝臓　問2　（Ⅰ）⑫　（Ⅱ）⑥　問3　b　動脈弁　d　房室弁　問4　エ
問5　肺に血液を送り出す右心室に対し，左心室は全身に血液を送り出すため。

4　問1　0.2秒　問2　重力　問3　等速直線運動　問4　実験2　問5　オ
問6　64cm/秒

5

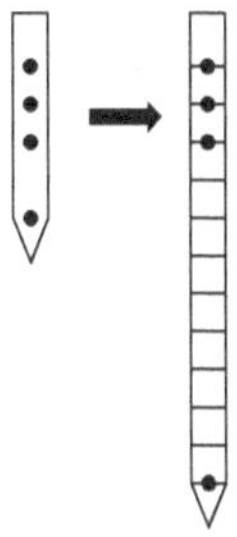

○推定配点○

各4点×25（1問4，3問3各完答）　計100点

＜理科解説＞

1 （地球と太陽系―太陽の動き）

基本 問1　太陽の1日の見かけの動きを日周運動という。

基本 問2　太陽の大気をコロナという。100万℃を超える温度になる。

基本 問3　太陽からの距離が5番目に近いので，木星である。

問4　①は水星で，地球型惑星である。③は金星で二酸化炭素の雲に取り巻かれており，温室効果により表面温度が400℃以上になる。⑥は土星であり，中心部に岩石でできたコアと呼ばれる部分があり，その周りを水素ガスが取り巻いている。大きく，重く，密度の小さい惑星で木星型惑星に分けられる。太陽から遠い惑星に大きな惑星が多いが，太陽からの距離と直径は比例してはいない。

基本 問5　地球の公転も自転も，北極上空から見て反時計回りである。

問6　春分・秋分の日の太陽は真東の方向からのぼる。南半球では南中時の太陽は北の空に見える。

2 （溶液とその性質―溶解度・中和）

基本 問1　酸とアルカリの反応を中和反応という。

重要 問2　塩酸と反応して，塩化ナトリウムができたので，アルカリは水酸化ナトリウムであった。化学式は$NaOH$である。

問3　塩化ナトリウム，砂糖は塩酸と反応しないが，水溶液に溶ける。炭酸カルシウム，亜鉛は塩酸と反応し，二酸化炭素，水素を発生して溶ける。ガラスは塩酸には溶けない。

基本 問4　二酸化炭素は水酸化ナトリウム水溶液に吸収される。水素は反応しない。水素の化学式はH_2である。

基本 問5　物質がそれ以上溶けなくなることを飽和といい，その水溶液を飽和水溶液という。

重要 問6　20％塩化ナトリウム水溶液50gに溶けている塩化ナトリウムは$50\times0.2=10$(g)であり，水は40gである。25℃であと4.4gの塩化ナトリウムが40gの水に溶けるので，100gの水には$14.4\times\frac{100}{40}=36$(g)まで溶ける。

3 （ヒトの体の仕組み―血液の循環）

基本 問1　小腸で吸収された栄養が肝臓に送られる。(A)は肝臓を示している。

基本 問2　（Ⅰ）　酸素が最も多く含まれるのは，肺から心臓に戻る肺静脈である。図では⑫になる。

（Ⅱ）　小腸で吸収された栄養素を含む血液が通る血管は⑥の門脈である。

問3　a→b間で心室の内圧が上昇するので，bでは動脈弁が開いて血液が動脈に流れ込む。c→dでは心室の内圧が減少するので，dで房室弁が開いて血液が心室に流れ込む。

問4　赤血球は毛細血管の壁をすり抜けることはできない。血しょうは毛細血管からしみ出して組織液になる。

問5　右心室は肺に血液を送るはたらきをするが，左心室は全身に血液を送り出す。そのため右心室より大きな血圧がかかるので，壁の厚さが厚くなっている。

4 （運動とエネルギー―台車の運動）

基本 問1　1秒間に50回打点するので，10打点の時間は$10\times\frac{1}{50}=0.2$(秒)である。

基本 問2　台車に鉛直下向きに重力がかかる。

重要 問3　この間は台車が同じ時間に同じ距離進むので，台車の速度が一定になる。このような運動を等速直線運動という。

問4　斜面の傾きが小さいと，同じ時間で台車の進む距離が短くなる。実験2が一番傾きが小さい。

基本 問5　台車の高さが高い時，位置エネルギーは大きい。台車が動き出して高さが低くなると位置エネルギーは減少するが，速度が増すので運動エネルギーが増加する。位置エネルギーと運動エネルギーの和を力学的エネルギーといい。力学的エネルギーは一定に保たれる。これを力学的エネルギー保存の法則という。

重要 問6　各区間の時間は，5打点ごとなので0.1秒である。区間a～dまでの移動距離の合計は，1.6＋4.8＋8.0＋11.2＝25.6cmであり，この間の時間は0.4秒なので平均の速度は25.6÷0.4＝64cm/秒である。

5 **(植物の体のしくみ―成長点)**

植物の根は，先端付近の成長点で活発に細胞分裂が生じて成長する。その他の部分はあまり成長しないので，4つのしるしの変化は成長点の部分が伸びた図のような形になる。

★ワンポイントアドバイス★

理科全般のしっかりとした理解と，幅広い知識が求められる問題である。計算問題も問題集で演習しておくことが大切である。

＜社会解答＞

1　問1　(う)　問2　(あ)　問3　焼畑農業　問4　米　問5　湿気・暑さ・虫・動物対策・水害など　問6　(い)　問7　ASEAN　問8　(え)

2　問1　関東ローム　問2　副都心　問3　小笠原諸島　問4　(え)　問5　(あ)　問6　(い)　問7　(い)・(お)

3　問1　徳川家康　問2　(い)　問3　権利の章典　問4　(え)　問5　産業革命　問6　(あ)　問7　フランス人権宣言　問8　リンカン

4　問1　(う)→(あ)→(え)→(い)　問2　(い)・(う)　問3　イタイイタイ病　問4　A　石油　B　バブル　C　東日本　問5　Ⅰ　1　(う)　2　(あ)　3　(え)　Ⅱ　(あ)

5　問1　Ⅰ　(い)　Ⅱ　ODA　問2　Ⅰ　(い)　Ⅱ　(あ)　Ⅲ　(あ)　問3　男女共同参画社会基本法　問4　(う)　問5　(う)　問6　(え)　問7　フェアトレード　問8　Ⅰ　条例　Ⅱ　国庫支出金　Ⅲ　(い)・(う)　問9　循環　問10　パリ協定　問11　独占禁止法　問12　(う)

○推定配点○

1　各2点×8　2　各2点×8　3　各2点×8　4　各2点×8(問2，問5Ⅰ各完答)　5　各2点×18　計100点

＜社会解説＞

1 **(地理―東南アジアの気候・農業・貿易など)**

問1　インドシナ半島の大部分は熱帯でも雨季と乾季の区別があるサバナ気候。

問2　マレー半島の先端を通るのが赤道で周辺はジャングルに覆われている。

問3　森林を焼き草木灰を肥料として行われる農業。人口増から焼畑の間隔が短くなり，土壌の破壊や森林の回復が遅れている地域が増えている。

問4　チャオプラヤ川流域を中心にコメの栽培が盛んなタイは輸出では世界のトップクラスである。

問5　高温多湿な地域では生活の知恵として高床式の住居が発達している。

問6　かつてはタイ・インドネシアに次ぐ天然ゴムの生産国だったが工業化の進行の中ゴム園は減少，日本企業の進出などもあり機械工業中心の経済に変化している。

重要　問7　1967年に5か国でスタートしたが現在10か国に拡大，ほとんどの国が参加している。

問8　イスラム教では女性の体の線や肌・髪の露出を禁止する国が多い。インドネシアは世界4位の人口大国であるため国別の信者の数では世界1である。

2 （日本の地理―関東地方の自然・農業・貿易など）

基本　問1　箱根や富士山などの火山灰が堆積したもので水田には向かず畑地が多い。

問2　都心と郊外との交通接点に発達，買い物や娯楽の中心地となっている例が多い。

問3　大陸と一度もつながらず独自の進化を遂げた動植物の宝庫となっている。

問4　A　都心と直結した羽田空港。　B　激しい反対運動の末に開港した成田空港。

問5　それまで認められていなかった単純労働者の入国を日系3世まで緩和した。

問6　18世紀に中国から渡来し関東を中心に栽培。(あ)は山梨，(う)は長野，(え)は鹿児島。

問7　横浜は戦前から日本を代表する貿易港として発展。高度経済成長期に多摩ニュータウンなどの建設が各地で進行。渋滞などはいまだに存在，みなとみらいは横浜，幕張は千葉。

3 （日本と世界の歴史―近世～近代の政治・経済・文化史など）

基本　問1　関ケ原で勝利した徳川家康が江戸に幕府を開き，死後は東照大権現として日光に祀《まつ》られた。

問2　中国東北部から侵入して明を滅ぼした中国最後の王朝。辛亥革命で1912年に滅亡した。

問3　立憲政治を確立したものでイギリス憲法を構成する文章の一つ。

問4　紀伊徳川家から本家を継いだ吉宗→吉宗の孫の定信→幕末直前の改革を実行した忠邦。

問5　生産技術の急激な改革に伴い経済のしくみだけでなく社会そのものが劇的に変化した。

問6　オランダ語訳のターヘルアナトミアを苦労の末に翻訳，洋学発展の契機にもなった。

重要　問7　市民革命の原理を確立した宣言として歴史的意義を持つ文書。

問8　「人民の，人民による，人民のための政治」という民主主義の不滅の言葉を残した大統領。

4 （日本と世界の歴史―現代の政治・外交・経済史など）

問1　(う)(1950～60年代)→(あ)(1967年)→(え)(1968年)→(い)(1970年)の順。

問2　安保闘争(1960年)で国論を2分した岸信介首相が退陣，後継の池田勇人首相は政治から経済へ舵を切り所得倍増計画を発表，オリンピックを花道に病気退陣の後を受けたのが佐藤栄作首相。

問3　鉱山から排出されたカドミウムが原因となって発症したイタイイタイ病。

重要　問4　A　第4回中東戦争に際しアラブ諸国が石油を武器にしたため発生。　B　投機によって生じた実態とかけ離れた空前の好景気。　C　マグニチュード9.0の大地震。

やや難　問5　Ⅰ　1　石油危機後の安定成長。　2　バブル景気。　3　失われた10年。　Ⅱ　マルタ会談で冷戦終結。(い)は1997年，(う)は2001年，(え)は石油危機直後の1975年。

5 （公民―日本経済・人権・地方自治など）

問1　Ⅰ　近年は経済難民や国内避難民も増加。　Ⅱ　かつて日本は世界1のODA大国。

重要　問2　Ⅰ　参政権は選挙権や被選挙権，国民審査など。　Ⅱ　IOCは国際オリンピック委員会，ILOは国際労働機関，WTOは世界貿易機関。　Ⅲ　障害者なども普通(ノーマル)な生活が送れる社会。(い)は契約の解除，(う)は誰でも使いやすいデザイン，(え)は技術革新の意味。

問3　ジェンダー平等を目指した法律。日本は極めて遅れていると国際的にも指摘されている。

問4　東日本大震災の原発事故で火力発電(A)が80％弱に増加，原子力発電は4％程度と若干復活，水力を含めた再生可能エネルギーは20％程度とヨーロッパに比べるとまだまだ少ない。

問5　(あ)は仕事の分かち合い，(い)は働く貧困層，(え)は就業許可付きの海外休暇旅行。

問6　好景気の時は市中の通貨量を減らすため，政府は増税や公共事業の削減などの財政政策を，日本銀行は金利を引き上げたり金融機関などに債権を売る金融政策を実施する。
問7　途上国の生産者や労働者の生活環境を改善し環境破壊の進行を防ぐ働きがある。
基本 問8　Ⅰ　地方公共団体内だけで通用する決まり。　Ⅱ　使途が自由な地方交付税と共に政府に依存する資金。　Ⅲ　国民投票は憲法改正，有権者の3分の1以上の署名で解職できる。
問9　大量生産大量消費の反省から資源の節約と環境への負荷低減を目指す社会。
問10　温度上昇を産業革命前から2℃未満を目指しすべての国に対策の実施を義務付けている。
問11　カルテルやダンピングなどの不正な取引を制限したり禁止している。
問12　南米南部共同市場はブラジルなどによる自由貿易圏(MERCOSUR・メルコスール)。

★ワンポイントアドバイス★
現代史に関する問題は授業などでもあまり触れる機会が多くない。歴史だけでなく経済や国際政治と関連付けながら理解を深めておこう。

＜国語解答＞

一　問一　a　基準　b　あいさつ　c　共感　d　けんご　e　熟知　問二　イ
問三　インターネットのような新しい空間がひろがって　問四　ア　問五　ア
問六　言葉でしか言えないもの，言葉でしか読みとれないもの　問七　ウ

二　問一　2　イ　5　ア　問二　火(曜日)　問三　ウ　問四　すべての光～こく見える
問五　イ　問六　容器に見合った内容　問七　ア

三　問一　1　にわかに　5　かよう　問二　エ　問三　侍りき　問四　イ
問五　ありと星　問六　ウ

四　問一　第1条・第2条　問二　ア　問三　a　5　b　1　c　7　d　1
問四　Ⅰ　アプリ　Ⅱ　利用契約　Ⅲ　解約

○推定配点○
一　問一　各2点×5　問三・問六　各5点×2　問七　4点　他　各3点×3
二　問四・問六　各5点×2　問七　4点　他　各3点×5　三　問一　各3点×2
問六　4点　他　各3点×4　四　問三　各1点×4　他　各2点×6　計100点

＜国語解説＞

一　(論説文―漢字の読み書き，脱語補充，内容吟味，文脈把握，指示語の問題，大意)

問一　a「基準」とは，ものごとの基礎となる基準。　b「挨拶」とは，人に会ったり別れたりする時，儀礼的に取り交わす言葉や動作。また，うけこたえや仲裁，紹介を表す。　c「共感」とは，他人の体験する感情や心的状態，あるいは人の主張などを自分も全く同じように感じたり理解したりすること。　d「堅固」とは，物がかたくしっかりしていること，すこやかなこと，たしかなこと。　e「熟知」とは，くわしく知っていること。

問二　他者を確かめる言葉として，挨拶の言葉を挙げているので，自分と他者の関係において成立する言葉を選択肢から選ぶ。

基本 問三　「技術革新」とは，生産技術が画期的に革新されること。インターネットやスマートフォンなど，現代の電子機器に代表される。

問四　自分を確かめる言葉は，自分が行う行為によって自分がここにいると感じられるので，「個人的」なものである。

問五　傍線部の前に，「技術が働きかけることができるのは，そこにあるとわかっているもので，それを変えたりつくったりすることができる」とあり，心はどこにもないので，技術によって変えたりつくったりすることができず，言葉でしか言えないものであるとしている。

基本 問六　社会，現実，世界は「言葉でしか言えないもの，言葉でしか読みとれないもの」であるとしている。なぜなら，社会，現実，世界は地図の上にはなく，これがそうだと指すことができないからである。

問七　文章の中に，「自分を確かめる言葉のあり方が，だからといって変わってゆかないのは，自分を確かめる方法は心の働きだから」とある事に注目する。

二　(物語文—語句の意味，その他，内容吟味)

問一　2「頃合い」とは，適当な程度や時機，そのぐらいという意味。　5「いたずら」とは，用事がないこと，むなしいさま，無益のこと。

問二　「六日目。いよいよ最初の日曜日」とある事から，一日目は「火曜日」となる。

問三　箱男のように頭からかぶると，胸の動悸が危険を告げるように鳴ったので，すぐに箱をはねのけてしまった。その後，箱を蹴飛ばしたものの，「壊れない程度」に蹴る事によって箱を惜しんでいる様子が伺える。

基本 問四　その変化とは，傍線部の後に「すべての光景から，棘が抜け落ち，すべすべと丸っこく見える」とあり，またこの程度の変化であれば，好ましいものであると感じている。

問五　「禍を転じて福となす」とは，身にふりかかった災難を，うまいこと活用して，そのまま自分に役立つものとして利用するさま。嫌々だった独り暮らしが，箱をかぶることで自然で，気が楽になったのである。

基本 問六　傍線部の後に，箱にいるために必要なものを買い足し，また自分が箱(容器)の中にいるのに見合う姿，化粧をした事から読み取る。

問七　箱をかぶったAは，その後家に戻る事はなく，「箱男」と同様に路上で暮らすようになってしまったのである。

三　(古文—仮名遣い，内容吟味，文脈把握，語句の意味，脱語補充，大意)

〈口語訳〉 また，いつの頃であったのであろうか，(紀)貫之が，紀伊国に行って都へ帰るため上がる際，夜中に和泉の国を通った所，にわかに乗った馬が，足を折って進まない場所があったので，不審に思われて，道行く人が「これはここにおられる神の所業である。年頃，神社もなく知っている人もおられないが，とても気に食わずお咎めになる神である。先々もこのような事はございます」と申し上げたので，貫之はただちに馬より下り立って，旅の途中なので，神に捧げる幣帛もないので，ただ手を洗い，跪いて神のいる様子のない山に向かって，そもそも何の神とおっしゃるのかと問うと，かの人は，蟻通の神であるとおっしゃいますと言うので，

かき曇り，ものの区別もつかぬ闇のような大空に，星があるなどと思うはずがあろうか。

と詠んだところ，かの馬はたちまち起き上がって通常よりも勝れる駿足となったとの事である。

問一　1　語頭以外の「は，ひ，ふ，へ，ほ」を「ワ，イ，ウ，エ，オ」と読む。　5「やう」を現代仮名遣いで表すときは「よう」と読む。

問二　乗った馬が，足を折って進まない場所があったので，それに対して不審を感じた。

問三　古文は「と」の前までが発言である事が多い。

問四　「います」は，「在る」「居る」の尊敬語であり，いらっしゃる，おられるという意味。

問五　「蟻通」は「ありとほし」と読み，和歌の中で同じ読みをするものは「ありと星」である。

問六　和泉国で馬が進まなくなり，神様が自身の存在を無視している事が気に食わず，通る人たちの邪魔をしている旨を聞いたので，和歌を詠んだところ，駿馬となったという内容である。

四 （説明文－内容吟味，脱文・脱語補充）

問一　第1条「利用者が本サービスを利用する場合には，サイト上に変更があった場合も含め，その内容も承諾したものとみなします。」と変更した場合，利用者は承諾したものとされるとある。また，第2条において変更後の本規約はサイト上に提示した時点で効力を発し，適用されるとしている。

問二　第5条【禁止事項】五号について，「他人または架空の情報を用いて成りすます行為」とある事から，たとえ父親の個人情報であっても，用いてはならないと規定されている。

問三　a・b　第5条【禁止事項】一号に「本サービスにより提供されるアプリ…(中略)…私的使用の範囲を超えた複製，譲渡」とある事から，第三者にアカウントを貸す事は，禁止事項である。
c・d　禁止事項に触れた事によって，第7条【利用契約の解除】一号「当初所定の条件に違反」に該当する。

問四　Ⅰ　第1条【利用規約の適用】3項「本サービスの利用に必要な本サービス用のアプリケーション(以下『アプリ』といいます)を当社が定める手段，方法により自らの責任と費用負担においてダウンロード」とある。　Ⅱ　空欄後の2項に「利用契約は，次の各号により成立」とある事から，判断する。　Ⅲ　空欄後の1項に「利用者は，本サービスの解約を希望する場合」とある事から，読み取る。

★ワンポイントアドバイス★

時事的な事項の知識も身につけておこう。小説や古文は，幅広い作品に触れておこう。資料読み取り問題に早くから取り組んでおこう。

MEMO

大切なことはメモしておこうネ！

2021年度

入　試　問　題

2021年度

2021年度

札幌北斗高等学校入試問題

【数　学】（45分）　＜満点：100点＞

1　次の計算をしなさい。

(1)　$-9+8-2$　　(2)　$2^3\times(-3^2)$

(3)　$2(a+2b)-3(a-b)$　　(4)　$\sqrt{18}-\sqrt{8}+\dfrac{2}{\sqrt{2}}$

2　$a=\dfrac{3b+5c}{4}$ を c について解きなさい。

3　次の式を展開しなさい。

$(x+2)(x-9)$

4　次の式を因数分解しなさい。

(1)　x^2y-36y

(2)　$(x-1)(x-4)+2$

5　次の方程式を解きなさい。

(1)　$\dfrac{x-3}{2}=\dfrac{3x+2}{4}$

(2)　$\begin{cases} x=1-4y \\ 2x+y=9 \end{cases}$

(3)　$x^2-6x+3=0$

6　1個50円のドーナツを30個以上買うと，合計金額が5％引きの価格になるお店があります。このお店でドーナツを50個買うと，合計金額はいくらになるか求めなさい。ただし，消費税は考えないものとします。

7　右の図は立体を投影図に表したものです。次の問いに答えなさい。

(1)　この立体は次のいずれであるか，正しいものを選び，記号で答えなさい。

(ア)　三角錐　　(イ)　四角柱

(ウ)　三角柱　　(エ)　四角錐

(2)　この立体の体積を求めなさい。

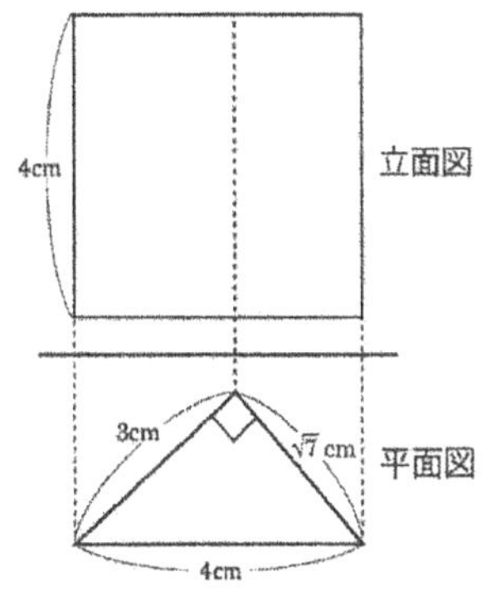

8　大小2個のさいころを同時に投げて出た目を，それぞれ b, c とします。

点Aの座標を（0，1），点Bの座標を（1，b），点Cの座標を（2，c）とします。右の図は，$b=3$，$c=2$ のときを表しています。3点A，B，Cが一直線に並ぶ確率を求めなさい。ただし，一目盛りを1とします。

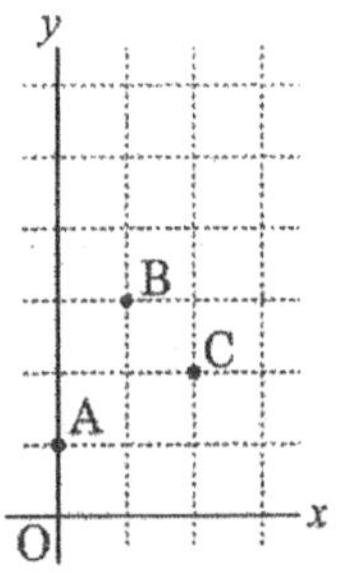

9　右の図のような，AB＝4㎝，AD＝6㎝の長方形ABCDがあります。点Eは辺ABの中点であり，点Fは辺AD上にあり，AF＝4㎝とします。∠AEF＝∠a，∠BCE＝∠b とするとき，∠a－∠b の大きさを求めなさい。

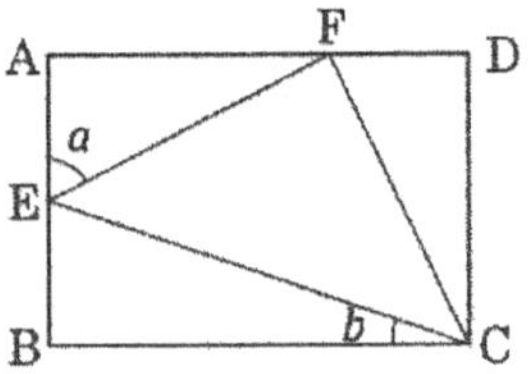

10　右の図のような，4つの関数 $y=ax^2$…①，$y=bx^2$…②，$y=cx^2$…③，$y=dx+2$…④のグラフがあります。点Aは③と④の交点であり，その座標は（4，4）とします。

このとき，次の四角に a，b，c，d のいずれかを入れて，大小関係を完成させなさい。

□ ＜ □ ＜ □ ＜ □

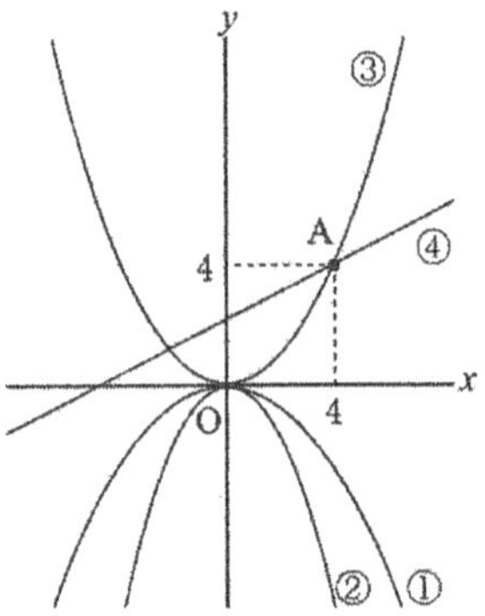

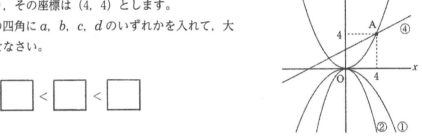

11　次の図のような，一辺の長さが12㎝の正方形ABCDと，一辺の長さが8㎝の正方形EFGHがあります。点PはAを出発して秒速1㎝でA→B→Cの順で進み，Cで停止します。点QはEを出発して秒速1㎝でE→F→G→Hの順に進み，Hで停止します。2点P，Qが同時に出発して x 秒後の△APDと△EQHの面積の和を y ㎠とするとき，次の問いに答えなさい。

(1)　$x=9$ のとき，y の値を求めなさい。

(2)　$y=92$ となるような x の値をすべて求めなさい。

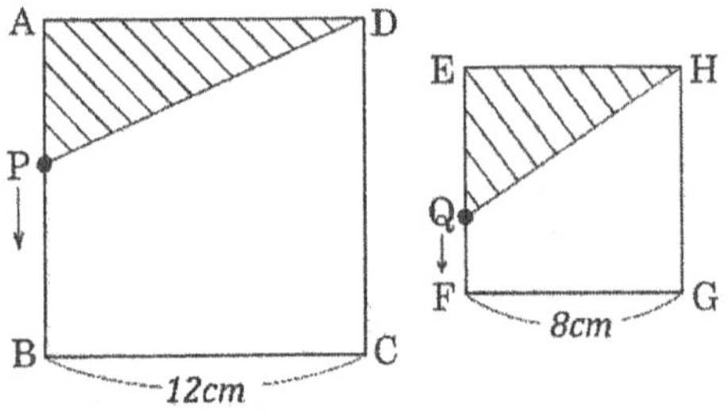

12 太郎さんは自分の部屋に照明器具を設置するにあたって，A社とB社のどちらの照明器具を利用した方が安くなるのか検討しています。次の表はそれぞれにかかる費用や電気代などを比べたものです。照明器具を設置してから，今後20年間同じ会社の照明器具を使い続けるとき，20年間でかかる費用はどちらの会社の照明器具を利用した方が安くなるでしょうか。また，そのように考えた理由を説明しなさい。ただし，照明器具は耐久年数内に故障することはなく，耐久年数が過ぎたら必ず同じ会社の照明器具に交換し，交換費用のみかかります。また，消費税は考えないものとします。

	A社	B社
初期設置費用	5000円	7000円
1年間の電気代	2300円	2350円
耐久年数	8年	12年
交換費用（1回につき）	4500円	4500円

【英　語】（45分）　＜満点：100点＞

1　次の英文は，日本の学校で働いた経験を持つアメリカ人が書いたものです。これを読んで，問いに答えなさい。

Today, 99% of people in Japan can read and write, and they see Japanese schools as very important parts in their early lives.

Japanese schools are different (a) ours in some ways. What is the school life like in Japan?

・Everyone eats the same lunch served by students.

Everyone eats the same lunch in Japan. This is one of the interesting points about junior high school. In America, you can buy your lunch at a cafeteria, or bring your lunch boxes, but here, students eat the same meal, and finish it within 40 minutes. There are no cafeterias in most Japanese public schools, so students do not get the chance to buy their own meals. Only in special cases, they bring in homemade lunch boxes. They are made of some rice, vegetables, some kind of fish, Japanese omelet (*tamago-yaki*), rice balls (*onigiris*), and sometimes fried chicken.

When I had the lunch for the first time, I was surprised to see students taking their meals from the kitchen, and serving them to their classmates. They wore white masks, gloves, and caps. After lunch, they were cleaning their classroom. ①【 children / it / to teach / was / wonderful 】how to serve lunch, and to clean their classroom at an early age.

・Everyone cleans some parts of the school.

Usually after school, students and teachers take part in cleaning. They clean their classrooms, school library, and sometimes even toilets. They do not ask someone else to do it, but their school is always clean.

・Everyone works and studies even during school vacations.

For my first summer vacation in Japan, I was getting ready to leave Japan for about three weeks, and told one teacher to enjoy his vacation... But he just said, "No vacation..." Then I found out that about 90% of teachers do not actually get a vacation. Especially in junior high school, many students are members of their favorite clubs, so teachers have to support them.

But... Wait! Students are ②(give) so much homework to do during their vacations! In Japan, both teachers (b) students have little chance to enjoy their vacations.

（注）serve：（食事などを）出す　within：～以内に　cafeteria：食堂　meal：食事
homemade：家で作った　support：支援する

問1　（a），（b）に入る最も適切な語をそれぞれ答えなさい。

問2　下線部①が「早い年齢の段階で，子供たちにどうやって昼食を出し，教室を掃除するかを教えるというのは素晴らしいことだった。」という意味になるように，【　　】内の語句を並べかえなさい。ただし，【　　】内はすべて小文字で記してある。

問３　下線部②の語を正しい形に直しなさい。

問４　日本の学校で給食当番が身に着けるものとして，本文で述べられていないものを次の中から１つ選び，記号で答えなさい。

ア

イ

ウ

エ

問５　日本の学校で掃除をする場所として，本文で述べられていないものを次の中から１つ選び，記号で答えなさい。

ア

イ

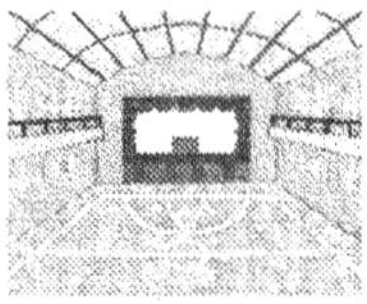
ウ

エ

問６　本文の内容に合うものを次の中から２つ選び，記号で答えなさい。
ア　日本とアメリカの学校の仕組みはほとんど同じである。
イ　日本では，生徒たちは昼食を好きな時に学校の食堂で買えるのが普通である。
ウ　日本では，生徒たちは行事の際に家から昼食を持ってくることがある。
エ　日本では，先生だけがトイレ掃除をする。
オ　日本では，すべての先生が夏休みを取ることができる。
カ　日本の生徒たちは夏休み中すべきことがたくさんある。

2　次の英文は，Kenta がシンガポールの友人 Judy を訪れたときのものです。これを読んで，問いに答えなさい。

Judy: Welcome to Singapore!
Kenta: Thank you for your e-mail and good advice. Long time no see, Judy.
Judy: What do you think of my country?
Kenta: It is very hot in here!
Judy: ① I agree. Singapore is warmer than your country. It has about 5,800,000 people in 2019 and the area size is as same as Tokyo's. The people living here continues increasing every year. However, it went down in [②]. Well, how long did it take from Japan?
Kenta: It took me only 7 hours. During the flight, I spent much time playing games and reading a book.

Judy: Do you have any plan for today?

Kenta: Let me see... I wanted to see the Merlion. It was ③(build) in 1972. How about going to the Singapore Zoo?

Judy: Oh, its a nice idea. I have visited there many times. I think the Singapore Zoo is one of the most wonderful zoos in the world. I have had breakfast with an orangutan!

Kenta: Really? I want to do the same experience like you.

Judy: OK. I will ask for ④ that.

Kenta: Thank you.

Judy: All animals are active in front of you. You can see native animals in open air without cages.

Kenta: ⑤ I can't believe it! Do they run away from the zoo?

Judy: Of course not. In fact, there are natural barriers. We can't see them. For example, we can see the giraffes are free to move without fences. But fences are behind the plants and the trees. We tourists can feel like staying in Africa.

Kenta: I can't wait for going there!

（注） Merlion：マーライオン像（シンガポールの観光名所）　orangutan：オランウータン　barrier：障害

問 1　下線部①の意味として適切なものを次の中から 1 つ選び，記号で答えなさい。

ア　以前にも同じこと言っていたね。

イ　同感だよ。

ウ　そんなことないよ。

問 2　下のグラフを参考にして，②に入る西暦を数字で答えなさい。

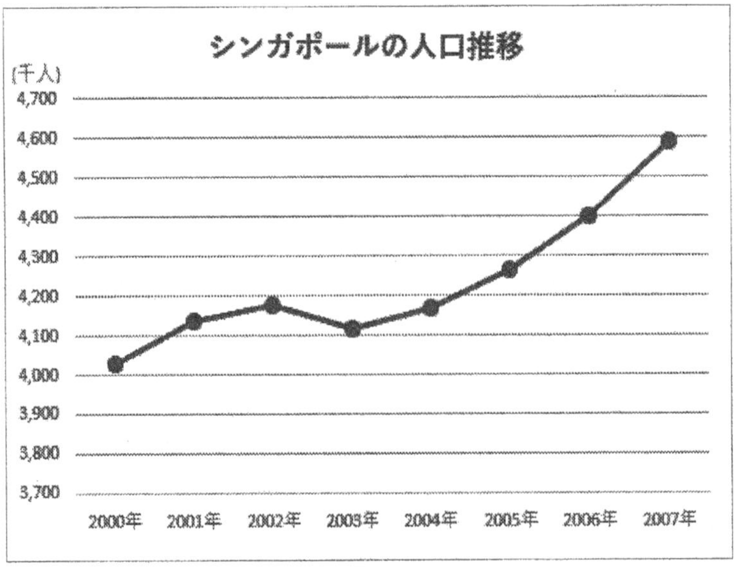

問 3　下線部③の語を正しい形に直しなさい。

問4　下線部④の示す内容を日本語で答えなさい。

問5　下線部⑤のように Kenta が発言していた理由を，日本語で答えなさい。

問6　次の英文は Kenta が Judy に会う前に送った電子メールの内容です。＿＿＿ に入る適切な語句を次の中から1つ選び，記号で答えなさい。

> Hi, Judy
> I am happy to meet you soon.　I am going to arrive in the Airport at 11:00.　Do I need to take ＿＿＿?　I hope you'll let me know soon.
> Best wishes.
> Kenta

ア　a medicine　　イ　a watch　　ウ　a coat

3　次の表は，あるレストランのメニュー表です。これを読んで，問いに答えなさい。

MENU

Welcome to Spice Kitchen!

(Station Tower on the 35th floor)

SOUP CURRIES

Chicken Curry	$ 9.00
Vegetable Curry	$ 9.00
Chicken and Vegetable Curry	$ 11.00
Pork Curry	$ 9.00
Hamburg Curry	$ 10.00
Seafood Curry	$ 14.00

TOPPINGS

All Toppings ・・・・ $ 1.0 each
Corn / Carrot / Potato / Eggplant
Pumpkin / Broccoli / Tomato / Zucchini
Mushroom / Japanese radish

DRINKS

Ice Tea	$ 1.50
Coke	$ 2.00
Orange juice	$ 2.00
Coffee	$ 3.00

MONTHLY SPECIAL CURRY

Garlic Chip Curry	$ 10.50

DESSERTS

Apple Pie	$ 3.00
Cheesecake	$ 4.00
Vanilla Icecream	$ 2.50

※If you get a special coupon (10% off) from the Station Tower service counter (1st floor), you can use it only for dinner. (5:00 P.M. ~ 10:00 P.M.)

※OPEN 11:30 A.M. / CLOSE 10:00 P.M. (Nightview Seat 6:00 P.M.~ / Last Order 9:30 P.M.)

※If you want more information about our place, please click on our Web site!! at www. spice-kitchen. com . (The office is on the 34th floor : TEL 011-711-6121)

問1　このレストランはビルの何階にあるか答えなさい。

問2　夜景が見える席の利用は午後何時から可能か答えなさい。

問3　午後7時にクーポン券を持って，最も高いスープカレーにトッピングを2つ付け，デザートにチーズケーキを1つ注文した場合，料金はいくらかかるか答えなさい。

問4　この店について，さらに情報を知りたい場合はどうするべきか，次の中から最も適当なものを1つ選び記号で答えなさい。

ア　サービスカウンターに行く。

イ　レストラン特集情報誌を購入する。

ウ　事務所に電話で問い合わせをする。

エ　ホームページを閲覧する。

4　次の表は，日本のある中学校の時間割です。これを読んで，問いに答えなさい。

<table>
<tr><th></th><th>2/10
(Monday)</th><th>2/11
(Tuesday)</th><th>2/12
(Wednesday)</th><th>2/13
(Thursday)</th><th>2/14
(Friday)</th></tr>
<tr><td>1</td><td>Class Meeting</td><td rowspan="6">National
Holiday</td><td>Japanese</td><td>Math</td><td>Japanese</td></tr>
<tr><td>2</td><td>English</td><td>Math</td><td>Social Studies</td><td>Science</td></tr>
<tr><td>3</td><td>Social Studies</td><td>Music</td><td>English</td><td>Art</td></tr>
<tr><td>4</td><td>Science</td><td>Social Studies</td><td>P.E.</td><td>Health Studies</td></tr>
<tr><td>5</td><td>P.E.</td><td rowspan="2">Technology
and Home
Economics</td><td>Japanese</td><td>English</td></tr>
<tr><td>6</td><td></td><td></td><td>Math</td></tr>
</table>

問1　Kenji is a junior high school student.　He has six classes today.　He likes social studies the best, but it is not on the timetable today.　What date is it today?

ア　February 10th　　イ　February 12th

ウ　February 13th　　エ　February 14th

問2　Mika is going to talk about graduation ceremony with her classmates in the morning.　She has four classes after that.　What day is it today?

ア　Monday　　イ　Wednesday

ウ　Thursday　　エ　Friday

問3　There is no school today.　Today is a national holiday!　What national holiday is on February 11th?

ア　Marine Day　　イ　Health and Sports Day

ウ　Culture Day　　エ　National Foundation Day

問4　Please tell us about your favorite subject and why.　Write one sentence on your answer sheet.

5 次の英文の（ ）に当てはまる最も適切な語句を次の中からそれぞれ１つずつ選び，記号で答えなさい。

問１ There are a lot of kinds of animals in the （　　）.
ア restaurant　イ library　ウ museum　エ zoo

問２ *Yukata* is （　　） Japanese clothes for summer season.
ア expensive　イ traditional　ウ successful　エ healthy

問３ Chinese and English are （　　） at this high school.
ア teach　イ teaching　ウ taught　エ to teach

問４ Tom didn't come to school today. He （　　） be sick.
ア can't　イ has to　ウ should　エ must

問５ （　　） is the month between May and July.
ア August　イ June　ウ September　エ February

問６ My sister is a popular （　　）.
ア sing　イ singing　ウ song　エ singer

問７ A：How long have you practiced the piano?
B：I have practiced it （　　） seven years.
ア for　イ in　ウ since　エ from

問８ A：How about the T-shirt?
B：Well, it is a little smaller for me. Do you have a （　　） one?
ア cheaper　イ larger　ウ colorful　エ popular

問９ A：Excuse me. Could you tell me （　　） to get to Nakajima Park?
B：Sure. Take the Toho Line to Odori Station, then change to the Namboku Line.
ア how　イ which　ウ what　エ where

問10 A：Have you ever traveled （　　）?
B：Yes, I have been to Canada.
ア America　イ the city　ウ abroad　エ airport

6 アクセントの位置が他と異なるものをそれぞれ１つずつ選び，記号で答えなさい。

問１ ア a-cross　イ al-bum　ウ class-mate　エ fif-ty
問２ ア al-read-y　イ cal-en-dar　ウ dan-ger-ous　エ sev-er-al
問３ ア Aus-tral-ia　イ dif-fer-ent　ウ ex-pen-sive　エ po-si-tion
問４ ア cel-e-brate　イ choc-o-late　ウ en-er-gy　エ mu-si-cian
問５ ア dic-tion-a-ry　イ es-ca-la-tor　ウ in-ter-est-ed　エ pho-tog-ra-pher

7 右のイラストを表す英文の（　　）に当てはまる最も適切な語句を次の中から1つずつ選び，記号で答えなさい。

問1　The boy is（　　）a picture.

　ア　making　　　イ　writing
　ウ　playing　　　エ　taking

問2　It is（　　）o’clock now.

　ア　four　　　イ　eight
　ウ　nine　　　エ　eleven

問3　My brother likes（　　）mountains.

　ア　running　　　イ　driving
　ウ　talking　　　エ　climbing

問4　There is a box（　　）the desk.

　ア　near　　　イ　under
　ウ　on　　　エ　in

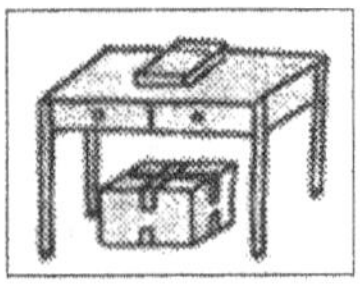

問5　Tom is（　　）than Mike.

　ア　taller　　　イ　tallest
　ウ　as tall as　　　エ　more tall

Tom　Mike　Sam

【理　科】（45分）　＜満点：100点＞

1　次の文章を読み，問いに答えなさい。

日本は世界でも有数の地震国であり，地震が人々の生活を破壊することも多くある。地震が発生すると，各地の震度やマグニチュード等が，メディアで報道されることがある。マグニチュードは地震の規模を表し，地震による揺れの大きさは震度で表される。また，地球の表面は数10枚ほどのプレートにおおわれている。プレートの境界には，プレートが新しく生まれるところやプレートが再び地球内部に戻るところ，プレートとプレートがすれ違うところがある。これらの境界では地震，火山等が活発である。

問1　マグニチュード，震度について誤って述べられているものを次の(ア)～(オ)からすべて選び，記号で答えなさい。

(ア)　現在日本で用いられている震度階級表で最も大きい震度は6である。
(イ)　震度が0の場合，その場所で地震が観測されなかったことを表している。
(ウ)　震度は観測地点の震源から距離が同じであっても，異なった震度となることがある。
(エ)　マグニチュードが2の地震は，マグニチュードが1の地震の2倍のエネルギーがある。
(オ)　マグニチュードの大きい地震も小さい地震も発生する回数はほぼ同じである。

問2　地震による災害について誤って述べられているものを次の(ア)～(エ)から1つ選び，記号で答えなさい。

(ア)　津波は日本海側では起こらず，太平洋側でのみ起きる。
(イ)　津波は20mを越えるような大きな波となることがある。
(ウ)　地震によって山が崩れたり土石流が起こることがある。
(エ)　埋め立て地や干拓地では地震のとき，土砂や水が噴き出すことがある。

問3　地球表面やプレートについて正しく述べられているものを次の(ア)～(エ)から2つ選び，記号で答えなさい。

(ア)　日本付近ではプレートが沈みこむことで地震が発生している。
(イ)　日本付近はプレートが新しく生まれるところに位置しており，それが地震の主な原因となっている。
(ウ)　日本付近では海のプレートが陸のプレートの上にのし上がっていることで，地震が発生している。
(エ)　地球全体の地震の震央は帯状に分布しており，地球の表面をとりまいている。

2　ある雨の日に部屋の窓を閉め切っていると，窓ガラスがくもり始めた。このとき，外の気温は12℃，湿度80％であった。部屋の気温は20℃であった。また，窓ガラスの温度は16℃であった。次の表は気温と飽和水蒸気量の関係を示したものである。あとの問いに答えなさい。

気温（℃）	8	10	12	14	16	18	20	22
飽和水蒸気量（g/m³）	8.3	9.4	10.7	12.1	13.6	15.4	17.3	19.4

問１　気温22℃，湿度62％の空気の露点はおよそ何℃か，次の(ア)～(オ)から１つ選び，記号で答えなさい。

(ア)　10℃　　(イ)　12℃　　(ウ)　14℃　　(エ)　16℃　　(オ)　18℃

問２　外の空気に含まれる水蒸気量は何ｇ／m^3か，答えなさい。

問３　窓ガラスがくもり始めたときの部屋内の湿度は何％か，小数第１位を四捨五入し整数で答えなさい。

3　次の文章を読み，問いに答えなさい。

アフリカの草原で生活しているライオンは，シマウマなどの動物の肉を食べる肉食動物である。ライオンは，草むらにひそんで獲物に近づき，とびかかってしとめる。

シマウマは，草原にはえている草などの植物を食べる草食動物である。シマウマは，草を食べて消化するのに都合の良いからだのつくりをもっている。ライオンと比べると，（　①　）歯が発達し，長い消化管をもっている。aシマウマは目や耳が敵をいち早く察知できるようになっているので，すばやく逃げることができる。

bライオン，シマウマ　草などは　食物連鎖によってつながっており，数量的な関係はつり合いが保たれている。草原では，ライオンやシマウマなどの死がいや排出物は，細菌類や菌類によって分解され，最終的には（　②　）や（　③　），窒素を含む無機物になる。c草などの緑色植物は，これらの物質を吸収して有機物を合成する。

問１　文中の（①）に当てはまる語句は何か，漢字１文字で答えなさい。

問２　下線部ａのように，シマウマが敵を察知して逃げるまでの反応において，信号はどのような順番で伝わるか，次の(ア)～(オ)を順番にならべなさい。

(ア)　筋肉　　(イ)　感覚器官　　(ウ)　脊髄，脳　　(エ)　感覚神経　　(オ)　運動神経

問３　下線部ｂについて，何かの原因でシマウマなどの草食動物が異常に増えたとすると，ライオンなどの肉食動物の数量は一時的にどのように変化するか，答えなさい。

問４　文中の（②），（③）に当てはまる語句はそれぞれ何か，（②）は漢字５文字，（③）は漢字１文字で答えなさい。

問５　下線部ｃに関して，緑色植物が合成する有機物のうち，窒素を含み植物のからだをつくるものは何か，次の(ア)～(オ)から１つ選び，記号で答えなさい。

(ア)　アンモニア　　(イ)　酸素　　(ウ)　タンパク質　　(エ)　ビタミン　　(オ)　デンプン

4　次の実験について，あとの問いに答えなさい。

うすい塩酸とうすい水酸化ナトリウム水溶液がある。この２つの水溶液を下の表に示す体積で混ぜ合わせ，ａ～ｅの５種類の水溶液をつくった。ａ～ｅの水溶液にBTB溶液を少量加えて色の変化を調べた。その結果，水溶液ｄだけ緑色になった。

水溶液の種類	a	b	c	d	e
うすい塩酸の体積（cm^3）	20	20	20	20	20
うすい水酸化ナトリウム水溶液の体積（cm^3）	4	8	12	16	20

問１　水溶液ｂは何色か，答えなさい。

問２　水溶液ｄを穏やかに加熱すると固体の物質が得られる。それは何か，化学式で答えなさい。

問３　ａ～ｅの水溶液のうち，２つを選びそれをすべて混ぜ合わせると中性になる場合がある。この場合，どの２つの水溶液を混ぜればよいか，ａ～ｅから２つ選び，記号で答えなさい。

問４　この実験で用いたうすい塩酸20cm^3に含まれる水素イオンの数は，この実験で用いたうすい水酸化ナトリウム水溶液20cm^3に含まれる水酸化物イオンの数の何倍か，答えなさい。

問５　この実験で用いたうすい塩酸10cm^3に，この実験で用いたうすい水酸化ナトリウム水溶液10cm^3を加えよく混ぜ合わせた。この混ぜ合わせた水溶液中に最も多く含まれるイオンは何か，イオン式で答えなさい。

問６　実験中に水酸化ナトリウム水溶液が誤って皮膚についてしまった。このとき，どのような処置をすればよいか，最も適しているものを次の(ア)～(エ)から１つ選び，記号で答えなさい。

(ア)　空気中の二酸化炭素と中和するので，何もしなくてよい。

(イ)　中和すればよいので，すぐにうすい塩酸をつける。

(ウ)　すぐに乾いたタオルで，よくふきとる。

(エ)　すぐに流水で洗い流す。

5　次の文章中の（①）～（⑥）に当てはまる適当な数値を答えなさい。

空気中を音が伝わる現象は，音を出している物体が空気を振動させ，その空気の振動がまわりの空気に伝わることで起こる。この音が伝わる速さは音を出している物体の速さに影響されない。また，１秒間に空気が振動する回数を振動数といい，その単位はHz（ヘルツ）で表される。

水平でまっすぐな線路の上を電車が一定の速さ72km/時＝（　①　）m/秒で走っているとき，この電車の先頭には鈴木さんが乗っている。また，電車の前方の駅には佐藤さんがいるとする。

鈴木さんと佐藤さんとの距離が170mとなったとき，鈴木さんが振動数2000Hz の音が出る笛を4.25秒間吹き続けた。このとき，鈴木さんが笛を吹き始めてから，佐藤さんに笛の音が聞こえるまでに（　②　）秒かかり，鈴木さんが笛を吹き終えてから，佐藤さんに笛の音が聞こえなくなるまでに（　③　）秒かかった。結果，佐藤さんは（　④　）秒間笛の音を聞いていたことになり，笛の音が聞こえている間に佐藤さんのところでは（　⑤　）回空気が振動したことになるので，佐藤さんが聞く笛の音の振動数は（　⑥　）Hzであった。

ただし，この笛の音が空気中を伝わる速さは340m/秒とし，風はないものとする。また。笛の音は最初から最後まで佐藤さんにははっきりと聞こえているものとする。

6　植物が光合成を行うためには，葉緑体と光が必要である。この２つの条件が必要であることを確かめる実験を行いたい。どのような実験を行えばよいか。「ふ入りの葉」と「アルミニウムはく」という２つの語句を用いて，その手順を答えなさい。

【社　会】（45分）　＜満点：100点＞

1　北斗さんの中学校では，修学旅行で北海道各地を訪れました。次の文章はその旅行記です。文章を読み，問いに答えなさい。

＜1日目＞

札幌を出発し，昼頃に①旭川市に到着し，旭山動物園を見学しました。行動展示といわれる展示方法が人気のようで，動物たちの生き生きとした姿が見られて楽しかったです。その後，移動して北見市にあるホテルに宿泊し，1日目が終わりました。

＜2日目＞

2日目はまず，［ A ］半島にある［ A ］国立公園に行き，ガイドさんの案内とともに散策をしました。［ A ］には手つかずの自然が多く残っており，2005年には②世界自然遺産に登録されています。普段札幌では見られないような動物や植物，さらには美しい景色を目にし，北海道の自然の素晴らしさを感じることができました。また，海の向こう側にある③北方領土をのぞむことができました。次に④釧路湿原に移動し，そこでも雄大な自然を感じることができました。2日目は帯広市のホテルに宿泊し，終了しました。

＜3日目＞

3日目は，農業体験・搾乳《さくにゅう》体験からはじまりました。力仕事が多くとても疲れましたが，私たちが口にする食べ物をつくるのは，こんなに大変なんだなと実感でき，感謝の気持ちが芽生《めば》えました。そして十勝地域が，⑤多くの農産物で日本有数の生産地であることを知りました。その後，移動して⑥洞爺湖にあるホテルに宿泊しました。窓から見える花火がとてもきれいでした。

＜4日目＞

最終日となる4日目は，ニセコに行きました。そこではラフティングとカヌーを体験し，とても楽しかったです。スキーを楽しむために⑦多くの外国人が訪れる冬だけでなく，それぞれの季節で楽しみ方があることを知りました。夕方に札幌に到着し，3泊4日の修学旅行が終わりました。新型コロナウイルスの影響で行き先が北海道内に変更となりましたが，自分の住む北海道の魅力を再発見することができ，とても有意義な修学旅行でした。

問1　下線部①について，旭川市の気温と降水量を示したグラフとして正しいものを，下の（あ）～（え）から1つ選び，記号で答えなさい。

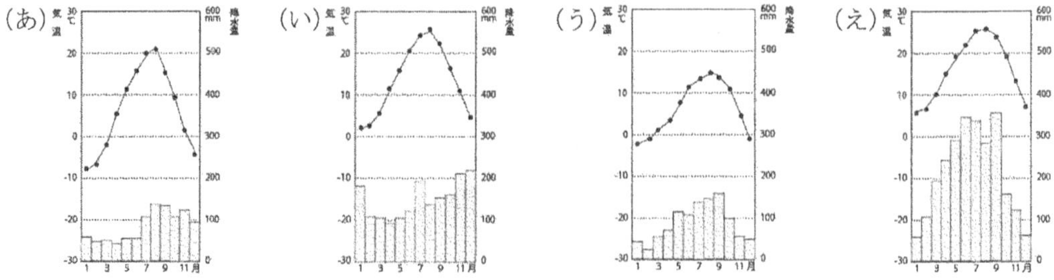

問2　文中［ A ］にあてはまる語句を何といいますか，**漢字2字**で答えなさい。

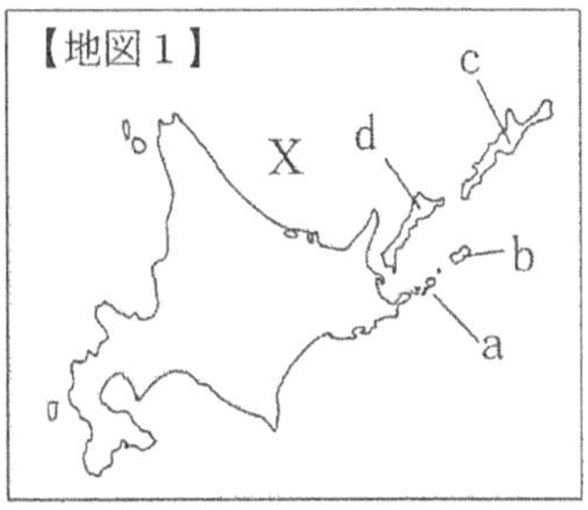

問３　下線部②について，世界遺産の審査や登録をおこなう国際機関を何といいますか，**カタカナ４字**で答えなさい。

問４　下線部③について，択捉島を示すものを，右の【地図１】のａ～ｄから１つ選び，記号で答えなさい。

問５　右の【地図１】のＸでは毎年冬に流氷が見られます。Ｘの海洋名を何といいますか，答えなさい。

問６　下線部④について，水鳥などが生息する貴重な湿地を保護するためにつくられた条約を何といいますか，答えなさい。

問７　下線部⑤について，都道府県別の生産量において北海道が全国１位の農産物を，下の㋐～㋔から**すべて**選び，記号で答えなさい。

㋐　じゃがいも　　㋑　レタス　　㋒　ぶどう　　㋓　あずき　　㋔　たまねぎ

問８　下線部⑥は，火山の噴火によって陥没《かんぼつ》した地形に水が溜《た》まってできた［　Ｂ　］湖で，［　Ｂ　］湖としては日本で３番目の大きさを誇《ほこ》ります。［Ｂ］に入る語句を何といいますか，**カタカナ４字**で答えなさい。

問９　下線部⑦について，その理由としては，航空交通の発達によって，ある距離を人々が移動するのにかかった時間であらわす［　Ｃ　］が縮《ちぢ》まり，海外旅行が手軽になったことがあげられます。［Ｃ］に入る語句を何といいますか，**漢字４字**で答えなさい。

問10　下の３つのグラフは，耕地面積に関するものです。各グラフから読みとれるものとして正しいものを，下の㋐～㋓から１つ選び，記号で答えなさい。

㋐　北海道は夏の気温や雨量が十分でないため，稲作に適さず，米は生産されていない。

㋑　北海道は耕地面積が日本で１番大きいが，農家の戸数も多いため，農家１戸当たりの耕地面積は全国平均の２倍程度であり，小規模な経営をしている農家が多い。

㋒　北海道は酪農がさかんであり，耕地面積の種類別割合において，北海道の牧草地の割合は，全国平均の３倍以上である。

㋓　北海道の耕地面積は日本で１番大きく，日本全体の耕地面積の３分の１以上を占めている。

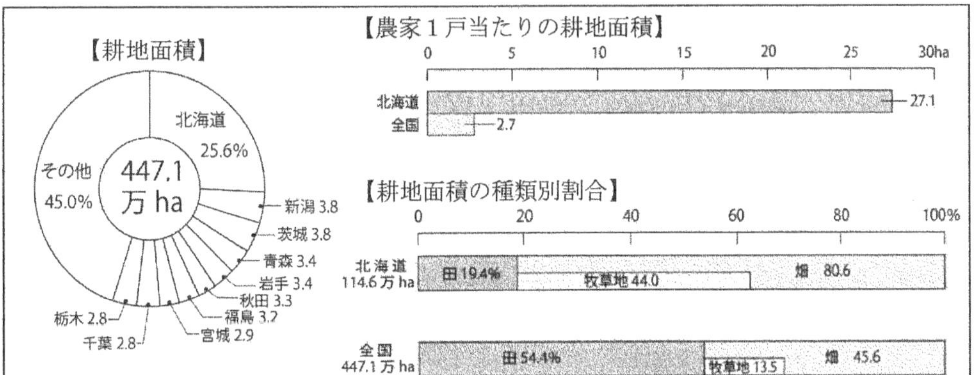

（２０１６年　農林水産省資料）

2　ヨーロッパについて，【地図２】を見て，問いに答えなさい。

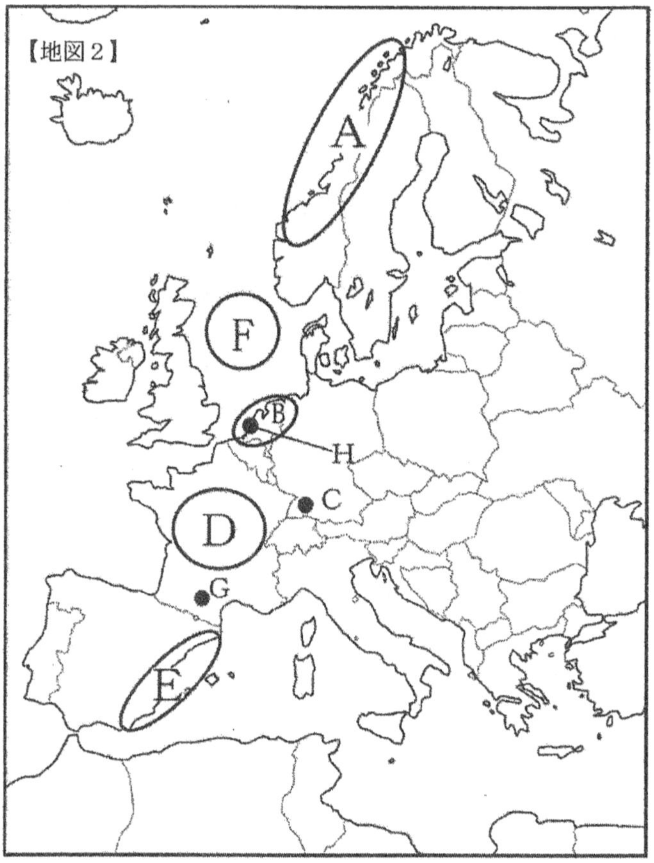

問１　地図中の◯Aの地域には，出入りのはげしい湾や入り江が連続する海岸が見られます。このような氷河地形である海岸を何といいますか，答えなさい。

問２　地図中の◯Bの国は，古くから低湿地や湖の水を排水する干拓により，国土の約４分の１は標高０m以下の土地です。この干拓地を何といいますか，答えなさい。

問３　地図中の●Cの都市のフライブルクでは，パークアンドライド方式が取り入れられています。この方式の説明として正しいものを，下の(あ)～(え)から１つ選び，記号で答えなさい。

(あ)　都市の中心部への自動車の乗り入れを規制することで，自動車の排出ガスの削減や交通渋滞緩和を目指す。

(い)　歴史的風土保存地区を指定し，都市の景観を守るために，建築物の高さやデザイン，屋外の広告を制限する。

(う)　物流や産業の変化により，使われなくなった倉庫街や工場などの広大な土地に，ショッピングセンターや娯楽施設を開発する。

(え)　都市問題や人口問題を緩和するために，都市を中心部・郊外地域・緑地帯・田園地域の４つに分ける。

問４　地図中の◯Dの地域は，日本よりも緯度が高いにもかかわらず，冬の寒さはそれほど厳しくありません。これは，暖流の北大西洋海流と，その上空に吹いている暖かい空気を内陸へと運ぶ風の影響です。この風を何といいますか，答えなさい。

問５　フランス・ドイツなどヨーロッパの中部では，食肉用の家畜の飼育と作物の栽培を組み合わせた農業が多くみられます。この農業を何といいますか，答えなさい。

問６　地図中の⬭Eの地域で，主に冬に栽培される農作物を，下の(あ)～(え)から１つ選び，記号で答えなさい。

(あ)　ぶどう　　(い)　小麦　　(う)　オレンジ　　(え)　オリーブ

問７　地図中の⬭Fの地域から主に採掘される資源は何ですか，答えなさい。

問８　地図中の●Gの都市には，航空機の組み立て工場があります。この都市名を，下の(あ)～(え)から１つ選び，記号で答えなさい。

(あ)　トゥールーズ　　(い)　ルール　　(う)　ミラノ　　(え)　ミュンヘン

問９　地図中の●Hの都市には，EU（ヨーロッパ連合）の玄関としての役割を果たすヨーロッパ最大の貿易港があります。この貿易港を何といいますか，答えなさい。

問10　2020年１月に，EU（ヨーロッパ連合）から離脱した国はどこですか，答えなさい。

[3]　次の文章を読み，問いに答えなさい。

> 憲法とは，国のあり方の根本を定めた最高法規であり，①憲法に反する法律や命令は効力をもちません。また，民主政治では法の支配の原則があり，憲法にもとづいて政治権力から国民の人権を守り，政治権力を制限するという［　A　］主義の考え方があります。
>
> 日本国憲法では，個人の尊重や②平等権，③自由権，生存権をはじめとする人間らしい豊かな生活を保障するための［　B　］権，④参政権，⑤基本的人権を守るための権利といったさまざまな権利が保障されています。また，憲法制定から70年以上が経過し，産業の発展や情報化の進展にともない，憲法で規定されていない⑥新しい人権も主張されてきています。

問１　文中［　A　］・［　B　］にあてはまる語句をそれぞれ何といいますか，**漢字**で答えなさい。

問２　下線部①について，裁判所は，法律や命令，規則などが憲法に違反していないかどうかを裁判を通して審査する違憲審査権をもっています。このことから最高裁判所は何と呼ばれていますか，答えなさい。

問３　下線部②について，平等権を保障するために，差別の解消と個人や民族としての尊重，共生社会の実現を目指す取り組みがおこなわれています。その１つにアイヌ民族についての取り組みがあります。これについて，次の問いに答えなさい。

Ⅰ．2019年に制定されたアイヌ民族支援法で，アイヌ民族は何民族として法的に位置づけられましたか，答えなさい。

Ⅱ．アイヌ文化の復興や発展，アイヌ民族の尊厳を尊重する拠点として，2020年７月に北海道白老町で開業した「民族共生象徴空間」の愛称を何といいますか，**カタカナ**で答えなさい。

問４　下線部③について，経済的な活動をともなうため公共の福祉による制約が大きいと考えられる自由を，下の(あ)～(え)から１つ選び，記号で答えなさい。

(あ)　職業選択の自由　　(い)　信教の自由　　(う)　集会・結社・表現の自由

(え)　思想・良心の自由

問５　下線部④について，間接的に政治に参加する権利が中心ですが，直接的に政治に参加する権利も保障されています。直接的な権利にあてはまるものを，下の(あ)～(え)から１つ選び，記号で答えなさい。

(あ)　国政選挙の被選挙権　　(い)　公務員の選定・罷免《ひめん》権

(う)　憲法改正の国民投票権　　(え)　請願権

問６　下線部⑤について，その１つに裁判を受ける権利があります。これについて，次の問いに答えなさい。

Ⅰ．1つの事件について，３回まで裁判を受けられることを何といいますか，**漢字**で答えなさい。

Ⅱ．裁判所について，地方裁判所や家庭裁判所から控訴《こうそ》された事件をあつかう高等裁判所は全国８カ所に置かれています。高等裁判所のある都市として**誤っているもの**を，下の(あ)～(え)から１つ選び，記号で答えなさい。

(あ)　大阪市　　(い)　札幌市　　(う)　福岡市　　(え)　新潟市

問７　下線部⑥について，新しい人権の１つに「自己決定権」があります。自己決定権の尊重に関する説明文として**誤っているもの**を，下の(あ)～(え)から１つ選び，記号で答えなさい。

(あ)　不治の病に苦しむ人が医師の手を借りて死を選ぶ安楽死は，自己決定権を尊重するため，日本では一定の条件のもとで認められている。

(い)　自己決定権は，日本国憲法第13条で規定されている個人の尊重などを根拠として主張されている。

(う)　自分の死後の臓器移植についての臓器提供意思表示カードは，自己決定権を尊重するものの１つである。

(え)　手術などの際に患者に求められるインフォームド・コンセントは，自己決定権を尊重するものの１つである。

4　岡さんのクラスでは，歴史の授業で，「貿易」について調べ学習をおこないました。問いに答えなさい。

（１班） ①幕府は，貿易を統制下におくことを考え，外国と貿易する大名や豪商に，日本船の渡航を許すという証書を与えて収入の一部を納めさせました。	（２班） 朝貢形式での貿易がはじまり，正式な貿易船には，②中国から通行証明書が与えられました。
（３班） 日本と中国・③朝鮮との間で民間の商人による貿易がさかんにおこなわれました。平清盛は航路の安全を確保するため，瀬戸内海の航路を整備し，④現在の神戸市にあった港の修築をしました。	（４班） ポルトガルの船は東南アジアから平戸・長崎・府内《ふない》などに来航し，のちにスペインの船も日本に来航するようになり，⑤ヨーロッパとの貿易がはじまりました。

問１　（１班）～（４班）の貿易として正しいものを，下の(あ)～(え)からそれぞれ１つずつ選び，記号で答えなさい。

(あ)　勘合貿易　　(い)　南蛮貿易　　(う)　日宋貿易　　(え)　朱印船貿易

問２　次の文は，何班の調べた貿易について書きあらわしたものですか，答えなさい。

> 貿易を通じ，日本は，直接手に入れることが難しかった中国産の生糸や絹織物，火薬・ガラス製品などを輸入し，銀を輸出した。

問３　下線部①について，これは何幕府ですか，答えなさい。

問４　下線部②について，この時の王朝名を，下の(あ)～(え)から１つ選び，記号で答えなさい。

(あ) 唐　(い) 宋　(う) 元　(え) 明

問５　下線部③について，この時の朝鮮半島の国名を，下の(あ)～(え)から１つ選び，記号で答えなさい。

(あ) 高句麗　(い) 高麗　(う) 朝鮮　(え) 新羅

問６　下線部④について，この港を何といいますか，答えなさい。

問７　下線部⑤について，15世紀以降のヨーロッパ人による新航路開拓が続いた時代を何といいますか，答えなさい。

5　泉先生とふみえさんの会話文を読み，問いに答えなさい。

泉　先　生：この間，授業で配ったプリントだけど，目を通したかい？
ふみえさん：これ【写真１】ですね？
泉　先　生：そうです。
ふみえさん：ずいぶん，昔の新聞記事ですね。どんなできごとの記事ですか？
泉　先　生：　A　についてのものです。
ふみえさん：それなら聞いたことがあります。でも，なぜ犬養首相が殺害されてしまったんですか？
泉　先　生：　X　
ふみえさん：そういうことですか。
泉　先　生：こういう新聞記事【写真２】もありますよ。
ふみえさん：これは　B　の記事ですね。
泉　先　生：その通りです。
ふみえさん：でも，どうしてそうなったのですか？
泉　先　生：簡単にいえば，（　１　）国の建国の承認をしなかったことに，日本が反発をしたということです。
ふみえさん：（　１　）国って，どこにあるんですか？
泉　先　生：【地図３】の（　２　）です。
ふみえさん：日本はどうして（　１　）国の建国にこだわったのでしょう？
泉　先　生：いい質問ですね。　Y　
ふみえさん：そうだったんですか。この後，日本はどうなるんですか？
泉　先　生：日本は，ドイツに接近して1936年には（　３　）を結び，アメリカやイギリスと対立していきます。
ふみえさん：その頃のドイツといえば，（　４　）の率いるナチ党が政権を握ってましたよね。

泉　先　生：はい，よく知っていますね。日本は（　1　）国にとどまらず，中国北部にも軍隊を進め，1937年の（　5　）をきっかけに，戦争がはじまります。

ふみえさん：それが（　6　）戦争ですね。

【写真1】

帝都震駭の不穏事件

東京日日新聞

號外

犬養首相遂に逝去

けふ内閣總辭職

深夜親任式行はる

六ケ所を同時に襲撃

首相狙撃の刹那

撃てッの號令一下

（東京日日新聞）

【写真2】

聯盟よさらば！遂に協力の方途盡く

總會、勸告書を採擇し

我が代表堂々退場す

四十二對一票、棄權一

支那側勸告受諾

第六項の權利強調

けふ閣議で正式に

脱退方針を決定

聯盟離脱の最終手續

（東京朝日新聞）

問1　文中 A ・ B にあてはまる語句を，下の(あ)～(お)からそれぞれ1つずつ選び，記号で答えなさい。

(あ)　米騒動　　(い)　二・二六事件　　(う)　国際連盟脱退　　(え)　世界恐慌　　(お)　五・一五事件

問2　文中 X にあてはまる文として正しいものを，下の(あ)～(え)から1つ選び，記号で答えなさい。

(あ)　議会政治を守ろうとしたため，軍部主導の政治を求めた青年将校らが反発したからです。

(い)　国民の中に普通選挙を求める声が高まったが，それを見送り，財界を重視した政策をおこなったためです。

(う)　恐慌があいつぎ，不況が都市や農村に広がり深刻な状況となりました。その中で財閥は政党や軍部と結びついたため，政治家や財界人を狙う事件がおきていたのです。

(え)　韓国を併合して，その内政を支配し，軍隊・警察を解散させたため，韓国の運動家に殺害されたのです。

問3　文中（1）にあてはまる国名を何といいますか，**漢字2字**で答えなさい。

問4　文中（2）にあてはまる位置を，右の【地図3】のa～dから1つ選び，記号で答えなさい。

【地図3】

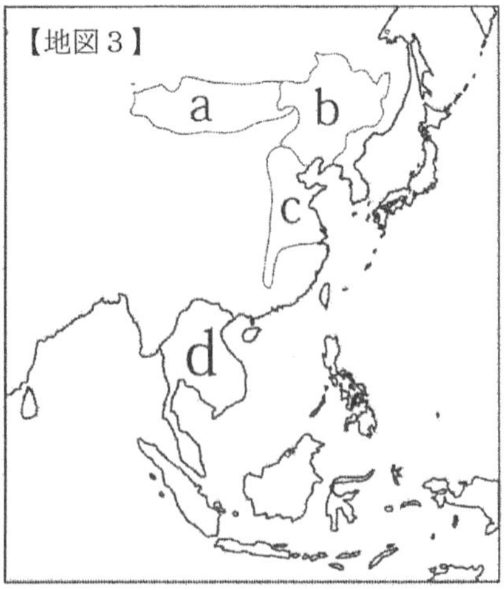

問5　文中 Y にあてはまる文として正しいものを，下の(あ)～(え)から1つ選び，記号で答えなさい。

(あ)　その頃の日本では，不景気が長く続き，資源豊かな（　1　）国を支配することで，不景気を解決しようとする動きがあったからです。

(い)　その頃の日本では，ロシア革命の影響により，国内の労働運動や植民地での民族独立運動が活発化したため，政権が打撃を受けることをおそれていたからです。

(う) その頃の日本では，高まっていた士族の不満を解消するため，武力に訴えて（　1　）国の建国を承認する主張が強まったからです。

(え) その頃の日本は，ベルサイユ条約により（　1　）国の委任統治権を得て支配することが，国際的に認められたからです。

問6　文中（3）にあてはまる語句を何といいますか，答えなさい。

問7　文中（4）にあてはまる人物は誰ですか，答えなさい。

問8　文中（5）にあてはまる事件を，下の(あ)～(え)から1つ選び，記号で答えなさい。

(あ) サラエボ事件　　(い) 盧溝橋《ろこうきょう》事件　　(う) ノルマントン号事件　　(え) 秩父《ちちぶ》事件

問9　文中（6）にあてはまる戦争を何といいますか，答えなさい。

「大型ごみ」の出し方

１．大型ごみについて

大型ごみとは、最大辺がおおむね30センチメートル以上のごみで、一般家庭から排出される家具、各種電化製品、自転車などで、指定のごみ袋に入らないもののことをいいます。ただし、指定のごみ袋に入り、口がきちんとしばれるものは、「燃やせるごみ」または「燃やせないごみ」として出すことができます。大型ごみのうち、家電４品目（テレビ・冷蔵庫・洗濯機《せんたくき》・エアコン）は大きさにかかわらず収集できません。

２．申し込み・受付について

出し方には、大型ごみ受付センターに前日までに電話で申し込みをして指定の場所に出す方法と、大型ごみ受付センターへ直接持ち込む方法があります。持ち込みをされる場合は、事前の申し込みは不要です。

〔受　付〕大型ごみ受付センター　電話：05XX-33-23XX

〔受付時間〕午前９時～午後３時（※土・日を除く）

３．処理券の購入について

ごみの種類に応じて、手数料として１枚200円の処理券（手数料受領シール）を購入し、見やすい場所に直接貼ってから出してください。処理券はシールになっています。処理券は、コンビニエンスストアか大型ごみ受付センターで購入できますので、購入の際にごみの種類を申し出てください。持ち込みをする場合、処理券は、当日必ず大型ごみ受付センターで購入してください。

〔例〕

手数料	ごみの種類
200円	プリンター、扇風機、掃除機、ギター、布団（２枚まで）
400円	車いす、スピーカー、シャンデリア、カーペット、スキー
600円	電子レンジ、自転車、テーブル、たんす、ロッカー、机、ベッド

４．大型ごみの出し方

（１）収集の場合

収集日（火・金）の午前８時までに、指定の場所に出してください。

（２）持ち込みの場合

午前９時～午後３時まで（火・木）に大型ごみ受付センターに出すことができます。

問五　本文の内容として適当なものを次から選び、記号で答えなさい。

ア　牢人が降りしきる雨の中、からかさを差して歩いていると、門の鴨居にからかさが取り付いて離れなくなった。

イ　牢人がからかさを取り返しに門まで行くと、大入道が現れたので、腕をねじり上げ、腰をつかんで投げ飛ばした。

ウ　大入道に出会った後、牢人は気力を失って家に帰り、病気がちになって三十日ほど病に伏してしまった。

エ　古い石仏を掘り起こして、念仏を唱えるなどして丁寧に供養《くよう》した後は、不思議なことは何も起こらなかった。

四

22ページの資料は、ある町が出した大型ごみの収集についての説明である。これを読んで、後の問いに答えなさい。

問一　次の文章は、22ページの資料を参考にして「大型ごみ」の出し方についてまとめたものである。空欄1～4にあてはまる語句を資料から抜き出して答えなさい。

> 大型ごみとは、最も大きな辺が30センチメートル以上の、（　1　）に入らない大きさのごみのことです。具体的には、（　2　）から出される家具や各種電化製品などのごみで、収集の（　3　）として処理券を購入し、それを貼って（　4　）の決められた時間までに指定の場所に出すか、大型ごみ受付センターに持ち込みをすれば、出すことができます。ただし、家電4品目は大きさにかかわらず、収集できません。

問二　次の①・②の通りに「大型ごみ」を出したいと考えたとき、手続きとして必要なことを、後のア～クからそれぞれ二つ選び、記号で答えなさい。

①　「スキー」を明日の金曜日に収集してもらいたい。

②　「扇風機」を明日の木曜日に持ち込みで出したい。

ア　水曜日の午前9時から午後3時の間に大型ごみ受付センターに持ち込む。

イ　木曜日の午前9時から午後3時の間に大型ごみ受付センターに持ち込む。

ウ　木曜日の午前9時から午後3時の間に大型ごみ受付センターに電話をかける。

エ　金曜日の午前9時から午後3時の間に大型ごみ受付センターに電話をかける。

オ　ごみを持ち込む際に、大型ごみ受付センターで処理券一枚を購入する。

カ　ごみを持ち込む際に、大型ごみ受付センターで処理券二枚を購入する。

キ　ごみを出す前に、処理券一枚を購入し貼っておく。

ク　ごみを出す前に、処理券二枚を購入し貼っておく。

ア　澄子さんが、弟の机の右に坐っていたこと。
イ　澄子さんと弟が、健吉の前で意味ありげに顔を見交わしたこと。
ウ　澄子さんが、晴々とした表情で微笑んだこと。
エ　澄子さんだけが、健吉に答え、弟は何も言わなかったこと。

問五　傍線部4とあるが、その理由を説明した次の文の空欄Ⅰ・Ⅱにあてはまる語句を本文から抜き出して答えなさい。

> 健吉は健次と澄子が親しげにしていることを、最初は（　Ⅰ　）と考えて自分なりに納得しようとしていた。しかし、健次と澄子が健次の部屋に一緒にいて親しそうにしているのを見ると、健吉は嫉妬を抑えきれなかった。そのため二人は何も悪いことをしていたわけではないのにも関わらず、思わず何をしていたのかをしつこく尋ねてしまった。そうした自分の行動が（　Ⅱ　）であることを自覚し、恥ずかしくなったため、それ以上問い詰める勇気がなくなった。

三　次の文章を読んで、後の問いに答えなさい。

おなじ京の坂本町に、牢人《ろうにん》の侍《はべ》りしが、余所《よそ》へゆきて、夜ふけてかへりしに、雨、すこしふりて、又晴れたり。からかさをかたげて、横町の小門を通りしに、1門の上の鴨居《かもい》に、からかさ、ひしととりつきたり。ふしぎにおもひて、ひけどもひけどもはなれず。2やうやう引《ひき》とりて、家にかへりてみれば、からかさのかしらを、つかみまくり侍り。

此《こ》の男、「口をしき事かな、ばけ物にからかさとられたりと、人に笑われんも、3はづかし。今一度行きて、ためしにせん」と、おもひ、刀わきざし、横たへて行ければ、何《なに》はしらず、長《たけ》九尺ばかりの、大入道出て、かいなを捕へてねぢあげ、両腰をもぎとり、突きはなして、かきけすやうにうせにけり。

この男、両腰をとられ、ちからなく家に帰り、わづらひつきて、卅日《みそか》ばかり、なやみけり。その夜のあけがた、横町の水筒桶《すいどうおけ》の上に、十もじにして、4のせて有りけり。其《そ》の後も、たびたび、あやしき事どもの有りしが、水桶の下に、年久しき石仏を敷きて置きたりし、さだめて、5此のわざにやとて、掘りおこして大炊《おおい》の道場へおくり侍りし。それより後は何事もなかりし、と、嶋弥左衛門《しまやざえもん》物かたり也《なり》。（平仮名本『因果物語』）

（注）・牢人…主従関係を持たない武士。浪人。
・つかみまくり侍り…まるごとはぎ取られていた
・横たへて…刀を腰に付けて　・卅日…三十日
・なやみけり…病気になった　・大炊の道場…聞名寺のこと

問一　傍線部1とあるが、それはなぜか。次の説明文の空欄Ⅰ・Ⅱにあてはまる語句を本文中から抜き出して答えなさい。

（　Ⅰ　）に（　Ⅱ　）をつかまれたから。

問二　傍線部2・3を現代仮名遣いに直しなさい。

問三　傍線部4とあるが、何がのせてあるのか。本文中から二字で抜き出して答えなさい。

問四　傍線部5について、

①　「此」とは何か。本文中の語句で答えなさい。

②　「わざ」の意味として最も適当なものを次から選び、記号で答えなさい。

ア　技術　　イ　技巧　　ウ　仕業　　エ　神業

たからだ。けれども私はさりげなく答えた。

「僕は別に何とも思ってやしないんですから、大丈夫ですよ。だから姉さんなんぞ、いくらひやかしたってだめです。」

　姉は眼で笑って答えなかった。

　実際弟と澄子さんとは、僕が寺へ移って以来、特に親しくなったように、私には感ぜられた。しかしそれを私は自分のひがみだと思い返していた。弟はいつも家にいるし、私は外にいるので、会う機会が自然弟の方に多くなるという、位置《シチュエーション》の上からのみ生じた、2何でもない親しさだと解釈していた。しかし恋はそういう位置からのみ生ずる、とも思った。そして少しは不安を感じていた。

　二人の親しさを裏書《うらがき》する実例には、私も今まで一つ二つ出会っていた。

　ある日の事だった。私が義兄の家へ行った時、澄子さんはもう来ていた。そして彼女は弟の室《へや》に居《お》った。私が二階へ上った時、そこからは晴れやかな彼女の笑いに混じって、弟の笑いに流れた声が聞《きこ》えていた。私は一種の嫉妬《しっと》を感じて、急いで襖《ふすま》をあけた。すると彼らは急に笑いを呑《の》んだ。そして意味ありげに顔を見交した。

「何か面白い事があるんですか。」私は二人の間に割り込んで訊《たず》ねた。

彼女は弟の机の右側に坐《すわ》っていた。

「いいえ何でもないの。」彼女の答《こたえ》は素気《すげ》なかった。

「だって二人で笑っていたじゃありませんか。何かあったんでしょう。」私は追究した。

「笑ってたって何でもないのよ。ねえ健次さん。何でもないわねえ。」

彼女は首を傾《かし》げて弟の顔を覗《のぞ》き込んだ。弟の顔には何となく満悦《まんえつ》の状があった。

「ほんとに何でもない事なんですよ。」彼は言った。

「笑ってしまったら何だったか、もう忘れてしまったわ。」そう言って彼女はなお晴々《はればれ》と微笑んだ。

　打ち見たところ二人は、確かに私の前で3二人だけの秘密を楽しんでいるかのようであった。私は嫉妬と共に、嫉妬に伴う自らの卑劣を意識した。それでそれ4以上に追究する勇気が無かった。その日彼女とはあまり多くを語り得なかった。

（久米正雄『受験生の手記』）

（注）・千駄木…地名。姉の家のある町。

問一　空欄Aに入る最も適当な語句を次から選び、記号で答えなさい。

ア　青くなって　　イ　無表情になって

ウ　白くなって　　エ　赤くなって

問二　傍線部1とあるが、「無邪気」とはここではどのような意味か。最も適当なものを次から選び、記号で答えなさい。

ア　子どものようにじゃれ合っているということ。

イ　異性ともすぐに親しくなるということ。

ウ　善悪についての判断基準を持っていないということ。

エ　ただ楽しいことだけをしたがっているということ。

問三　傍線部2とあるが、健吉が解釈した「なんでもない親しさ」とはどういう親しさか。本文中の語句を用いて、三十字程度で説明しなさい。

問四　傍線部3とあるが、どのような行動が健吉にこう感じさせたのか。その説明として適当でないものを次から選び、記号で答えなさい。

問七　次の会話は、文章Ⅰ、Ⅱ、Ⅲを読んだ学生たちが話し合ったものである。本文の内容を正しく理解していないものを一つ選び、記号で答えなさい。

ア　Aさん「環境問題は、地球に暮らす誰もが考えなければならない問題だね。それに、個人の取り組みだけでは解決しない問題だ。」

イ　Bさん「うん。現在の僕らの生活のあり方を変える必要がある。特に石油のような化石燃料に頼った生活は改めないといけない。」

ウ　Cさん「これから発展する新興国こそが温室効果ガス排出の削減などの対策に力を入れなければなりませんね。」

エ　Dさん「水資源の問題も深刻だね。私たちの生活のために多くの水が無駄に使われている一方で、安全な水がないせいで亡くなってしまう人もたくさんいるなんて。」

オ　Eさん「我々の生活が環境に大きな負担となっていることを自覚して、ライフスタイルを見直さなければいけませんね。」

二　次の文章を読んで、後の問いに答えなさい。

受験に失敗した健吉は、結婚した姉のいる東京に出て、ここで同居させてもらって受験勉強をしていたが、いつしかここにやって来るいとこの澄子に恋をするようになる。やがて弟の健次も受験の準備のために東京に来たため、自分が姉の家を出て、近くの寺に下宿して受験勉強を始めたものの、気持ちは落ち着かなかった。

こういう間にも、澄子さんの事は忘れられなかった。

日曜日ごとには、私もきっと午前から義兄の家へ遊びに行った。そして午後から澄子さんの来るのを待った。しかしそうしげしげ、澄子さんの来る日のみ目がけて、千駄木へ行く事は気がひけた。それで時々は他の日も訪れた。日曜日にも行きたいのを抑えて、三度に一度は我慢した。しかしそんな日は家にいても、少しも勉強が手につかなかった。どうかするとかけ違って、二度も続けて澄子さんに会えない事があった。

ある日は私の行き方が遅かった。

「先刻《さっき》まで澄子さんがいたんだけれど、三時からお友達のお宅へ行くんだって、一時間ばかりいて帰って行ったよ。」と姉は私を見て微笑《ほほえ》みながら低くつけ加えた。「お気の毒さま……」

「馬鹿な。――」私は（　A　）物が言えなかった。

「澄子さんはこの頃健吉さんに久しくお目にかからないが、どうかしたかって聞いてたよ。」

姉は私のぽっとなるのを面白がって追究するらしかった。私は内心それが嬉しかった。

「僕だってこの頃は勉強しているんですよ。」私はそう言いながら、今までの不勉強を自分で恥ずかしがった。これからはきっと勉強しようと思った。

姉はなおも続けて同じ話に固執した。

「だけれど健吉ちゃんも気をお付けなさい。[1]あの子はそりゃあ無邪気なんですから。誰とでもすぐお友達になるのよ。健次さんとだって、もう兄弟のように仲がよくってよ。」

私はどきりとした。姉の警告には私のぼんやり怖《おそ》れているものがあっ

200万人以上が、下痢《げり》による脱水症状で命を失っています。死者のほとんどは子どもです。

その一方で、農業や工業には大量の水が使われています。（ C ）、たった一つのハンバーガーでも、それをつくるまでに家畜の餌《えさ》となる作物を育てるなどで、約1000リットルの水が必要です。また、衣服をつくるにも原料となる綿花を育てるなどで、大量の水が使われます。木綿のTシャツ1枚をつくるために約2700リットルもの水が、ジーンズ1本では約7500リットルもの水が必要です。ところが、日本では、市場にdキョウキュウされている衣料品の半分以上が一度も着られることもなく廃棄され、焼却されたり埋め立てられたりしているのです。

環境に大きな負荷がかかるライフスタイルを見直し、4より地球に優しい食べ物や商品、サービスを選んでいくことが、今、求められています。

（志葉玲『13歳からの環境問題「気候正義」の声を上げ始めた若者たち』）

（注）・グレタさん…グレタ・トゥーンベリ。スウェーデンの環境活動家。

問一　傍線部a～dはその読みをひらがなで答え、カタカナは漢字に直しなさい。

問二　本文中の空欄A～Cにあてはまる語句をそれぞれ次から選び、記号で答えなさい。

ア　例えば　　イ　だから　　ウ　ただ

問三　傍線部1とあるが、温暖化が進む原因はどのようなことか。本文中から三十七字で抜き出し、初めと終わりの五字をそれぞれ答えなさい。

問四　傍線部2とは誰がどのようにすることか。本文中の語句を用いて説明しなさい。

問五　傍線部3とはどのようなことか。その説明として最も適当なものを次から選び、記号で答えなさい。

ア　世界の人々が今の生活を続けるならば、大量生産、大量廃棄という経済のあり方を支えるために、地球3つ分の資源がなければ足りなくなってしまうということ。

イ　世界の人々が今の生活を続けると、世界の人口は年々増加し続けることになるので、地球3つ分の土地がなければ生活できないということ。

ウ　世界の人々が今の生活を続けることが、持続可能な消費と生産を維持させており、地球3つ分の人口を支えられる大量生産を可能にしているということ。

エ　世界の人々が今の生活を続けるなら、地球3つ分の資源でも持続可能な生産と消費を維持できないため、再生可能エネルギーの開発を急がねばならないということ。

問六　傍線部4の例として適当なものを次から選び、記号で答えなさい。

ア　化石燃料を使ったビニール袋などは繰り返し利用することができるので、進んで再利用しようとすること。

イ　生産のために大量の水を必要とする木綿の衣類は選ばず、ポリエステル製の衣類を選ぶこと。

ウ　石油ストーブなどの化石燃料を使った暖房器具ではなく、電気で動くエアコンなどを利用すること。

エ　使い捨ての割り箸を使わずに済むよう、普段からマイ箸を持ち歩くようにすること。

【国　語】（四五分）〈満点：一〇〇点〉

一　次の文章Ⅰ、Ⅱ、Ⅲを読んで、後の問いに答えなさい。

【文章Ⅰ】

現代社会に生きている以上、誰でも環境問題の当事者です。皆さんが、スマホを使ったり、テレビを見たり、冷暖房を使ったり、車や飛行機などの乗り物に乗ったり、肉や魚、お米やパン、野菜、お菓子を食べたり、お風呂に入ったり、洗濯《せんたく》をしたり……全ての行動が、多かれ少なかれ、環境に負荷をかけています。「それならどうしたらいいの？　何もできないよ！」――そう、皆さんは思うかもしれません。あるいは「マイ箸を持ったり、ゴミを分別したりすることがいいのかも？」と思うのかもしれません。確かに個人として、むだをなくし、環境のためにできることをやることは、とても大切なことです。（　Ａ　）、残念ながら、個人の努力だけでは不十分です。なぜなら、現在の社会・経済のシステム自体が環境に良くないからです。（　Ｂ　）、個人の行動だけではなく、社会や経済のあり方、システム全体を変えていくことが大切です。

【文章Ⅱ】

グレタさんたち、[1]温暖化の防止を求める子ども・若者たちの[a]訴えにより、世界に広まっているのが、[2]「気候正義」という概念です。気候正義とは何か。わかりやすく言うならば、温暖化を促進させてきた国々や世代が、自らの責任として温暖化対策に取り組むこと、とも言えるでしょう。

温暖化が進行する最大の原因は、先進国及び中国などの新興国が石油や石炭などの化石燃料を大量消費していることです。研究者やＮＧＯによる調査報告「AFTER PARIS」によれば、世界で最も豊かな10％の人間が、温室効果ガス全体の約半分を排出しているとのこと。その一方で、世界人口の半分を占める貧困層の温室効果ガスの排出量は全体の1割にすぎないのです。それにもかかわらず、温暖化の進行によって、最も深刻な影響を被るのは、途上国の貧しい人々。彼らが[b]イゾンする地域での農業や漁業が、温暖化によって成り立たなくなってきているのです。だからこそ、温暖化を促進してきた側が、温室効果ガス排出削減や温暖化の進行を食い止めるための中心的な役割を[c]担うことが、気候正義として求められています。

【文章Ⅲ】

[3]世界の人々が今の生活を続けるなら地球が3つ必要になる――国連は「持続可能な開発目標」（ＳＤＧｓ）の目標12「つくる責任　つかう責任」として「持続可能な消費と生産のパターンを確保する」ことを求めています。現在、地球上には約70億人の人々が生活しており、２０５０年には約96億人にまで世界の人口は増えるとされています。そうした中で、私たちの生活も、より持続可能なものへと変えていかなくてはなりません。それは、化石燃料を使うことをやめ、再生可能エネルギーを中心とする社会にしていくことはもちろんのこと、大量生産、大量廃棄《はいき》という経済のあり方も見直さなくてはいけません。

（中略）

水の利用を改めることも重要です。国連によれば、現在、世界の人口の約4割が水不足の影響を受けていますが、人口の増加や温暖化の影響などによって、この割合はさらに増えると予測されています。飲料に適した安全な水を確保できないことが主な原因として、世界中で毎年

2021年度

解　答　と　解　説

《2021年度の配点は解答欄に掲載してあります。》

＜数学解答＞

1　(1)　-3　(2)　-72　(3)　$-a+7b$　(4)　$2\sqrt{2}$

2　$c=\dfrac{4a-3b}{5}$　3　$x^2-7x-18$

4　(1)　$y(x+6)(x-6)$　(2)　$(x-2)(x-3)$

5　(1)　$x=-8$　(2)　$x=5$，$y=-1$　(3)　$x=3\pm\sqrt{6}$　6　2375円

7　(1)　(ウ)　(2)　$6\sqrt{7}\,\mathrm{cm}^3$　8　$\dfrac{1}{12}$　9　$45°$　10　(1)　$b<a<c<d$

11　(1)　$y=86$　(2)　$x=10$，19　12　B社　(理由)　解説参照

○推定配点○

各5点×20　　計100点

＜数学解説＞

1　(数・式の計算)

基本　(1)　$-9+8-2=-1-2=-3$

(2)　$2^3\times(-3^2)=8\times(-9)=-72$

(3)　$2(a+2b)-3(a-b)=2a+4b-3a+3b=-a+7b$

(4)　$\sqrt{18}-\sqrt{8}+\dfrac{2}{\sqrt{2}}=3\sqrt{2}-2\sqrt{2}+\sqrt{2}=2\sqrt{2}$

2　(文字式の変形)

$a=\dfrac{3b+5c}{4}$　両辺を4倍して，$4a=3b+5c$　$3b+5c=4a$　$5c=4a-3b$　$c=\dfrac{4a-3b}{5}$

3　(展開)

$(x+2)(x-9)=x^2+(2-9)x+2\times(-9)=x^2-7x-18$

4　(因数分解)

(1)　$x^2y-36y=y(x^2-36)=y(x+6)(x-6)$

(2)　$(x-1)(x-4)+2=x^2-5x+4+2=x^2-5x+6=(x-2)(x-3)$

5　(方程式)

(1)　$\dfrac{x-3}{2}=\dfrac{3x+2}{4}$　両辺を4倍して，$2(x-3)=3x+2$　$2x-6=3x+2$　$-x=8$　$x=-8$

(2)　$x=1-4y$…①，$2x+y=9$…②とする。②に①を代入して，$2(1-4y)+y=9$　$2-8y+y=9$　$-7y=7$　$y=-1$　これを①に代入して，$x=1-4\times(-1)=5$

(3)　$x^2-6x+3=0$　解の公式を用いて，$x=\dfrac{-(-6)\pm\sqrt{(-6)^2-4\times1\times3}}{2\times1}=\dfrac{6\pm\sqrt{24}}{2}=\dfrac{6\pm2\sqrt{6}}{2}=$
$3\pm\sqrt{6}$

6 （割合）

50個は30個以上なので，合計金額は5%引きになる。元が100%なので，5%引くと95%になる。$50\times50\times0.95=2375$（円）

7 （空間図形）

基本 （1） 平面図を見ると底面が三角形であることがわかる。立面図を見ると，錐体ではなく柱体であることがわかる。三角柱である。

（2） 底面積は$\frac{1}{2}\times3\times\sqrt{7}=\frac{3\sqrt{7}}{2}$　高さが4なので$\frac{3\sqrt{7}}{2}\times4=6\sqrt{7}$（$cm^3$）

重要 8 （図形と確率）

b，cとも1～6が考えられるので，全部で$6\times6=36$（通り）　座標平面上で，Aを通る直線を考え，3点が一直線上に並ぶときを考えると$(b, c)=(1, 1)$，$(2, 3)$，$(3, 5)$の3通り。したがって，その確率は$\frac{3}{36}=\frac{1}{12}$

やや難 9 （角度）

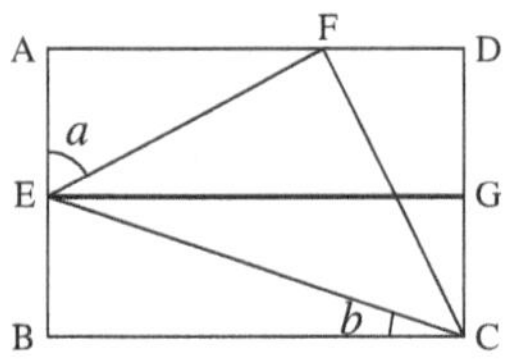

Eを通りABに垂直な線をひき，CDとの交点をGとする。AF＝DC＝4，AE＝DF＝2，∠EAF＝∠FDC＝90°より，2辺とその間の角がそれぞれ等しいので△AEF≡△DFC　よって，EF＝FC…①　∠DFC＝∠AEF＝$\angle a$…②　△AEFで∠AFE＝$180-90-\angle a=90-\angle a$　②より，∠EFC＝180－∠AFE－∠DFC＝$180-(90-\angle a)-\angle a=90$…③　①，③より△FECは直角二等辺三角形となり，∠FEC＝45　EG//BCより錯角は等しいので∠GEC＝∠BCE＝$\angle b$　∠FEG＝$45-\angle b$　∠AEG＝90°なので，∠AEF＋∠FEG＝90　$\angle a+(45-\angle b)=90$　$\angle a-\angle b=45$

重要 10 （1次関数，2乗に比例する関数）

③は上に開いた放物線なので$c>0$，④は右上がりの直線なので$d>0$　①，②は下に開いた放物線なので$a<0$，$b<0$である。①と②では②の方が開き具合が狭いので，②の方が絶対値が大きく，a，bが負の数であることから$b<a$となる。③上にA(4, 4)があるので，$4^2\times c=4$　$c=\frac{1}{4}$　④上にAがあるので$4d+2=4$　$d=\frac{1}{2}$　よって，$b<a<c<d$

11 （点の移動，面積）

（1） $x=9$のとき，PはAB上にあり，△APD＝$\frac{1}{2}\times9\times12=54$，QはFG上にあり，△EQH＝$\frac{1}{2}\times8\times8=32$　したがって，$y=54+32=86$

やや難 （2） Pは12秒後にB，24秒後にCに着く。$0\leqq x\leqq12$で△APD＝$\frac{1}{2}\times x\times12=6x$，$12\leqq x\leqq24$で△APD＝$\frac{1}{2}\times12\times12=72$　Qは8秒後にF，16秒後にG，24秒後にHに着く。$0\leqq x\leqq8$で△EQH＝$\frac{1}{2}\times x\times8=4x$，$8\leqq x\leqq16$では△EQH＝$\frac{1}{2}\times8\times8=32$，$16\leqq x\leqq24$ではEF＋FG＋GQ＝$x$でEF＋FG＋GH＝24なので，QH＝$24-x$となり，△EQH＝$\frac{1}{2}\times8\times(24-x)=96-4x$　全体としては4つの段落に分けて考えることになる。　①　$0\leqq x\leqq8$のとき$y=6x+4x=10x$　$10x=92$になるのは計算上は$x=9.2$のときだが，$0\leqq x\leqq8$の範囲ではないので，このときあてはまるxはなし。　②　$8\leqq x\leqq12$のとき$y=6x+32$　$6x+32=92$　$6x=60$　$x=10$　③　$12\leqq x\leqq16$のとき$y=72+32=104$

$y=92$にならない。　④　$16 \leqq x \leqq 24$のとき$y=72+96-4x=-4x+168$　　$-4x+168=92$　　$x=19$したがって，$x=10$，19

12　(文章題)

A社，B社の照明器具それぞれについて，20年使用した場合の費用を計算し，比べればよい。費用は初期設置費用，電気代，交換費用の3つの和になる。A社の照明器具は耐久年数が8年なので，20年使用する場合，使用開始8年後と16年後の2回，交換しなくてはいけないので費用全体$=5000+2300\times20+4500\times2=60000$(円)　　B社の照明器具は耐久年数が12年なので，12年後に1度だけ交換すればよいので，費用全体$=7000+2350\times20+4500\times1=58500$(円)　　よって，全体でみると，B社の方が安くなる。

★ワンポイントアドバイス★

前半の計算問題で確実に得点したい。後半には各単元の基本的な考え方を応用する問題も含まれ，12のように，数学で単元学習することのない内容もあるので，過去問対策をしておかなければ，とまどうこともあるだろう。

＜英語解答＞

1　問1　a　from　　b　and　　問2　It was wonderful to teach children　　問3　given
問4　エ　　問5　ウ　　問6　ウ，カ

2　問1　イ　　問2　2003(年)　　問3　built　　問4　オランウータンと朝食を食べるということ。　　問5　動物が檻の中にいないから。　　問6　ウ

3　問1　35(階)　　問2　(午後)6(時から)　　問3　($)18　　問4　エ

4　問1　エ　　問2　ア　　問3　エ
問4　I like music because I am good at singing. [My favorite subject is music because I am good at singing.]

5　問1　エ　　問2　イ　　問3　ウ　　問4　エ　　問5　イ　　問6　エ　　問7　ア
問8　イ　　問9　ア　　問10　ウ

6　問1　ア　　問2　ア　　問3　イ　　問4　エ　　問5　エ

7　問1　エ　　問2　イ　　問3　エ　　問4　イ　　問5　ア

○推定配点○

1，2　問1～問3・問6　各3点×12　　2　問4・問5　各4点×2　　3～7　各2点×28
計100点

＜英語解説＞

1　(長文読解問題・説明文：語句補充，語句整序問題[不定詞]，要旨把握，内容吟味)

(全訳)　現在，日本では99％の人は読み書きができ，日本の学校は初期の人生の中で非常に重要な部分だと考えている。

日本の学校は，いくつかの点で私たちの学校(a)とは異なる。日本の学校生活はどんな感じか？

・全員が生徒によって出された同じ昼食を食べる。

日本ではみんな同じ昼食を食べる。中学の面白い点の一つだ。アメリカでは，食堂でランチを買ったり，弁当を持って行ったりすることができるが，ここでは同じ食事を食べて40分以内に食べ終える。日本の公立学校には食堂がないので，生徒は自分の食事を買う機会がない。特別な場合にのみ，彼らは自家製の弁当箱を持って来る。ご飯，野菜，魚，オムレツ(たまご焼き)，おにぎり，時にはフライドチキンで作られる。

初めて昼食を食べた時，学生が配膳台から食事を取り，クラスメートに出すのを見て驚いた。彼らは白いマスク，手袋，帽子をしていた。昼食後，彼らは教室を掃除していた。早い年齢の段階で，子供たちにどうやって昼食を出し，教室を掃除するかを教えることは素晴らしいことだった。

・みんな学校の一部を掃除する。

通常，放課後，生徒と教師は掃除に参加する。彼らは教室，学校の図書館，時にはトイレを掃除する。彼らは他の誰かにそれをするように頼むわけではないが，彼らの学校はいつもきれいだ。

・学校の休暇中でも，みんなが仕事や勉強をする。

日本での初めての夏休みに，私は3週間ほど日本を離れる準備をしていて，ある先生に休暇を楽しむように言った。しかし，彼は「休暇はありません…」とだけ言った。その後，教師の約90％が実際に休暇を取っていないことがわかった。特に中学校では，多くの生徒が部活のメンバーなので，教師は彼らをサポートする必要がある。

でも…待って！学生は休暇中にやるべき宿題をたくさん②与えられている！日本では，教師(b)も生徒も休暇を楽しむ機会がほとんどない。

基本 問1　(a)　be different from ～「～と違う」 (b)　both A and B「AもBも両方とも」

問2　形式主語の it を用いた〈It is ～ to …〉「…することは～だ」という文にする。

問3　〈be動詞＋過去分詞〉で受動態となる。

問4　給食当番は，「白いマスク，手袋，帽子」を身につけている。

問5　本文中では，掃除する場所として「教室，図書館，トイレ」があげられている。

問6　ウ　第3段落第5文参照。特別な場合のみ，家で作った昼食を持ってくるとある。

カ　最終段落第1文参照。休暇中にするべき宿題がたくさんあると書かれている。

2 **(会話文：語句解釈，要旨把握，語句補充，指示語)**

(全訳)　ジュディ：シンガポールへようこそ！

ケンタ　：メールやアドバイスありがとう。久しぶり，ジュディ。

ジュディ：私の国はどう？

ケンタ　：とても暑いね。

ジュディ：①同感よ。シンガポールはあなたの国より暖かいわ。2019年の人口は約580万人で，面積は東京と同じよ。ここに住む人々は毎年増え続けているわ。でも，②2003年に減ったわ。ところで，日本からどれくらいの時間がかかったの？

ケンタ　：たった7時間しかかからなかったよ。飛行中，私はゲームをしたり本を読んだりして多くの時間を過ごしたんだ。

ジュディ：今日の予定は何かあるの？

ケンタ　：えぇっと，マーライオンを見たかったんだ。1972年に③造られました。シンガポール動物園に行くのはどう？

ジュディ：ああ，それはいい考えね。私は何度もそこを訪れたわ。シンガポール動物園は世界で最も素晴らしい動物園の一つだと思うわ。オランウータンと朝食を食べたの！

ケンタ　：本当に？きみと同じ経験をしたいな。

ジュディ：いいわ。④それを頼んでみるわ。

ケンタ　：ありがとう。

ジュディ：すべての動物が目の前で活動しているの。ケージなしで野外で本来の姿の動物を見ることができるよ。

ケンタ　：⑤信じられない！彼らは動物園から逃げるの？

ジュディ：もちろん逃げないわ。実際，自然の障害があるの。私たちはそれらを見ることができないの。例えば，キリンがフェンスなしで自由に動くのを見ることができます。でも，フェンスは植物や木々の後ろにあるの。私たち観光客はアフリカに滞在しているように感じることができるよ。

ケンタ　：行くのを待てないよ！

問1　agree「同意する，賛成する」

問2　人口が減っている年を選べばよいので，2003年が適切である。

問3　build の過去分詞は built である。〈be動詞＋過去分詞〉で受動態になる。

重要　問4　ジュディと同じ体験を指すので，「オランウータンと朝食を食べること」を指す。

重要　問5　it が指す内容が信じられないのである。it が指す内容は，前文の「ケージなしで野外で本来の姿の動物を見ること」を指している。

問6　ジュディとあったときに，シンガポールの感想は「とても暑い」と言っていたので，コートを持っていく必要があるかどうか尋ねていると判断できる。

3　（資料問題：内容把握）

基本　問1　ステーションタワーの35階にある。

基本　問2　夜景が見える席（Nightview Seat）は，午後6時から使用可能である。

重要　問3　シーフードカレー＋トッピング2つ＋チーズケーキ＝14ドル＋2ドル＋4ドル＝20ドルである。ただし，クーポン券を持っていると10% off になるため，料金は18ドルとなる。

問4　もっと情報が欲しい場合には，この店のホームページを見るように書いてある。

4　（資料問題：内容把握，条件英作文）

問1　6時間授業で，好きな社会が時間割にない日なので，2月14日（金）である。

問2　午前中にクラスメートと話し合う時間があるのは，Class Meeting がある月曜日である。

問3　2月11日は「建国記念の日」である。

重要　問4　「好きな科目とその理由」を答えるので，〈I like ＋好きな科目＋ because ～〉のように書けばよい。

5　（語句補充問題：単語，受動態，助動詞，現在完了，比較，不定詞）

問1　たくさんの動物がいるのは「動物園（zoo）」である。

問2　traditional「伝統的な」

問3　〈be動詞＋過去分詞〉で「～される」という受動態となる。

問4　must ～「～に違いない」という推量の意味となる。

問5　5月と7月の間は，「6月（June）」である。

問6　singer「歌手」

問7　〈have ＋過去分詞＋ for ～〉「～の間ずっと…している」という現在完了の継続用法である。

問8　少し小さいので，「より大きい（larger）」ものを求めている。

問9　Could you tell me how to get to ～?「～への行き方を教えてくれませんか」

問10　abroad「海外に」

6　（アクセント）

問1　アは第2音節に，それ以外は第1音節にアクセントがある。

問2　アは第2音節に，それ以外は第1音節にアクセントがある。
問3　イは第1音節に，それ以外は第2音節にアクセントがある。
問4　エは第2音節に，それ以外は第1音節にアクセントがある。
問5　エは第2音節に，それ以外は第1音節にアクセントがある。

基本 7 **（語句補充問題：熟語，単語，動名詞，前置詞，比較）**

問1　take a picture「写真を撮る」
問2　〈It is ＋時刻＋ o'clock now.〉「今～時だ」
問3　climb「登る」
問4　under ～「～の下に」
問5　than があるため，比較級を用いる。tall の比較級は taller である。

★ワンポイントアドバイス★

基本的な問題が出題されている。教科書の単語や表現を身につけたい。なお，日本語の記述問題や英作文の問題が出題されているため，正確に読み取ったり英文を作ったりする練習をしたい。

＜理科解答＞

1　問1　(ア)，(イ)，(エ)，(オ)　　問2　(ア)　　問3　(ア)と(エ)

2　問1　(ウ)　　問2　$8.56g/m^3$　　問3　79%

3　問1　臼　　問2　(イ)→(エ)→(ウ)→(オ)→(ア)　　問3　増加する
　問4　②　二酸化炭素　　③　水　　問5　(ウ)

4　問1　黄色　　問2　NaCl　　問3　cとe　　問4　0.8倍　　問5　Na^+　　問6　(エ)

5　①　20　　②　0.5　　③　0.25　　④　4　　⑤　8500　　⑥　2125

6　①　ふ入りのある植物の葉を，一昼夜暗いところに置いてから，ふ入りの葉の一部をアルミニウムで覆い，日光が当たる場所に置いておく。半日後，ふ入りの葉を切り取り，アルミニウムはくを取り除いて，熱湯を入れた後，温めたエタノールに入れ，エタノールからふ入りの葉を取り出し，水洗いした後，うすいヨウ素液につけ，ふ入りの葉の色の変化を観察する。

○推定配点○

1　各3点×3　　2　各4点×3　　3　問4，問5　各3点×3　　他　各4点×3　　4　各4点×6
5　各4点×6　　6　10点　　計100点

＜理科解説＞

1 **（大地の動き・地震―地震）**

問1　(ア)　最大震度は7である。　(イ)　震度0は，人は揺れを感じないが地震計には記録される地震である。　(エ)　マグニチュードが1違うと，地震の規模は約32倍異なる。　(オ)　マグニチュードの大きい地震の発生数は，小さい地震より少ない。

基本　問2　(ア)　過去に日本海側で起きた地震によっても津波が発生した。

問3　(イ)　日本付近ではプレートが地下にもぐりこんでいる。

(ウ)　日本付近のプレートは海のプレートが陸のプレートの下にもぐりこむ。このとき，陸側のプレートが引きずられ，ひずみが溜まりそれが限界に達すると巨大な地震が発生する。

2 （天気の変化―湿度）

重要 問1　湿度＝(実際の水蒸気量÷その温度における飽和水蒸気量)×100で求まる。22℃の飽和水蒸気量は19.4(g/m^3)であり湿度が62％なので，このときの水蒸気量をx(g/m^3)とすると，$\frac{x}{19.4}\times100=62$　$x=12.0$(g/m^3)となる。露点は飽和水蒸気量と実際の水蒸気量が等しくなる温度なので，このときの露点はおよそ14℃である。

重要 問2　外の空気に含まれる水蒸気量をx(g/m^3)とすると，外の温度が12℃なので，$\frac{x}{10.7}\times100=80$　$x=8.56$(g/m^3)である。

問3　窓ガラスの温度が16℃でこのとき露点に達するので，室内の水蒸気量は13.6(g/m^3)である。室内の気温が20℃なので湿度は，$\frac{13.6}{17.3}\times100=78.6\fallingdotseq79$(％)になる。

3 （生物どうしのつながり―食物連鎖）

基本 問1　草食動物は草をすりつぶすために臼歯が発達している。

問2　刺激は，感覚器官で感じ取られ感覚神経を経て脊髄や脳に伝えられ，運動神経を通って筋肉に伝えられる。

重要 問3　エサになるシマウマが増えるので，一時的にライオンは増える。しかしその後，ライオンの数が増えるがシマウマの数は減るので，ライオンの数も減少する。

基本 問4　有機物は主に炭素，水素，酸素からできており，有機物が分解されると最終的に炭素は二酸化炭素に，水素は水に変えられる。

問5　緑色植物は，炭水化物やタンパク質，油脂などの栄養素をつくりだす。その中で窒素を含むものはタンパク質である。

4 （酸とアルカリ・中和―中和反応）

基本 問1　dでちょうど中和するので，bでは水酸化ナトリウム水溶液がdより少なく，酸性になる。BTB溶液は酸性で黄色になる。

基本 問2　塩酸と水酸化ナトリウムの反応で塩化ナトリウムと水が生じる。加熱すると得られる固体の物質は塩化ナトリウム($NaCl$)である。化学式で答えること。

重要 問3　cとeを混合すると，塩酸が40cm^3，水酸化ナトリウム水溶液が32cm^3になり，dと同じ割合になるのでちょうど中和する。

問4　塩酸20cm^3と水酸化ナトリウム水溶液16cm^3がちょうど中和するので，塩酸の濃度と水酸化ナトリウム水溶液の濃度の比は4：5になる。よって，同じ体積に含まれる水素イオンの数は水酸化物イオンの数の4÷5＝0.8倍になる。

問5　同体積の塩酸と水酸化ナトリウム水溶液を混合すると，水素イオンと水酸化物イオンは反応して水になる。このとき，水酸化物イオンの方が多いので，未反応の水酸化物イオンが残る。しかし，塩酸中の塩化物イオンと水酸化ナトリウム水溶液中のナトリウムイオンはイオンのまま水溶液中にとどまる。ナトリウムイオンの方が塩化物イオンより多いので，水溶液中に最も多いイオンはナトリウムイオン(Na^+)である。イオン式で答えること。

問6　すぐに多量の水で洗い流すこと。弱い酸性の溶液で中和することもできるが，塩酸では強すぎるのでかえって危険である。

5 （光と音の性質―音の伝わり方）

基本 ①　72km/時を秒速になおすと，72000÷3600＝20(m/秒)になる。

重要 ②　最初の音が発せられたのは170m離れた場所であり音の速さは340m/秒なので，佐藤さんに伝わるまでの時間は170÷340＝0.5(秒)である。

③　最後の音が発せられるまでに電車は20×4.25＝85(m)進み，佐藤さんまでの距離は170－85＝85(m)である。この距離を音が進むのにかかる時間は85÷340＝0.25(秒)である。

④　最初の音を聞いた時間が笛を吹き始めてから0.5秒後であり，最後の音を聞いたのが笛を吹き終えてから0.25秒後，つまり初めからは4.25＋0.25＝4.5(秒)後だったので，音を聞いていた時間は4.5－0.5＝4.0(秒)であった。

⑤　振動数2000Hzの音を4.25秒聞いたので，この間の空気の振動は2000×4.25＝8500(回)である。

⑥　8500回の振動を佐藤さんは4.0秒間聞いたので，佐藤さんの聞く笛の音の振動数は8500÷4＝2125(回)である。振動数が大きい音は高く聞こえる。救急車のサイレンを聞くときに経験している通り，向かってくる音は高く聞こえ，去っていく音は低く聞こえる。佐藤さんの聞く音は振動数が大きくなっているので，高く聞こえる。

6　(その他―光合成の実験)

ふ入りの葉の混じるアサガオを一昼夜ほど暗い場所に置きいったん光合成の影響をなくしてから，ふの入っていない葉とふ入りの葉の一部をアルミニウムはくでおおい日が当たらないようにする。その後，日光に当て光合成を行わせる。この葉を熱湯に入れやわらかくし，エタノールにつけて葉緑素を抜き，水洗いをしたのち，ヨウ素液につけ色の変化を見る。光合成の行われた部分ではデンプンはできているので，青紫色に変化するが，行なわれていない部分では変化がない。実験結果より，アルミはくでおおった部分は変色がなく，日が当たっていてもふ入りの部分では変色がない。このことから，光合成には日光が必要であること，また，比が当たっていても葉緑素がないと光合成が行われないことが確認できる。

★ワンポイントアドバイス★

理科全般のしっかりとした理解と，幅広い知識が求められる問題である。計算問題も問題集で演習しておくことが大切である。

＜社会解答＞

1　問1　(あ)　問2　知床　問3　ユネスコ　問4　c　問5　オホーツク海
問6　ラムサール条約　問7　(あ)，(え)，(お)　問8　カルデラ　問9　時間距離
問10　(う)

2　問1　フィヨルド　問2　ポルダー　問3　(あ)　問4　偏西風　問5　混合農業
問6　(い)　問7　石油[天然ガス]　問8　(あ)　問9　ユーロポート[ロッテルダム港]
問10　イギリス

3　問1　A　立憲　B　社会　問2　憲法の番人　問3　Ⅰ　先住民族　Ⅱ　ウポポイ
問4　(あ)　問5　(う)　問6　Ⅰ　三審制　Ⅱ　(え)　問7　(あ)

4　問1　1班　(え)　2班　(あ)　3班　(う)　4班　(い)　問2　4班　問3　江戸幕府
問4　(え)　問5　(い)　問6　大輪田泊　問7　大航海時代

5　問1　A　(お)　B　(う)　問2　(あ)　問3　満州　問4　b　問5　(あ)
問6　日独防共協定　問7　ヒトラー　問8　(い)　問9　日中戦争

○推定配点○

1　各2点×10(問7完答)　2　各2点×10　3　各2点×10　4　各2点×10

5　各2点×10　計100点

＜社会解説＞

1 (日本の地理―北海道の自然・農業など)

問1　北海道内陸部に位置するため夏は高温になることも多いが冬の寒さは厳しい。

問2　オホーツク海に突出した半島。火山が連なり海食崖が発達している。

問3　国連教育科学文化機関。2021年度も2か所が新たに登録され国内の世界遺産は25となった。

問4　千島列島最大の火山島で日本の最北端に位置する。

問5　カムチャッカ半島，サハリン，千島列島及び北海道に囲まれた海域。

問6　1971年，イランのラムサールで締結された条約。現在国内で50か所以上が登録されている。

問7　小豆の94%を筆頭に全国の半分以上を占める。レタスは長野，ブドウは山梨が1位。

問8　阿蘇などと並ぶ日本でも有数の規模を誇るカルデラ。洞爺湖周辺は地質的に極めて貴重な遺産で，糸魚川などと共にこれを保護する世界ジオパークにも指定されている。

やや難　問9　2地点間の隔たりを人や物が移動するのにかかる時間によって表す考え方。物理的な距離ではなく交通機関の発達により生まれた，歩いて何分，車で何時間といった距離感の意味。

問10　耕地の8割が畑で，大規模農家を中心に専業農家の割合が高く牧草地は全国の約3.2倍。

2 (地理―ヨーロッパの自然・産業など)

重要　問1　氷河が削ったU字谷に海水が浸入，両岸は絶壁となり内陸深くまでに入り込んでいる。

問2　国土の割に人口が多いため古くから遠浅の海を干拓，風車を利用して排水を行いアメリカに次ぐ食糧輸出額第2位の農業大国に成長した。

問3　自宅から最寄りの駅の駐車場まで自動車で行き，公共の交通機関に乗り継ぐ移動方法。駅まで送ってもらう方法はキス・アンド・ライド方式と呼ばれる。

重要　問4　亜熱帯高気圧帯から亜寒帯低気圧帯に向かって吹く西寄りの風。地球の自転の関係から西風となり，10km以上の上空ではジェット気流と呼ばれる強風帯が現れる。

問5　小麦やライ麦などの食用作物とエン麦やトウモロコシ・牧草などの飼料作物を中心に，連作による地力の低下や病虫害の発生を防ぐために輪作を行う農業。

問6　地中海地方では冬に比較的多く降る雨を利用して小麦の栽培がおこなわれる。

問7　1970年代から開発されたヨーロッパ最大の北海油田。

問8　フランス・ドイツ・イギリス・スペインが出資，各国で部品を製造してフランスのトゥールーズで組み立てる世界2大航空機メーカーの一つ。

問9　国際河川として知られるライン川河口に建設された世界的な港。

問10　2016年の国民投票で離脱を決定，3年余りの交渉を経てようやく実現した。

3 (公民―憲法・政治のしくみなど)

問1　A　一般の法律が国民の権利や自由を制限するのに対し憲法は権力に対して向けられるもの。

B　生存権や教育を受ける権利，労働基本権など政府に一定の行動を要求する権利。

問2　違憲立法審査権はすべての裁判所が個々の裁判の過程で行使できる権利であるが，三審制の下では終審裁判所である最高裁判所が最終的な決定権を持つ。

問3　Ⅰ　アイヌ民族に関する差別撤廃を目的とするアイヌ文化振興法をさらに一歩進めた法律。

やや難　Ⅱ　「ウポポイ」とはアイヌ語で「大勢で歌うこと」という意味。

問4　国民の生命や健康に対する危険を予防するためにはある程度の規制はやむを得ない。

問5　憲法改正の国民投票や最高裁判所の国民審査，公務員の選任権なども参政権の一部である。

問6　Ⅰ　第1審に不服であれば上級の裁判所に控訴，さらに上告できる制度。　Ⅱ　札幌・仙台・東京・名古屋・大阪・高松・広島・福岡に設置。

問7　現在の法律の下では安楽死に関与した医師には殺人罪が適用される。

4　**(日本と世界の歴史ー古代～近世の政治・経済史など)**

重要　問1　1班　豊臣秀吉の頃から盛んに東南アジアに進出。　2班　足利義満が「臣源」と称して明に朝貢。　3班　宋銭の輸入は貨幣の流通に貢献。　4班　南から来た野蛮人との交易という意味。

問2　南蛮人は中国の生糸などを日本に持ち込む中継ぎ貿易で利益を上げた。

問3　徳川家康は貿易による利益に注目し積極的に朱印船貿易を推進した。

問4　倭寇に苦しめられた明は3代将軍足利義満にその取り締まりと朝貢を求めた。

問5　10世紀前半に新羅に代って朝鮮半島を統一した国家。13世紀には元の属国となって日本にも来寇，その後倭寇に苦しめられ李氏朝鮮によって滅ぼされた。

問6　風や潮流の影響を受けにくく古代から利用されてきた港。中世以降は兵庫の津と呼ばれた。

問7　ポルトガルやスペイン，オランダなどが地球的規模で商業活動を行った時代。

5　**(日本と世界の歴史ー近代の政治・外交史など)**

問1　A　犬養毅首相が殺害された五・一五事件。　B　満州撤退決議に背を向けて連盟を脱退。

問2　長引く不況の中，昭和維新をスローガンに天皇親政を目指す国家革新の運動。

問3　1932年，清の最後の皇帝・溥儀《ふぎ》を執政として建国された日本の傀儡《かいらい》国家。

問4　満州とは中国東北部の遼寧《りょうねい》・吉林《きつりん》・黒竜江省の東北3省を指す言葉。

問5　第1次世界大戦後の戦後恐慌から続く一連の不況(昭和恐慌)に対し日本は中国大陸への進出で乗り切ろうと決意，当時満州は日本の生命線といわれた。

やや難　問6　共産勢力に対抗しソ連を仮想敵国とする秘密協定もあった条約。

問7　1934年に総統に就任，ドイツのファシズム体制を確立した政治家。

問8　1937年，日本軍の夜間演習中に日中両軍が衝突，泥沼の長期戦のきっかけとなった。

問9　近衛内閣は支那事変と表明したが宣戦布告がないまま全面戦争へと拡大していった。

★ワンポイントアドバイス★

時事問題などの現代社会に関する出題も多い。日ごろからニュースなどに注意を払うとともに，わからない言葉などについては必ず自分で調べる習慣をつけよう。

＜国語解答＞

一　問一　a　うった(え)　b　依存　c　にな(う)　d　供給　問二　A　ウ　B　イ　C　ア　問三　先進国及び～ていること　問四　温暖化を促進させてきた国々や世代が，自らの責任として温暖化対策に取り組むこと。[温暖化を促進してきた側が，温室効果ガス排出削減や温暖化の進行を食い止めるための中心的な役割を担うこと。]　問五　ア　問六　エ　問七　ウ

二　問一　エ　問二　イ　問三　二人の会う機会が多くなると自然と生まれてくる親しさ。　問四　エ　問五　Ⅰ　ひがみ　Ⅱ　卑劣

三 問一 Ⅰ ばけ物[大入道] Ⅱ からかさ[からかさのかしら] 問二 2 ようよう 3 はずかし 問三 両腰 問四 ① (年久しき)石仏 ② ウ 問五 ウ

四 問一 1 指定のごみ袋 2 一般家庭 3 手数料 4 収集日
問二 ① ウ，ク ② イ，オ

○推定配点○

一 問一・問二 各2点×7 問四 6点 問六 3点 他 各4点×3 二 問一 2点 問三 6点 問四 4点 他 各3点×3 三 問一・問二 各2点×4 他 各4点×4 四 問一 各2点×4 問二 各3点×4 計100点

＜国語解説＞

一 （論説文－漢字の読み書き，接続語の問題，文脈把握，内容吟味）

問一 a ここでの「訴え」とは，「同情などを期待して，不満などを主張すること，またはその内容」という意味。「訴える」にはほかにも「裁判所などに申し出る，感情や感覚に働きかける」などさまざまな意味がある。 b 「依存」とは，もともとは「いそん」と読み，「他に頼ること」。 c 「担う」とは，もともとは「肩に支え持って運ぶ」という意味であり，転じて「あることを自分の責任として負担すること」。 d 「供給」とは，「必要に応じて物を与えること」，または「販売のために商品を市場に出すこと」。後者の意味の場合，対義語は「需要」。

基本 問二 A 空欄Aの直前では個人の取り組みを「とても大切なことです」と肯定的に述べているが，直後では「個人の努力だけでは不十分です」と否定的な側面について述べているため，付け加えておきたい反対の情報を述べるウ「ただ」が適当。 B 空欄B直前の「現在の社会・経済のシステム自体が環境に良くない」ということが直後の「個人の行動だけでなく，…大切です」の根拠となっていることから，イ「だから」が適当。 C 空欄C直前の「農業や工業には大量の水が使われています」について，直後のハンバーガーがその具体例となっているため，ア「例えば」が適当。

問三 文章Ⅱ第二段落に「温暖化が進行する最大の原因は，」とあるので，それ以降の内容が適当。「どのようなことか」という問われ方なので，「～こと」で終わる部分を抜き出す。

重要 問四 「気候正義」については，傍線部2直後の「気候正義とは何か。わかりやすく言うならば，…とも言えるでしょう。」とあるので，まずはそこの「温暖化を促進させてきた…取り組むこと」という部分の記述は必須。あるいは，さらに詳しく説明するためには，「温暖化を促進してきた国々」と「温暖化対策」のそれぞれを具体化する必要がある。すると，文章Ⅱ第二段落に再び「気候正義」という語が出てきており，そこでは「温暖化を促進してきた…求められています」とあるため，「温暖化対策」とは例えば温室効果ガス削減のような取り組みであることがわかる。また，「温暖化を促進してきた国々」については同じく文章Ⅱ第二段落に「「温暖化が進行する最大の原因は，…」とあり，そこで「先進国及び中国などの新興国が…大量消費していること」と指摘されているので，「先進国及び中国などの新興国」のことだとわかる。

問五 文章Ⅲ第一段落に，私たちの生活をより持続可能なものとするために「化石燃料を使うことをやめ，…見直さなくてはいけません。」とあるので，つまり現在は化石燃料を使い，大量生産，大量廃棄をしているから持続可能とは言えない状態だと考えられる。 イは人口に限定している点が誤り。 ウは今の状態で持続可能としていることが誤り。 エは「再生可能エネルギー」にまで言及している点が誤り。説明すべきは「地球が3つ必要になる」ということだけなので，3つ必要になるのはなぜかということにのみ答える必要がある。また，「3つ分の資源でも…維持できなくなる」のであれば「地球が3つ必要になる」という表現にはならない。

やや難 問六　傍線部4の「環境に大きな負荷がかかるライフスタイルを見直し」から，環境に負荷がかかるものは除外しなければならない。アの「化石燃料」については文章Ⅲ第一段落で使うことをやめることが必要とされているため誤り。これは2020年からのレジ袋有料化の流れからも推測できるとよい。　イの「ポリエステル」は石油から作られる素材である。したがってアと同様「化石燃料」に該当するため誤り。　ウの「電気で動く」は文章Ⅰに「テレビ」「冷暖房」など明らかに電気を使うものについて「環境に負担をかけています」としているので誤り。

問七　ウは「新興国こそが」としている点が誤り。文章Ⅱ第二段落によれば，温暖化が進行する原因は「先進国および中国などの新興国」にあるので，新興国だけでなく先進国も取り組んでいく必要があると言える。

二 （小説―慣用句，語句の意味，文脈把握，情景・心情，脱文・脱語補充）

やや難 問一　姉は健吉に澄子さんがいないことを告げたうえで「お気の毒さま……」と付け加えている。つまり，健吉が澄子さんに好意を持っていることを悟ったうえで会えないことを哀れんでいるのである。それに対して，健吉は「馬鹿な」と発言しており，少しあとで「僕は別に何とも思ってやしないんですから」と本心とは違うことを言っているので，姉に澄子さんに対する好意を悟られてうろたえたと考えられる。したがって，恥ずかしさを感じたときなどの表現であるエ「赤くなって」が適当。

問二　傍線部1直後の「誰とでもすぐ…仲がよくってよ。」をふまえると，澄子さんは異性である健次とでも気兼ねなく仲良くできるということ，また姉が健吉の澄子さんに対する好意を確信したうえで話していることも考えると，イが適当。

重要 問三　傍線部2直前の「弟はいつも家にいるし，…位置の上からのみ生じた」をもとに解答する。つまり，単純に会う機会が多いからというだけの親しさであることをおさえておく必要がある。そのうえで，「何でもない」とは，会う機会が多いから親しくなるのは「自然」であるなど，どのように「何でもない」としているのかという点も記述できているとよい。

問四　エの「弟は何も言わなかった」が不適当。健次は「ほんとに何でもない事なんですよ。」と返答している。

問五　Ⅰは「実際弟と澄子さんとは，…思い返していた。」から，健吉は健次と澄子さんの親しさについて「自分のひがみ」だと思うことで納得しようとしていたことがわかるため，この部分の「ひがみ」が適当。　Ⅱは傍線部4直前に「嫉妬に伴う自らの卑劣さを意識した」とあるので，この部分の「卑劣」が適当。「嫉妬」はあくまでも感情の種類であるが，「卑劣」は行動の質を指す言葉である。

三 （古文―文脈把握，仮名遣い，指示語の問題，口語訳，内容吟味）

〈口語訳〉　おなじ京都の坂元町に，牢人がいたのだが，よそへ出かけて，夜がふけてから帰ったときに，雨が少し降って，また晴れた。(牢人は)からかさをかついで，横町の小門を通ったときに，門の上の鴨居に，からかさがぴったりとくっついてしまった。(牢人は)不思議に思って，(からかさを)引けども引けども離れない。やっとのことで引き抜いて，家に帰って見たところ，からかさの頭のところを，まるごとはぎ取られていた。牢人は，「不愉快な事だな。化物にからかさをとられてしまったよ，と人に笑われるのも恥ずかしい。もう一度(小門へ)行って，ためしてやろう」と思って，刀を腰に付けて，横に構えて行ったところ，なぜだかわからないが，身長が九尺(2.7m)ほどの大入道が出てきて，(牢人の)腕をつかんでひねり上げ，両腰をひっぱり，突き飛ばして，消えるようにいなくなってしまった。牢人は，両腰をひっぱられ，力を失って家に帰り，病気がちになり，三十日ほど伏してしまった。その夜の明け方，横町の水筒桶の上に，十文字にして，かさが乗せてあった。その後も，たびたび不思議なことがあったのだが，水桶の下に，古い石仏を敷いて置いてあった(のに気づいた)ので，きっとこれの仕業だということで，掘り起こして聞名寺に(石仏を)お送りした。それから後は何事もなかった，と，嶋弥左衛門は物語ったのであった。

問一　傍線部1は，小門の鴨居にからかさがぴったりとくっついてしまったということであるが，この次の段落で牢人が小門で大入道と出会っており，つまり「大入道」がその長身で「からかさのかしら」を上からつかんでいたからくっついて離れなかったのだと考えられる。

基本　問二　2　古典的仮名遣いでは，「au」の音を持つものは「ou」と読む。　3　古典的仮名遣いでは，「づ・ぢ」はそれぞれ「ず・じ」と読む。

やや難　問三　ヒントは「十もんじにして」，つまり縦横に交わった形にして乗せてあったということであるが，そのような形にできるものは，牢人が両腰につけていた「刀」と「わきざし」である。したがって，二文字で抜き出すならば「両腰」となる。「わきざし」とは，日本刀よりも少し短い刀のこと。

重要　問四　①「此」は指示語なので，前出のものから指示内容を特定する。「さだめて，此のわざにや」とは，牢人が体験した不思議なことや，水筒桶の上に十文字でかさが置かれていたこと，またその他に「たびたび」あった「あやしき事」についてである。通常考えられないような怪奇現象が起きているということだが，そのようなことができるのは「石仏」のように人間離れした力を宿していると思われるものだと考えられる。　②「わざ」とは種々の怪奇現象を指した言葉なので，ア・イは不適当。エも，「神業」はどちらかというとありがたいことに使われるため不適当。種々の怪奇現象は「あやしき事」とされており，ネガティブなイメージを持たれていたと考えられる。

問五　ア「降りしきる雨の中」が誤り。「雨，すこし降りて，又晴れたり。」から，牢人のかさが離れなくなったのは雨が降ったあとに晴れたときのことである。　イ「からかさを取り返しに」が誤り。「やうやう引きとりて」から，牢人はからかさを奪い返していることがわかる。　エ「念仏を唱えるなどして」が誤り。聞名寺に送ったことは記述されているが，念仏については本文中に記述がない。

四　（資料の読み取り）

問一　1と2は「大型ごみ」についての記載がある，資料の1.をもとに解答する。「大型ごみとは，…もののことをいいます。」とあるため，1は「指定のごみ袋」，2は「一般家庭」が適当。「排出される」は「出される」と同じ意味。　3は処理券についての記載がある資料の3.をもとに解答する。処理券の購入について，「手数料として…処理券(手数料受領シール)を購入し」とあるので，3は「手数料」が適当。　4は直後の「決められた時間までに指定の場所に出す」ことに関する記載のある資料の4.をもとに解答する。指定の場所に出す場合は「(1)収集の場合」なので，4は「収集日」が適当。

問二　①はまず「スキー」の手数料が400円であることを資料3.の表から確認しておく。資料3.には「1枚200円の処理券」とあるので，処理券は2枚必要である。この時点で，処理券を「1枚」としているオ・キは除外される。次に，「明日の金曜日に収集」ということから，「持ち込む」としているア・イ・カも除外される。資料の4.によれば，「持ち込み」と「収集」は別である。さらに，資料の2.に「大型ごみ受付センターに前日までに…指定の場所に出す方法」とあり，これが「収集」を指すため，金曜日の前日である木曜日に電話をかける必要がある。よってウ・クが適当。②はまず「扇風機」の手数料が200円であることを資料3.の表から確認しておく。処理券は1枚あればよいため，この時点で，処理券を「2枚」としているカ・クは除外される。次に，「明日の木曜日に持ち込み」ということから，「電話をかける」としているウ・エも除外される。資料の2.

によれば，「持ち込みをされる場合は，事前の申し込みは不要」である。さらに，資料の4.に持ち込みの場合は火曜日と木曜日に出すことができると記載があるので，イ・オが適当。

★ワンポイントアドバイス★

論説文は，時事的な背景も意識しながら，筆者の主張をとらえよう。小説は，心内表現を丁寧に読み取り，登場人物の心情を把握しよう。古文は，作品全体の内容をつかもう。古文単語の知識も大切だ。資料の読み取りは，印をつけるなどして自分なりに整理しつつ行おう。

2020年度

★★★★★★★★★★★★★★★★★★★★★★★★

入　試　問　題

2020年度

札幌北斗高等学校入試問題

【数　学】（45分）　　＜満点：100点＞

1　次の計算をしなさい。

(1)　$18+(-32)$

(2)　$(-6)^2\div 4$

(3)　$\dfrac{x-y}{4}-\dfrac{x+y}{2}$

(4)　$4\sqrt{3}+\sqrt{27}-5\sqrt{3}$

2　$x=-3$ のとき，x^2+5x の値を求めなさい。

3　次の式を展開しなさい。
$(3x-2)(x+5)$

4　次の式を因数分解しなさい。

(1)　$x^2-7x-18$

(2)　x^3-4x

5　次の方程式を解きなさい。

(1)　$x-8=-3x$

(2)　$\begin{cases} \dfrac{2}{5}x+\dfrac{3}{4}y=9 \\ \dfrac{x}{3}-\dfrac{y}{2}=3 \end{cases}$

(3)　$2x^2-12x+18=0$

6　ある円の半径を3cm長くした円の円周の長さは，もとの円の円周の長さの$\dfrac{3}{2}$倍になりました。このとき，もとの円の半径を求めなさい。

7　袋の中に300本のくじが入っています。袋から無作為に15本を抽出したところ，当たりくじが3本ありました。この袋にはおよそ何本の当たりくじが入っていたと考えられるか答えなさい。

8　次のページの図のように，四角形ABCDは長方形であり，△ACEは CA＝CE の二等辺三角形とします。線分BDと線分CEの交点をFとし，∠ACB＝38°，∠BFE＝92° であるとき，∠xの大きさを求めなさい。

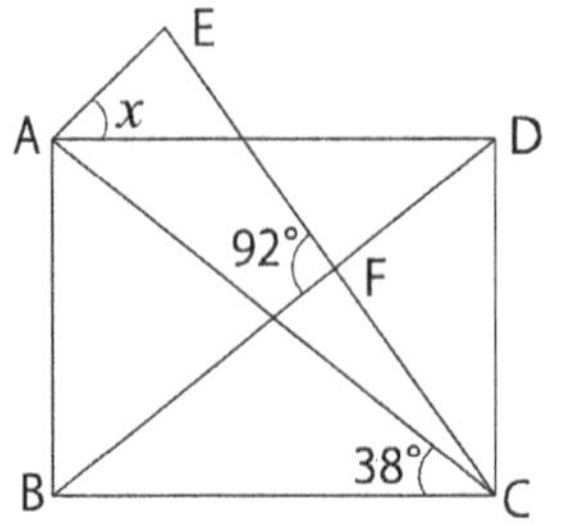

9　右の図のように，関数 $y=\frac{1}{2}x$…①，$y=-x+2$…② のグラフがあります。この２つのグラフの交点をＡとし，関数②のグラフと，x 軸，y 軸との交点をそれぞれＢ，Ｃとするとき，次の問いに答えなさい。ただし，座標軸の１目盛りを１㎝とします。

⑴　点Ａの座標を求めなさい。

⑵　△OABの面積は△OACの面積の何倍か答えなさい。

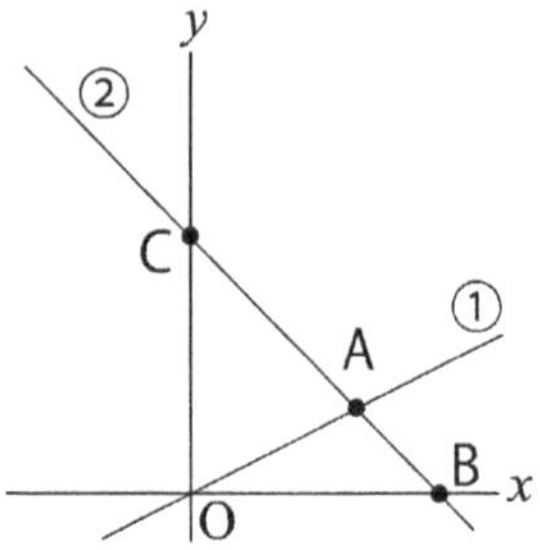

10　次のような規則で数字の書かれたます目が並んでいます。それぞれのます目の四隅《よすみ》（左上，右上，左下，右下の角《かど》）の数字に着目して，次の問いに答えなさい。
ただし，１番目のます目の四隅の数字は，すべて１とします。

⑴　x 番目のます目の右下の数字を y とするとき，y を x の式で表しなさい。

⑵　30番目のます目において，四隅の各数字の和を求めなさい。

1番目

①

2番目

①	②
③	④

3番目

①	2	③
4	5	6
⑦	8	⑨

4番目

①	2	3	④
5	6	7	8
9	10	11	12
⑬	14	15	⑯

5番目

①	2	3	4	⑤
6	7	8	9	10
11	12	13	14	15
16	17	18	19	20
㉑	22	23	24	㉕

11　右の図のように，$y=ax^2$…① のグラフがあります。また，原点Ｏを出発し，毎秒１㎝の速さで y 軸上を点Ａ（０，20）に向かって動く点Ｐがあります。
このとき，次の問いに答えなさい。ただし，座標軸の１目盛りを１㎝とします。

⑴　①が点Ｂ（－４，8）を通るとき，a の値を求めなさい。

⑵　△OPBが OP＝OB 以外の二等辺三角形になるのは，点Ｐが原点Ｏを出発してから何秒後かすべて答えなさい。ただし，この問題は答えだけではなく，計算の過程も書きなさい。

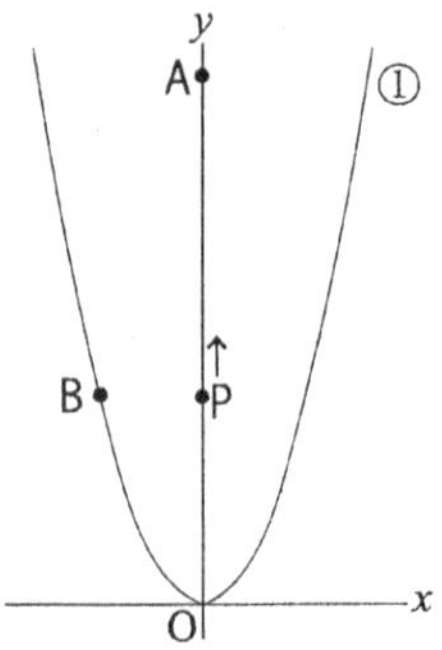

【英　語】（45分）　＜満点：100点＞

1　次の英文は，北海道旅行を計画しているカナダ人カップル（Ana / Dean）が地元の旅行代理店を訪れ，店員（Clerk）と旅行の相談をしている会話文である。英文を読んで後の問いに答えなさい。

Clerk : Good morning. May I help you?

Ana : Yes. We want to visit Hokkaido next year for our honeymoon, but we don't know anything about the area. Could you give us some information?

Clerk : Sure. Please have a seat. Look at this map. Hokkaido is one of the four main islands in Japan. It is known for cold winters and mild summers. You can't enjoy such seasons in different parts of Japan. Do you play any sports?

Dean : Oh, yes. We like skiing, and go for camping every summer.

Clerk : Great! Hokkaido is a paradise for the people who love outdoor sports and events. In winter, skiers and snowboarders go to Niseko area. It is one of the most popular places for winter sports. In summer, you will have a chance to do hiking, cycling, and camping there.

Ana : Wow. Hokkaido is a (①) paradise for us, (a)(b)? Well... I think this city, here — Sapporo — is the biggest city in Hokkaido.

Clerk : That's right. Sapporo is a big city. About two million people are living there.

Dean : ②Please tell【to / the city / enjoy / us / how】.

Clerk : OK. First, take a walk to Sapporo Clock Tower. If you are not sure where this place is, use your smartphone. Well, here are some pictures of the tower.

Ana : Oh, nice building. When was it built?

Clerk : In 1878. You know, it is the ③(old) clock tower in Japan. Now it is used as a small museum.

Dean : All right. Where should we go next?

Clerk : Nijo Market. It's not far from the Clock Tower. If you want to see local fish and seafood, it is the best place to visit. And don't forget to eat Sapporo miso ramen there! The ramen shop "Suzuran" in Nijo Market is very famous among travelers to Hokkaido.

Ana : Ramen! Japanese people love ramen, don't they? I want to try it on my trip! OK. First, we want to enjoy skiing in Niseko area. Could you find a good hotel to stay for two nights? After that, we will visit Sapporo.

Dean : You know, we need some information about other cities in Hokkaido, too.

Clerk : All right. Here are some books about Hokkaido. You can take ④them.

Dean : Good. We'll come again to talk with you next week. Thank you for your advice.

Clerk : [⑤]

（注） honeymoon：新婚旅行　mild：温暖な，穏やかな　paradise：楽園，絶好の場所　fan：ファン
Sapporo Clock Tower：札幌時計台　Nijo Market：二条市場　local：地元の

問１　下線部（①）に入る最も適切な語を次の中から１つ選び，記号で答えなさい。

ア　black　　イ　cold　　ウ　real　　エ　short

問２　（ａ）（ｂ）に入る最も適切な語をそれぞれ答えなさい。

問３　下線部②が「どのようにしてその街を楽しんだら良いか教えてください。」という意味になるように，【　】内の語句を並べかえなさい。

問４　下線部③の語を正しい形に直しなさい。

問５　下線部④が示す内容を10字以内の日本語で答えなさい。

問６　本文の内容に合うものを次の中から２つ選び，記号で答えなさい。

ア　Ana と Dean は以前北海道に来たことかあり，味噌ラーメンを食べた。

イ　Dean は毎年夏にはキャンプをする。

ウ　ニセコ地域では冬でもハイキングができる場所がある。

エ　Clerk が勧めたラーメン屋は時計台の中にある。

オ　Ana と Dean は札幌で２泊した後，ニセコでスキーをする予定である。

カ　Ana と Dean は家でも北海道旅行の情報を収集する予定である。

問７　空欄⑤に入る最も適切な英文を会話の流れから考えて，英文１文で答えなさい。

[2] 札幌の高校生エリカがフィリピン人の友だちマリアに送った次のＥメールを読んで，後の問いに答えなさい。

From: Erika Sato < erika-s@hokuto.net.jp >
To: Maria Gonzales < m-gonzales@starnet.com >
Date: August 15, 2019
Subject: Stay in Hawaii

Hi, Maria,

How have you been? I'm in Hawaii! My dream has come true. Studying abroad has been my dream since I was little. I came here to study English at University of Hawaii just a month ago. ①I was very nervous for the first two days because this is my first trip abroad. But now I'm having a wonderful time with help of my host family.

I think Hawaii is the best place for Japanese to study English. The first reason is that Hawaii has a fine climate all year round. There are really only two seasons in Hawaii: summer from May to October and winter from November to April. In summer we have sunny days almost every day and little rain. The temperature here in Honolulu is higher than that in Sapporo, but I feel (②) in the wind blowing from the sea. We can enjoy swimming in the sea even in winter.

The second reason is that there are so many different kinds of people in Hawaii — Americans, Japanese, Chinese and so on. And they live in peace together. 13.6 percent of all the people living in Hawaii are Japanese. Do you know why so many Japanese live in Hawaii? In 1868, 150 Japanese poor farmers arrived at Hawaii to work on the sugarcane plantation. At first they thought that they would return to Japan after several years with much money. But ③their lives in Hawaii were so hard that they couldn't get enough money to go back. My host mother is also Japanese. She can speak both English and Japanese, so she always helps my homework by checking and correcting my English.

The third reason is that Hawaii is similar to Japan on some points. I'll show you some. Hawaiian people live longer until the age of 81 on average. There are high mountains such as Mauna Kea and Mauna Loa, and it snows there in winter. Also we can enjoy seeing active volcanoes. If we buy something at stores and don't have any bags, we need to buy a plastic bag for 15 cents. It is more expensive than that in Japan. But most Hawaiian people think it is important to protect plants and animals. I heard Hawaiian government decided to change all fossil fuels to clean energy like wind power and solar power by 2045.

I'll write about my school life in the next e-mail soon.

Your friend,
Erika

（注） University：大学　　and so on：～など　　sugarcane：サトウキビ
plantation：プランテーション（大農園）　　on average：平均して
Mauna Kea：マウナケア（ハワイ島にある山。標高4205m）
Mauna Loa：マウナロア（ハワイ島にある山。標高4169m）　　government：政府

問１　エリカは何月何日にハワイに来ましたか。日本語で答えなさい。

問２　下線部①のように感じた理由を日本語で説明しなさい。

問３　下線部（②）に入る最も適切な語を次のページの中から１つ選び，記号で答えなさい。

ア hotter　イ worse　ウ darker　エ cooler

問４　下線部③を日本語に直しなさい。

問５　ハワイと日本の類似点についてまとめた次の文の（　）内に，英文に沿って適切な日本語を入れなさい。

・日本もハワイも（　１　）が80歳以上である。

・店によっては，必要であれば（　２　）を買わなければならない。

問６　ハワイ政府が2045年までに実施すると決めたことを次の中から１つ選び，記号で答えなさい。

ア
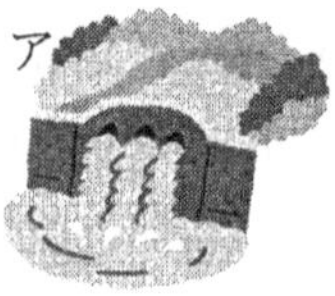
イ

ウ

エ
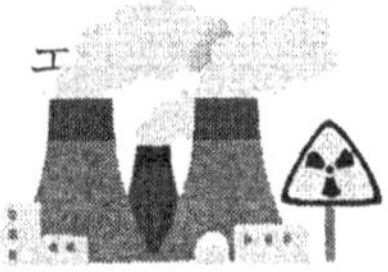

問７　本文の内容に合うものを次の中から２つ選び，記号で答えなさい。

ア　ハワイでは10月は夏季である。

イ　ハワイの夏は暑くて湿度が高い。

ウ　ハワイの人口の１割以上を日本人が占めている。

エ　1868年，戦争から逃れるために150人の日本人がハワイへ来た。

オ　ハワイに住んでいる日本人の多くは日本語が話せない。

3　次の２つのオンラインショッピングサイトを見て，後の問いに答えなさい。

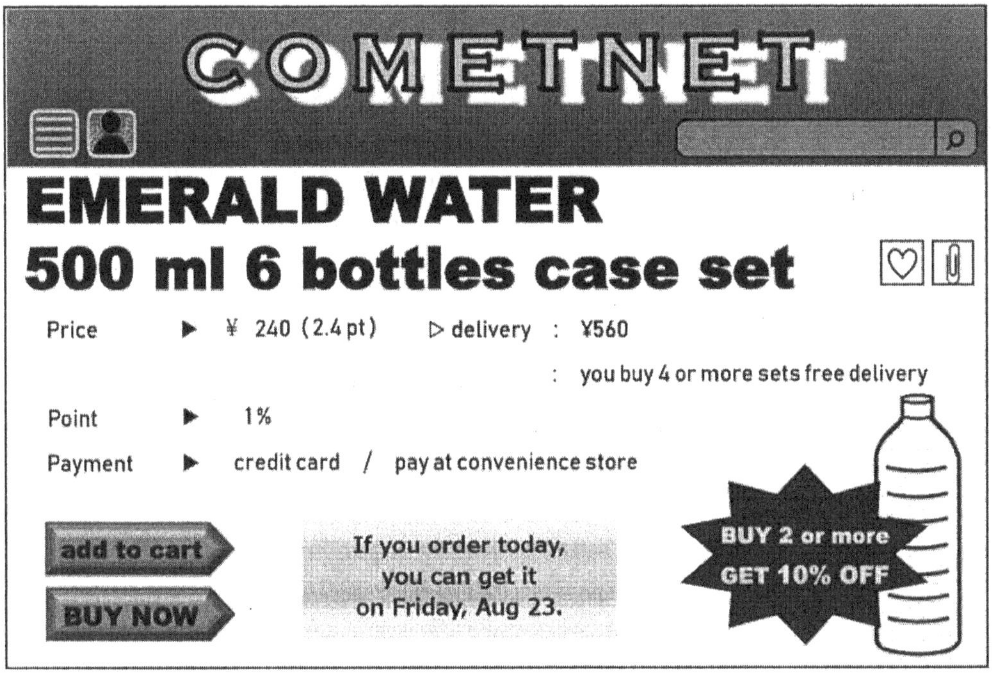

（注） payment：支払い　delivery：宅配　express-delivery fee：速達料金　result：結果
convenience store：コンビニエンスストア

問１　EMERALD WATER を 12L，いずれかのサイトで注文したい。８月10日に注文する場合，安く購入できるのはどちちのサイトか記号で答えなさい。

ア　clover online shop　　イ　COMETNET

問２　両方のサイトで利用できる支払方法を日本語で答えなさい。

問３　clover online shop で買い物をするとき，最もお得に買える日を選び，記号で答えなさい。

ア　８月21日　　イ　８月30日　　ウ　９月３日　　エ　９月27日

問４　COMETNET で EMERALD WATER を購入したところ，4.8ポイントを得た。購入したミネラルウォーターは何Ｌか答えなさい。

問５　clover online shop で商品の数を間違えて購入してしまった。返金は可能か，記号で答えなさい。

ア　返金できる　　イ　返金できない

問６　COMETNET で EMERALD WATER を 3L 購入した。送料込みでいくらか答えなさい。

4　次の英文に当てはまる最も適切なものを（　）の中からそれぞれ１つずつ選び，記号で答えなさい。

問１　The book（ア writes　イ is writing　ウ was written ）by Ryunosuke Akutagawa.

問２　Can you see the girl（ア play　イ playing　ウ played ）in the park?

問３　It's necessary（ア of　イ with　ウ for ）me to get up early.

問４　Mary learned（ア how　イ which　ウ what ）to make sushi.

問5　Dick wanted her（ア buy　イ to buy　ウ bought）the bicycle.

問6　I know the girl（ア who　イ whose　ウ which）is running.

問7　（ア What　イ How　ウ Which）many classes do you have in a week?

問8　There（ア am　イ is　ウ are）a lot of trees over there.

問9　I like baseball the（ア good　イ best　ウ better）of all sports.

問10　That song makes（ア I　イ my　ウ me）happy.

5　アクセントの位置が他と異なるものをそれぞれ1つずつ選び，記号で答えなさい。

問1　ア care-ful　イ lan-guage　ウ of-fice　エ per-form

問2　ア break-fast　イ clev-er　ウ in-vent　エ per-fect

問3　ア char-ac-ter　イ dan-ger-ous　ウ Jap-a-nese　エ med-i-cal

問4　ア al-read-y　イ hol-i-day　ウ in-ter-view　エ u-ni-form

問5　ア e-con-o-my　イ ed-u-ca-tion　ウ ex-pe-ri-ence　エ tech-nol-o-gy

6　二重線の発音が他と異なるものをそれぞれ1つずつ選び，記号で答えなさい。

問1　ア flower　イ grow　ウ show　エ window

問2　ア boxes　イ classes　ウ houses　エ knives

問3　ア theater　イ those　ウ thousand　エ throw

問4　ア face　イ late　ウ natural　エ stadium

問5　ア color　イ front　ウ month　エ only

【理　科】（45分）　＜満点：100点＞

1　タマネギの細胞を用いて，細胞分裂のようすを観察した。次の問いに答えなさい。

問１　細胞分裂を観察するのに最も適しているのはどれか，右の図の（ア）～（エ）から１つ選び，記号で答えなさい。

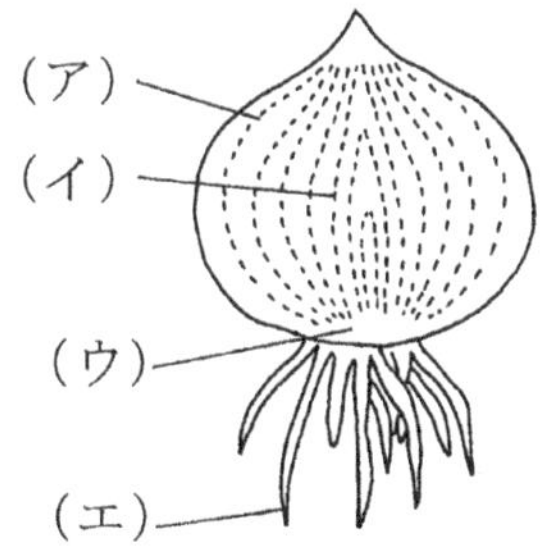

問２　顕微鏡で細胞を観察するには，あたためたうすい塩酸中に材料を数分間浸し，染色液を数滴落とし，カバーガラスをかけ，親指でゆっくりと観察する部分を押しつぶして，プレパラートを作り，低倍率から観察をはじめる。次の問いに答えなさい。

⑴　材料をうすい塩酸中に浸すのはなぜか，その理由として正しく述べられているものを次の(ア)～（エ）から１つ選び，記号で答えなさい。

（ア）細胞膜を溶かすため。

（イ）細胞どうしを離れやすくするため。

（ウ）細胞を脱色するため。

（エ）１つ１つの細胞をやわらかくするため。

⑵　観察する部分を押しつぶすのはなぜか，その理由として正しく述べられているものを次の（ア）～（エ）から１つ選び，記号で答えなさい。

（ア）細胞に刺激を与えることで，分裂を盛んにして観察しやすくするため。

（イ）細胞の内容物を外に出すことで観察しやすくするため。

（ウ）細胞が重なっているので，押し広げて観察しやすくするため。

（エ）細胞活動を止めて観察しやすくするため。

⑶　低倍率から観察をはじめるのはなぜか，その理由として正しく述べられているものを次の（ア）～（エ）から１つ選び，記号で答えなさい。

（ア）視野が広がることで，ピントが合わせやすくなるから。

（イ）視野が狭まることで，ピントが合わせやすくなるから。

（ウ）視野が広がることで，色々な細胞を見ることができるから。

（エ）視野が狭まることで，1つの細胞をしっかりと見ることができるから。

問３　細胞分裂を観察する際に使用する染色液は何か，答えなさい。

問４　問３において，染色された部分はどこか，次の（ア）～（オ）からすべて選び，記号で答えなさい。

（ア）葉緑体　（イ）核　（ウ）液胞　（エ）染色体　（オ）細胞膜

2　次の問いに答えなさい。

問１　蒸留によって，水よりも先に分離することができる物質はどれか，次の（ア）～（エ）から１つ選び，記号で答えなさい。

（ア）融点が－210℃，沸点が－196℃の物質。　（イ）融点が328℃，沸点が1749℃の物質。

（ウ）融点が－114℃，沸点が78℃の物質。　（エ）融点が63℃，沸点が390℃の物質。

問２　濃度が96％で，その密度が1.84 g/cm^3の硫酸がある。この硫酸200cm^3には純粋な硫酸が何 g

含まれているか，小数第１位を四捨五入し整数で答えなさい。

問３　二酸化マンガンにオキシドールを入れて発生した気体について正しく述べられているものを次の（ア）～（エ）からすべて選び，記号で答えなさい。

（ア）においをかいでも何のにおいもしない。

（イ）石灰水を入れ，よく振ると白くにごる。

（ウ）点火した線香を入れると激しく燃える。

（エ）蒸留水を加え，ふたをしてふり混ぜた後，ＢＴＢ溶液を少量入れると緑色になる。

問４　次の（ア）～（カ）を，ガスバーナーを操作する手順に並べかえたとき，２番目の操作にあたるのはどれか，記号で答えなさい。

（ア）元栓を開く。

（イ）ガス調節ねじを回して，炎の大きさを調節する。

（ウ）ガス調節ねじを少しずつ開く。

（エ）マッチの火をつける。

（オ）ガス調節ねじと空気調節ねじが閉まっていることを確認する。

（カ）空気調節ねじを回して，空気を調節する。

問５　水50cm^3を入れたメスシリンダーに１枚１ｇの１円硬貨54枚を入れて，目盛りを読むと70cm^3であった。１円硬貨の密度は何ｇ/cm^3か，答えなさい。

問６　うすい水酸化ナトリウム水溶液を電気分解したところ，陽極から発生した気体は何か，化学式で答えなさい。

３　次の会話文を読み，問いに答えなさい。

佐藤さん：「先生，今年の夏休みに初めて鹿児島県に行ってきました。そのとき，桜島という山を見ました。桜島って火山ですよね。」

鈴木先生：「そうです。地下にある（　①　）が地表に噴出してできたものを火山というんだよ。」

佐藤さん：「火山にはよう岩のねばりけによっていくつかのタイプがあるんですよね。桜島はどのタイプの火山なんですか？」

鈴木先生：「桜島は，富士山のように（　②　）です。長崎県の雲仙普賢岳は激しく噴火するのですが，それに比べると穏やかな噴火になるんだよね。」

佐藤さん：「そうなんですね。雲仙普賢岳は平成３年に激しく噴火して大きな災害となってしまいましたよね。」

鈴木先生：「災害といえば，平成30年に厚真町は地震によって大きな被害を受けましたね。」

佐藤さん：「あの地震は本当に怖かったです。」

鈴木先生：「胆振東部地震はマグニチュード6.7，震源の深さは37km。最大震度は震度階級で最も高い震度７で，北海道で初めて観測されました。」

佐藤さん：「マグニチュードと震度はどのように違うのですか。」

鈴木先生：「マグニチュードというのは地震の規模，震度は揺れの強さの程度を表しています。」

佐藤さん：「わかりました。この胆振東部地震は北海道全域が揺れたんですよね。」

鈴木先生：「ところで，火山や地震のような自然災害から身を守るためには，火山や地震の仕組みを知ることも大切です。また，どのような災害があるかを知っておくことも大切です。どんな災害があるか知っているかな？」

佐藤さん：「火山では，噴火によるよう岩流，高温のガスや火山灰が高速で流れ下る火砕流，それに雨などをともなう（　③　）による災害があります。また，地震では，地滑り，建造物の倒壊，また，阪神大震災では地震後の火災による大きな被害もありました。」

鈴木先生：「よく知っていますね。他にも，東日本大震災において，海底を震源とする地震にともない，（　④　）が発生した災害を忘れてはいけないですね。」

問１　文中の（①）は，さまざまな気体を溶かし込んでいるが，その中で最も多いものは何か，名称で答えなさい。

問２　文中の（②）にあてはまる会話文として正しいものを，次の（ア）～（エ）から１つ選び，記号で答えなさい。

（ア）ねばりけの小さいよう岩が，広くうすく流れるタイプ

（イ）ねばりけの小さいよう岩が，遠くまで流れないタイプ

（ウ）ねばりけの大きいよう岩が，広くうすく流れるタイプ

（エ）ねばりけの大きいよう岩が，遠くまで流れないタイプ

問３　下線部について，「激しく噴火」した場合，山頂を中心に大きくかん没してできる地形を何というか，答えなさい。

問４　文中の（③）・（④）に当てはまる語句はそれぞれ何か，（③）は漢字３文字（④）は漢字２文字で答えなさい。

問５　平たんな地表で観測したとき地震の波について正しく述べられているものを，次の（ア）～（エ）からすべて選び，記号で答えなさい。

（ア）Ｐ波もＳ波も震央で最も早く観測される。

（イ）震源で生じた断層のずれの延長方向では，他の方向にくらべてＰ波は早く到達する傾向にある。

（ウ）震央からの距離が小さくなるほど，Ｐ波とＳ波の到達時間の差は小さくなる。

（エ）マグニチュードが大きくなるほど，Ｐ波とＳ波の到達時間の差は小さくなる。

4　右の回路で，Ｅは90Ｖの電池，Ａは５Ω，Ｂは10Ω，Ｃは20Ω，Ｄは40Ωの抵抗値を持つ電熱線である。次の問いに答えなさい。

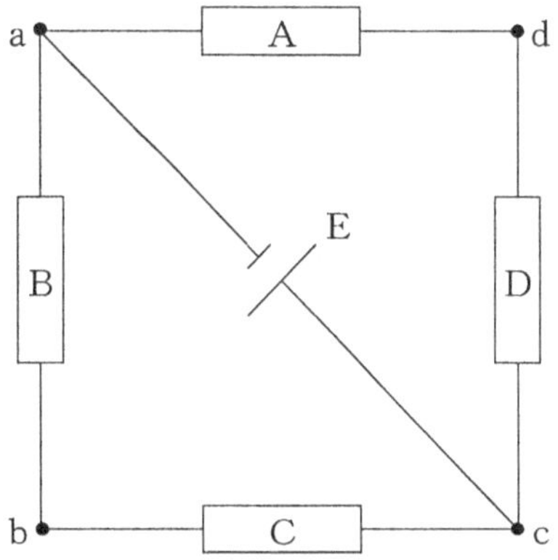

問１　電熱線Ａと電熱線Ｃは，直列および並列のどちらか，答えなさい。

問２　電熱線Ｄにかかる電圧は電熱線Ａにかかる電圧の何倍か，答えなさい。

問３　端子ｄに流れる電流は端子ｂに流れる電流の何倍か，答えなさい。

問４　端子ａと端子ｃにそれぞれ電圧計を接続したとき，電圧計は何Ｖを示していたか，答えなさい。

問５　端子ａと端子ｃにそれぞれ電流計を接続したとき，電流計は何Ａを示していたか，答えなさい。

問６　電熱線Ａの消費電力と電熱線Ｄの消費電力の比はいくらか，最も簡単な整数比で答えなさい。

5　料理でよく使う砂糖，食塩，デンプンはいずれも白い粉である。この３つの粉末を弱い火で長時間加熱したり，粉末を触ったり，味をみることで３つの物質を見分けることができる。これら以外の方法で３つの物質を区別する実験方法とその手順を答えなさい。ただし，いくつかの実験を組み合わせてもよい。

【社　会】（45分）　＜満点：100点＞

1　次の文章を読み，問いに答えなさい。

> 絵巻は，日本の絵画形式の１つで，横長の紙をつないで長大な画面を作り，情景や物語などを連続して表現したものです。絵巻は，絵画とそれを説明する詞書《ことばがき》が交互に現われるものが多いですが，絵画のみのものもあります。
>
> 奈良時代に最初の絵巻が制作され，①平安時代になると②王朝文学の物語，説話などを題材とした絵巻が制作されるようになりました。この時代の代表作である［　A　］は，やまと絵でえがかれており，細い線で表現される目や，くの字に曲がった鼻という貴族の顔の表現や，③家屋の天井や壁を省略したえがき方が特徴です。鎌倉時代には，歌仙絵巻，［　B　］を代表とする④戦記絵巻，そして寺社縁起や⑤高僧の伝記絵巻などが多く制作されました。
>
> 絵巻については，美術的価値とともに，［　C　］のように，ビジュアルの側面から歴史民俗資料（絵画資料）としての価値が注目されています。絵巻にえがかれた⑥服装・建築・食物・武器武具・調度品などは，貴重な視覚情報を私たちに提供しています。

▲【絵巻［　A　］】

▲【絵巻［　C　］】

▲【絵巻［　B　］】

問１　下線部①について，この時代の説明として正しいものを，あとの（あ）～（え）から１つ選び，記号で答えなさい。

（あ）班田収授法が実施されたが，労役や兵役の負担に苦しみ，田を捨てて逃亡する者もあらわれた。

（い）朝鮮半島や中国からの渡来人が，鍛冶や土器製作などの進んだ技術を日本にもたらした。

（う）冠位十二階や十七条の憲法が定められ，隋に使者が派遣された。

（え）藤原氏が娘を天皇の后にし，摂政・関白となり政治の実権をにぎった。

問2　下線部②について，【絵巻 A 】にえがかれたような，この時代の貴族の女性の装束（服装）を何といいますか，答えなさい。

問3　下線部③について，この時代の貴族の家屋の形式として正しいものを，下の（あ）～（え）から1つ選び，記号で答えなさい。

（あ）竪穴住居　（い）寝殿造　（う）武家造　（え）書院造

問4　下線部④について，【絵巻 B 】にえがかれたできごとの内容として**誤っているもの**を，下の（あ）～（え）から1つ選び，記号で答えなさい。

（あ）元軍は北九州を攻め，集団戦法と毒矢，火器で日本の武士を苦しめた。

（い）鎌倉幕府の執権北条時頼は，数回の元の服属要求をこばんだため，元寇がおこった。

（う）元の皇帝フビライ＝ハンは，文永の役・弘安の役と2度日本を攻めた。

（え）文永の役後，幕府は御家人たちを動員し，海岸に石塁《せきるい》を築かせた。

問5　下線部⑤について，【絵巻 C 】は，鎌倉時代に活躍した僧の生涯をえがいたものです。この僧が広めた宗派を何といいますか，答えなさい。

問6　下線部⑥について，【絵巻 C 】では，中世の庶民の生活や風俗がえがかれています。この場面では備前国（今の岡山県）福岡の市がえがかれていますが，この当時，定期市に年貢や商品を運んだ運送業者を何といいますか，答えなさい。

問7　【絵巻 A 】～【絵巻 C 】の絵巻名の組み合わせとして正しいものを，下の（あ）～（え）から1つ選び，記号で答えなさい。

（あ）A『源氏物語絵巻』　B『一遍上人絵伝』　C『蒙古襲来絵詞』

（い）A『一遍上人絵伝』　B『蒙古襲来絵詞』　C『源氏物語絵巻』

（う）A『蒙古襲来絵詞』　B『一遍上人絵伝』　C『源氏物語絵巻』

（え）A『源氏物語絵巻』　B『蒙古襲来絵詞』　C『一遍上人絵伝』

2　次の文章を読み，問いに答えなさい。

2019年5月1日，日本の元号は平成から『令和』に改元されました。1989年から始まった平成の約30年間は，大震災や社会的に大きな影響を与えた事件はありましたが，明治以後で，初めて日本が戦争をしなかった時代となりました。しかし，現在の①日本と近隣諸国との関係をみると，領土問題や歴史問題などで大きな対立点があります。その原因の1つとして，日本が過去に近隣諸国に対してとってきた動きがあげられます。

明治に入り，日本は近代化を進める中でそれまであいまいだった近隣諸国との国境を定めることにしました。1875年にはロシアとの間で樺太・ A 交換条約を結びました。しかし，朝鮮や中国大陸への影響力を強めようとする日本の動きにより，清やロシアとの関係が悪化した結果，日清戦争や日露戦争がおこりました。明治の終わりには，②不平等条約の改正や韓国併合が行われました。

1914年に第一次世界大戦が始まると，日本は中国におけるドイツの拠点であった青島を占領しました。翌年，③中国政府に二十一か条の要求を出してそのほとんどを認めさせると，日本は中国進出を本格化させました。また，ロシアで社会主義革命がおこると，革命の拡大を防ごうとアメリカなどとともに B 出兵を行いました。

昭和に入り，金融恐慌や世界恐慌によって人びとの生活が苦しくなり，社会不安が高まると，政府の信頼は失われ，軍部が台頭しました。軍部は経済を支配していた三井，三菱，住友などの C と結びつき，新たな市場を求めて中国東北部の満州へ進出しました。日本は④戦争への道を進み，1945年に D 宣言を受け入れ無条件降伏をすることで，戦争は終わりました。

戦争がおこらないようにするためには，このような歴史的事実をふまえながら，各国の文化や考え方を尊重し，友好のきずなを深めていこうとする気持ちを持つことが大切です。『令和』の時代も平成と同じように戦争のない時代になって欲しいものです。

問１　文中 A ～ D にあてはまる語句を，それぞれ答えなさい。

問２　下線部①について，第二次世界大戦後，近隣諸国との間で徐々に国交が正常化されていきましたが，下の（あ）～（え）について，古いものから順番に並べかえたときに**２番目**になるものは何ですか，下の（あ）～（え）から１つ選び，記号で答えなさい。

（あ）日中共同声明　（い）サンフランシスコ平和条約　（う）日韓基本条約

（え）日ソ共同宣言

問３　下線部②について，1911年に欧米諸国との条約改正により，関税自主権が回復し，不平等条約は撤廃されましたが，この時の外務大臣は誰ですか，答えなさい。

問４　下線部③について，当時の中華民国をひきいていた人物は誰ですか，下の（あ）～（え）から１つ選び，記号で答えなさい。

（あ）袁世凱　（い）孫文　（う）毛沢東　（え）蔣介石

問５　下線部④について，1930年代の日本に関係するできごとの順番として正しいものを，下の（あ）～（え）から１つ選び，記号で答えなさい。

（あ）二・二六事件→日中戦争始まる→満州国建国→国際連盟脱退→国家総動員法制定

（い）満州国建国→国際連盟脱退→二・二六事件→日中戦争始まる→国家総動員法制定

（う）国家総動員法制定→満州国建国→国際連盟脱退→二・二六事件→日中戦争始まる

（え）二・二六事件→国家総動員法制定→満州国建国→日中戦争始まる→国際連盟脱退

3　世界の自然・気候・産業について，次のページの【地図１】を見て，問いに答えなさい。

問１　地図中の Aの地域では，熱帯地域の先住民によって，山林や原野などを焼いて，その灰を肥料として作物を育てる伝統的な農業が実施されています。この農業を何といいますか，答えなさい。

問２　地図中の Bの地域は，雨季と乾季がはっきりとしており，大型の野生動物が生息し，低木がまばらに生える草原が広がっています。このような地域を何といいますか，答えなさい。

問３　地図中の Cの地域では，遊牧民が【図１】のようなテントで，家畜とともに生活をしています。この地域に生えている丈の短い草の草原を何といいますか，答えなさい。

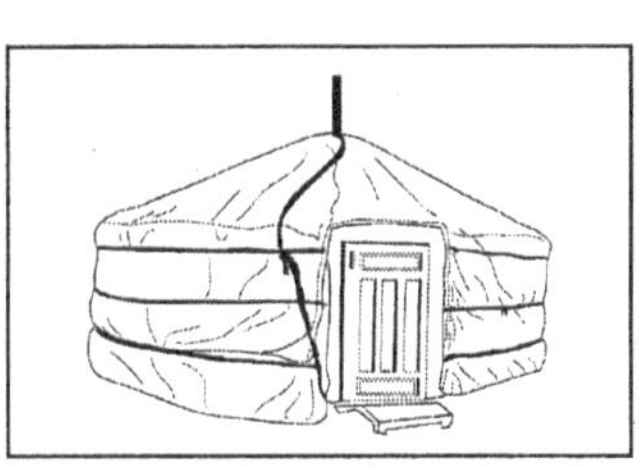

【図１】

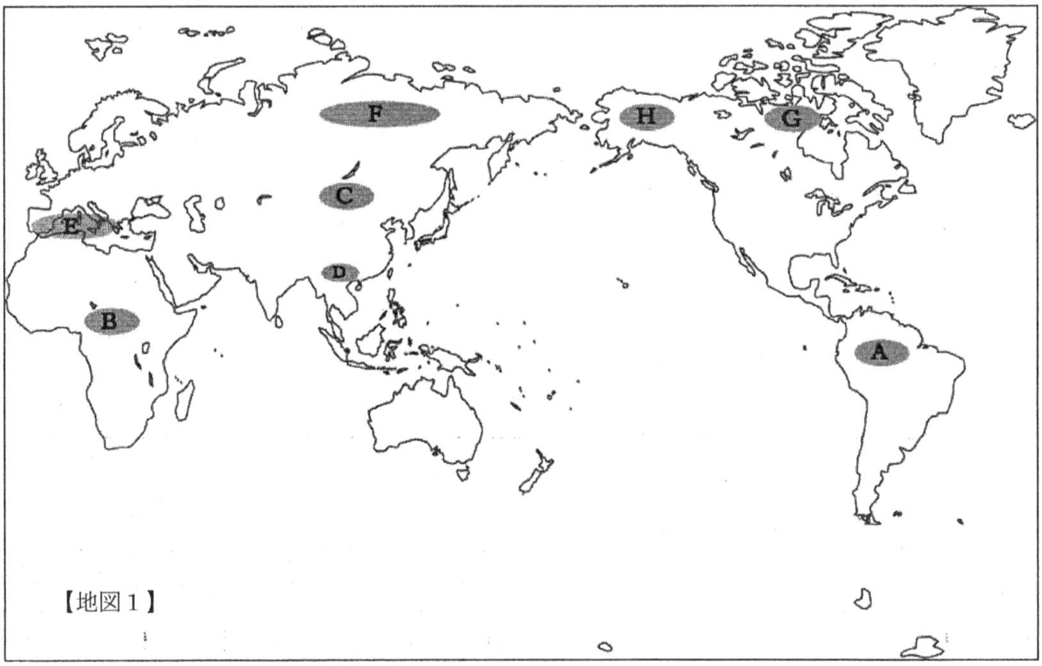

【地図１】

問４　地図中の　Ｄの地域では，季節によって風向きが逆になります。この風を何といいますか，答えなさい。

問５　地図中の　Ｅの地域は，夏に乾燥し，冬に雨が降る気候です。この地域で主に栽培されている農作物として**誤っているもの**を，下の（あ）～（え）から１つ選び，記号で答えなさい。

（あ）カカオ

（い）レモン

（う）小麦

（え）オリーブ

問６　地図中の　Ｆの地域では，針葉樹林帯が広がっています。この樹林帯を何といいますか，答えなさい。

問７　地図中の　Ｇの地域では，凍った地面が夏の期間だけとけて，コケ類などの植物が生えます。この地域を何といいますか，**カタカナ４字**で答えなさい。

問８　地図中の　Ｈの地域で，【図２】のような家を作ったり，狩猟・漁労を行い生活をしている北アメリカの先住民を何といいますか，答えなさい。

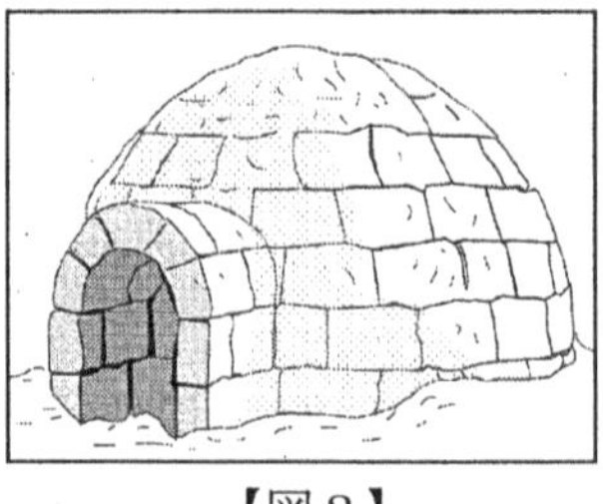

【図２】

4　中国・四国・近畿地方について，【地図２】を見て，問いに答えなさい。

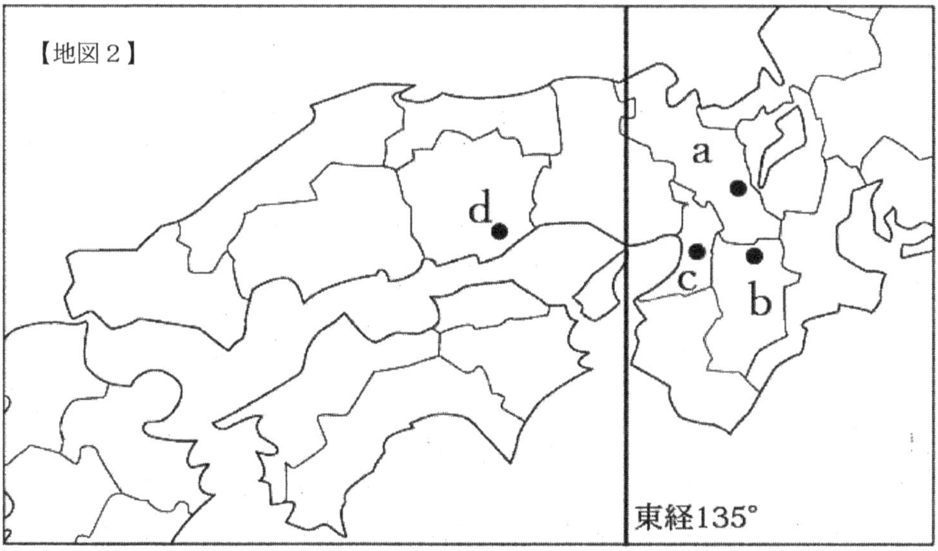

問１　下の表は，地図中にある５府県の統計を示したものです。表から読みとれる説明として**誤っているもの**を，次の（あ）～（か）から**２つ**選び，記号で答えなさい。

	人口（万人）	面積（k㎡）	老年人口率（%）	漁業生産量（千ｔ）	第一次産業就業者の割合（%）	農業産出額（億円）
大阪府	886	1,905	26.2	19	0.6	353
和歌山県	98	4,725	30.9	26	9.0	1,116
島根県	69	6,708	32.6	114	8.0	629
広島県	285	8,480	27.8	117	3.2	1,238
香川県	99	1,877	29.6	43	5.4	898

〔平成２９年　全国都道府県市区町村別面積調，平成２８年産　作物統計　ほか〕

（あ）人口密度は，大阪府が５府県の中で１番高い。
（い）和歌山県と香川県では，香川県のほうが人口密度が高い。
（う）和歌山県は，第一次産業就業者の割合が５府県の中で１番高く，人口１人当たりの農業産出額は広島県より多い。
（え）高齢化が進んでいる島根県では，人口の過密化が深刻な問題となっている。
（お）人口１人当たりの漁業生産量は，広島県が１番多い。
（か）老年人口の数は，大阪府が５府県の中で１番多い。

問２　2019年７月に世界遺産に登録された「百舌鳥《もず》・古市《ふるいち》古墳群」がある場所として正しいものを，地図中の●ａ～ｄから１つ選び，記号で答えなさい。

問３　高知県でさかんな，温室やビニルハウスなどを利用して，出荷時期をずらして早めに野菜や草花を栽培することを何といいますか，**漢字４字**で答えなさい。

問４　次のページの文章は時差について述べたものです。［Ａ］・［Ｂ］にあてはまる語句・数字をそれぞれ答えなさい。また，［Ｃ］にあてはまる日時として正しいものを，次のページの（あ）

～（え）から１つ選び，記号で答えなさい。

> 地球は１日に１回転します。360度を24時間で割ると，1時間につき経度15度分回転することがわかります。ある地点から西に向かって移動する場合，経度15度分につき１時間ずつ時刻は遅れていきます。地図中の経線は，兵庫県 [A] 市を通過する東経135度線を示しており，日本の標準時を定めています。つまり，日本と本初子午線が通過するイギリスのロンドンとは，[B] 時間の時差があります。
> また，180度の子午線を基準として日付変更線を決め，この線を西から東へ越える場合は日付を遅らせ，東から西へ越える場合は１日進めることになっています。たとえば，日本が２月18日午後１時の時，西経75度に位置するニューヨークは [C] ということになります。

（あ）２月17日午後11時　（い）２月18日午前２時
（う）２月18日午後９時　（え）２月19日午前10時

5 あるクラスでは，公民の時間に班ごとで授業の内容についての資料を作成しました。次の問いに答えなさい。

	内　容
１班	2018年６月13日，民法の成年年齢を20歳から18歳に引き下げることなどを内容とする①民法の一部を改正する法律が成立しました。これにより，②成年年齢が2022年４月から18歳に引き下げられることになりました。
２班	国民が理解しやすい③裁判を実現するために，④裁判員制度が導入されています。
３班	⑤自衛隊の災害に対する行動としては，「災害派遣」，「地震防災派遣」，「原子力災害派遣」の３種類があります。これをもとに自衛隊は，自然災害をはじめとする各種災害の発生時に，⑥地方公共団体などと連携・協力し，さまざまな活動を行っています。
４班	2019年４月７日に行われた統一地方選挙において，鈴木直道氏が⑦北海道知事に当選しました。就任後には，秋元克広⑧札幌市長と懇談し，北海道と札幌市がさまざまな分野で連携していくことを確認しました。

問１　下線部①について，日本で法律を制定する機関について，日本国憲法第41条では次のように記されています。[A]・[B] にあてはまる語句をそれぞれ答えなさい。

> [A] は，国権の最高機関であって，国の唯一の [B] 機関である。

問２　下線部②について，成年年齢の引き下げにより，18歳からできるようになることとして正しいものを，下の（あ）～（え）から**２つ**選び，記号で答えなさい。

（あ）飲酒・喫煙　（い）クレジットカードをつくる
（う）大型自動車免許の取得　（え）携帯電話の契約

問３　下線部③について，国や地方公共団体などがおこした被害や権利の侵害に対して，その行為の取り消しや賠償を求める裁判を何といいますか，答えなさい。

問４　下線部④について，その内容として正しいものを，下の（あ）～（え）から１つ選び，記号で答えなさい。

（あ）裁判員裁判は，原則として裁判官６人と裁判員３人とで行われる。

（い）裁判員は，選挙権のある人の中から立候補で決定する。

（う）裁判員制度の対象となるのは重大な犯罪事件で，第三審まで行われる。

（え）裁判員は，被告人をどのような刑にするかを決める。

問５　下線部⑤について，1992年に制定された国際平和協力法によって国連の平和維持活動に参加できるようになりました。この平和維持活動を**アルファベット３字**で何といいますか，答えなさい。

問６　下線部⑥について，次の問いに答えなさい。

Ⅰ．地方公共団体で適用されるきまりは，法律の範囲内で制定することができます。このきまりを何といいますか，答えなさい。

Ⅱ．市民が議会の解散を請求する場合，その請求先として正しいものを，下の（あ）～（え）から１つ選び，記号で答えなさい。

（あ）議会　（い）市長　（う）監査委員　（え）選挙管理委員会

問７　下線部⑦・⑧について，知事や市長などの地方公共団体の長を何といいますか，**漢字２字**で答えなさい。

問８　下線部⑦・⑧について，それぞれの被選挙権が与えられる年齢として正しいものを，下の（あ）～（え）から１つ選び，記号で答えなさい。

（あ）⑦25歳以上　⑧30歳以上　（い）⑦20歳以上　⑧25歳以上

（う）⑦30歳以上　⑧25歳以上　（え）⑦30歳以上　⑧20歳以上

6　次の文章を読み，問いに答えなさい。

　現在，世界は大きく変化しており，科学技術の進歩とともに多くの課題が出現してきました。グローバル化が進み，この動きによって国家間の経済交流が発展し，①各国の経済的相互依存も深まりました。世界には持つ国と持たざる国のように，国力の違いなどのさまざまな格差があります。②先進国と発展途上国のような国家間では格差が開き，さらに近年では③発展途上国内での格差もおきています。

　この格差は，紛争やテロ，戦争へと発展し，結果的に破壊によってさらなる貧困をまねくなど，課題を深刻化させています。また，経済活動の拡大によって引きおこされる④環境問題も浮上しています。

　日本は戦後，世界でもまれに見る復興をなし遂げ，その後の数々の天災にも負けず，世界でもトップクラスの⑤国内総生産を誇る経済大国に成長しました。今後の日本は，⑥地球社会において貢献し，世界からより信頼を得られるよう，影響力を行使していくことも必要でしょう。

問１　下線部①について，経済的相互依存の例としてＥＵがあります。ＥＵを日本語で何といいますか，答えなさい。

問２　ＥＵ域内で使用されている通貨として正しいものを，次のページの（あ）～（え）から１つ選び，記号で答えなさい。

（あ）リラ　（い）フラン　（う）マルク　（え）ユーロ

問３　2016年６月に行われた国民投票でＥＵ離脱を選び，首相がＥＵに対して正式な離脱通知を行った国はどこですか，答えなさい。

問４　下線部②について，格差をなくすために公正な貿易を行おうという動きがあります。この貿易を「公正貿易」といいますが，英語名では何といいますか，**カタカナ**で答えなさい。

問５　右の【図３】のように，先進国の人びとが事業を始めたい途上国の人びとに少額融資《ゆうし》することで，現金収入を得る機会をつくることを何といいますか，答えなさい。

問６　下線部③について，発展途上国の中で急速に経済が発展した「新興工業経済地域」の略称を何といいますか，**アルファベット**で答えなさい。

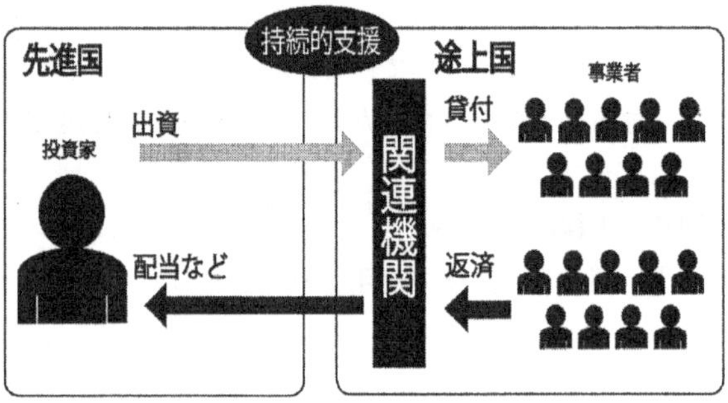

【図３】

問７　下線部④について，日本では，高度経済成長期に四大公害病が問題となりました。四大公害病とは，熊本水俣病，新潟水俣病，四日市ぜんそくと，あと１つは何ですか，答えなさい。

問８　下線部⑤について，この語句の略称を何といいますか，**アルファベット３字**で答えなさい。

問９　下線部⑤について，下の【グラフ】は，世界全体の国内総生産額に占める各国の国内総生産額の割合をあらわしたものです。日本の割合を示すものを〔ア〕～〔エ〕から１つ選び，記号で答えなさい。

【グラフ】

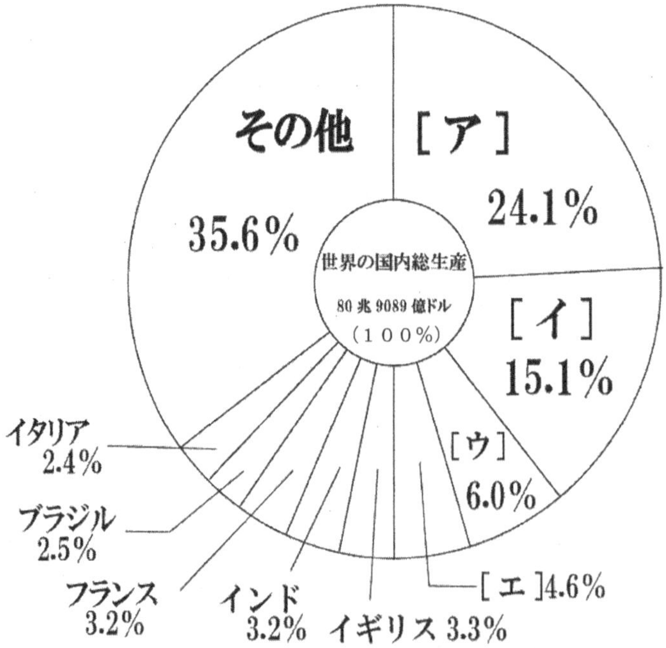

〔内閣府　平成２９年度国民経済計算年次推計より〕

問10　下線部⑥について，地球規模の問題の１つにエネルギー問題があり，再生可能エネルギーの開発が進んでいます。再生可能エネルギーとして**誤っているもの**を，下の（あ）～（え）から１つ選び，記号で答えなさい。

（あ）原子力　（い）地熱　（う）風力　（え）太陽光

資料2

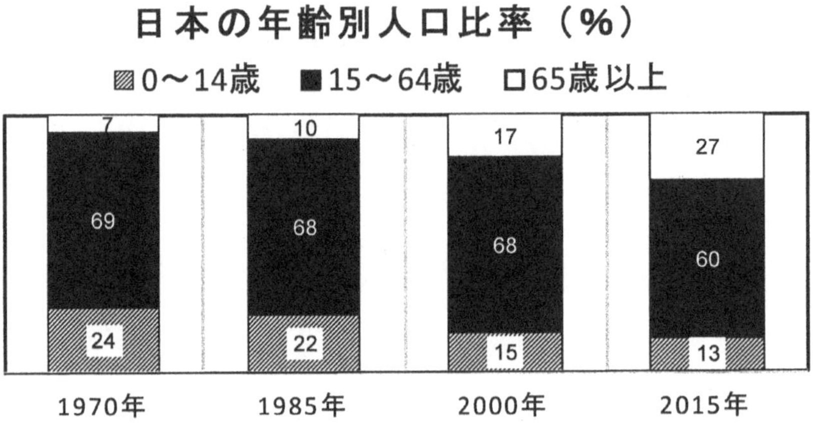

出典：政府統計の総合窓口（e-Stat）（https://www.e-stat.go.jp/）
「国勢調査結果」（総務省統計局）を加工して作成

ア　夜が明けてみると、水深が腰のあたりまでしかないとわかったから。

イ　夜が明けてみると、自分の周りを大きな亀が泳いでいるのが見えたから。

ウ　夜が明けてみると、備後の国の海辺にいたから。

エ　夜が明けてみると、出航した港の海辺にいたから。

四　次の資料１・２は日本の人口について表したものである。これらの資料を見て、問いに答えなさい。

問一　資料１・２から読み取れる内容として適当なものを次から二つ選び、記号で答えなさい。

ア　総人口は２０００年をピークに減少し始めている。

イ　２０１５年の老年人口（６５歳以上）は、１９７０年に比べて約４・６倍に増加している。

ウ　年少人口（０～１４歳）は、１９７０年から２０１５年までほとんど変わらない。

エ　生産年齢人口（１５～６４歳）の比率には変化があまり見られない。

オ　２０１５年の年少人口の比率は、１９７０年に比べて３分の１ほどまで低下した。

カ　老年人口の比率は年々高まってきている。

問二　資料１・２から読み取れる日本の人口傾向を、漢字五字程度で答えなさい。

資料1

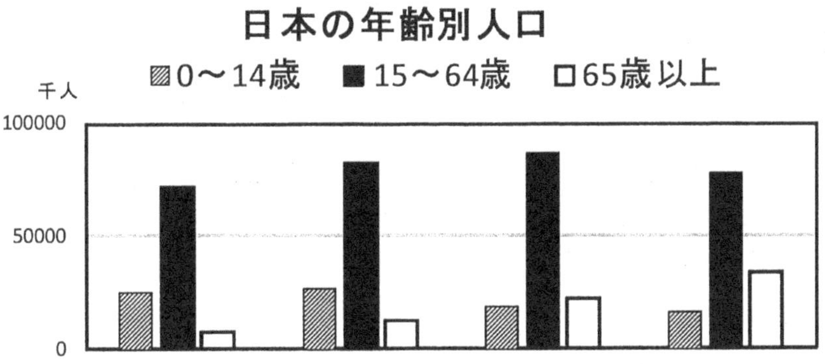

	1970年	1985年	2000年	2015年
0～14歳	24823	26042	18505	15945
15～64歳	71566	82535	86380	77282
65歳以上	7331	12472	22041	33868

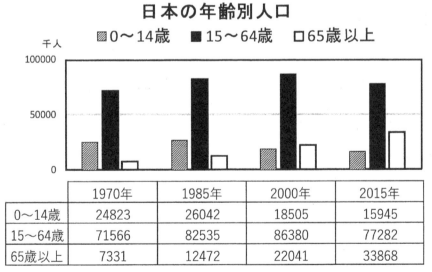

考えが表れているか。最も適当なものを次から選び、記号で答えなさい。

ア　潔が話をするのだから、内容も潔が決めるべきであるという態度を示し、リーダーとしての責任を果たそうとしている。

イ　潔がする話を決めるのは自分であり、他の者が意見をするのを許さないことによって自らの権力を示そうとしている。

ウ　潔の意思を無視して勝手に話の中身を決めようとする者をたしなめることで、親友の立場で潔を助けようとしている。

エ　潔が話をするのを嫌がっていると見抜きながらも、リーダーとしてみんなの要望を代弁し、潔に伝えようとしている。

問七　傍線部7「これでその日の帰りの道の進の隣の場所は確保された」と安心する一方で、「僕」はそういう自分の姿をどのように感じているのか。本文中から三十字で指摘し、初めと終わりの五字をそれぞれ抜き出しなさい。

三　次の文章を読んで、問いに答えなさい。

弘済《ぐさい》は購入した金などを船に積み、備後の国への航海の準備をした。彼は出航の前に、漁師から亀を助けて海へ逃がしていた。

其の後、船を出して行くに、備前《びぜん》の国、骨島《かばねしま》の辺《ほとり》にして、日暮《ひぐれ》方に海賊にaあひぬ。1海賊、弘済が船に乗り移りて、弘済が具したる童子二人を取りて海に投げ入れ、其の後、弘済に云《い》はく、汝《なんぢ》も早く海に入れ。入らずは取りて投げ入れむと云へば、弘済手を摺《す》りて誘《こしら》ふと云へども、海賊bもちゐず。然《さ》れば、弘済心の内に願を発して心と海に入りぬ。海賊、船の物を皆取れば、買ふ所の金も皆取りつ。

弘済海に入りたるに、水、腰の程にして、足に2石の様なる物を踏《ふま》へられたり。此《か》くてよもすがら海に立てるに、夜もあけぬれば、此《こ》の踏へたる物を見れば、大きなる亀の甲を踏へたり。有る所を見れば、備後《びんご》の浦の海辺なり。此れを見るに、3あさましき事限りなし。（『今昔物語集』）

（注）・備前の国…現在の岡山県南東部。
・骨島…海賊がいることで知られた島の名前。
・手を摺りて誘ふ…手をすり合わせて懇願する。
・備後…現在の広島県東部。

問一　傍線部a・bの語句をすべてひらがなで現代仮名遣いに直しなさい。

問二　登場人物の発した言葉を本文中から指摘し、初めと終わりの三字をそれぞれ抜き出しなさい。

問三　傍線部1「海賊、弘済が船に乗り移りて」の内容として最も適当なものを次から選び、記号で答えなさい。

ア　海賊と弘済が船に乗り移って

イ　弘済が海賊の船に乗り移って

ウ　海賊が弘済の船に乗り移って

エ　海賊と弘済が海賊の船に乗り移って

問四　傍線部2「石の様なる物」とは具体的には何か。本文中から三字で抜き出しなさい。

問五　傍線部3「あさましき事限りなし」は「思いがけないことこの上ない」という意味であるが、なぜそのように感じたのか。その理由として最も適当なものを次から選び、記号で答えなさい。

の単調さを完全に忘れてしまったかのようだった。もう学校まで僅《わず》かというところまで来て、自分たちがそんなに来てしまったことに気づいてびっくりした程だった。

「もう学校やぜ、ちっとも気がつかなんだじゃあ」

「もう止めんならんがあ」

「そのあとどうなるんやろうのう、気がかりじゃあ」

とみんなは口々にいって残念がった。

最後に進がいった。

「潔、その話の続き、今日の学校の帰りにせいな」

7これでその日の帰りの道の進の隣の場所は確保されたわけだった。その隣りの場所を占め、話をしている間中は、決してみんなの気まぐれないたずらや意地悪の対象にされることはないだろう。——替え歌の材料にされることもなければ、あてつけの種にされることもない、みんなが僕の悪口をいっているのをじっと耐え忍びながら聞いている必要もない。それに何よりもみんなのあとからトボトボと歩いている様を、誰か他人に、伯父に、美那子に、美那子の母に見られはしまいかという不断の不安に苦しめられることもない。しかしそれでは他人にどう見られるかということに超然となれない限り、僕は永久に進の意をc伺い、進のお情けで進の隣の場所を与えてもらうより仕方がないのだろうか。なぜもっと毅然《きぜん》と、もっと強く、自己にdチュウジツになり、孤独に耐えられないのだろうか。それが出来ない僕はe軽蔑に価《あたい》する、とひそかに考えながら、僕はこの進の命令同然の言葉にうんといって従った自分を不甲斐《ふがい》なく感じ奴隷のように哀れだと思わないではいられなかった……

（柏原兵三『長い道』）

問一　傍線部a～eの漢字はその読みをひらがなで答え、カタカナは漢字に直しなさい。

問二　傍線部1「餌を与えられた犬のように」、傍線部4「時には二日も三日も～するかのように」に用いられている修辞法の種類をそれぞれ次から選び、記号で答えなさい。

ア　擬人法　イ　倒置法　ウ　反復法　エ　直喩　オ　隠喩

問三　傍線部2「心ひそかに願っているのだった」とあるが、「僕」はなぜそのように願っていたのか。最も適当なものを次から選び、記号で答えなさい。

ア　声がかからなければ目立たずにすみ、みんなからのいたずらや嫌がらせの対象にされずにすむから。

イ　声がかからなければ仲間に入れてもらえず、いつまでもみんなの後ろをついて歩くしかないから。

ウ　声がかからなければ自分の好きな「母を尋ねて三千里」の物語をみんなに話すことができないから。

エ　声がかからなければ進と僕が同じように物語に興味を持っていることをみんなに知ってもらえないから。

問四　傍線部3「みんなのあとからくっついて歩く苦痛」が「僕」にとって耐えがたいものであったことを示している箇所を本文中から十字以内で抜き出しなさい。

問五　傍線部5「できるだけ感情を押し殺した声でいった」ときの「僕」の「感情」として最も適当なものを次から選び、記号で答えなさい。

ア　怒り　イ　悲しみ　ウ　おかしさ　エ　喜び

問六　傍線部6「進は険しい調子でいっか」には、「進」のどのような

二　次の文章を読んで、問いに答えなさい。

杉村潔は太平洋戦争の戦火を逃れるために、親元を離れ、東京から富山の漁村に疎開をしている。潔が通う5年生の男組では、勉強ができ、腕っ節の強い級長の竹下進がリーダーとして幅をきかせていて、潔と二人でいる時は親友のように振る舞うが、学校ではなぜか潔を除け者にすることが多かった。浜の子どもたちも集団で歩く学校の行き帰りには、仲間はずれになることを恐れて、進の顔色を見て歩いていた。

学校の往き帰りに、前から進の「潔、話をしてくれや」という声が掛《かか》ると、僕は相変《かわ》らず自分が1餌《えさ》を与えられた犬のようにいそいそと進の隣に作られた隙間《すきま》に入って行くことをどうすることもできないでいた。そんな僕はいつもみんなのあとを歩きながら、進の興味を惹《ひ》くような話題が出て僕に声がかからないような事態にならないことを2心ひそかに願っているのだった。

進はめったに最初から隣の場所を僕に与えようとしなかった。しばらくの間僕に3みんなのあとからくっついて歩く苦痛を味わせてから、「潔、話をしてくれんか」という声をかけて来るのだった。

4時には二日も三日も僕をその苦痛から脱《のが》れさせてくれないことがあった。まるでそうやって僕に彼の強大な権力を思い知らせようとするかのように。

十一月の末僕は進の不興を買って十何遍目かの除《の》け者にされた。そして前から例の進の声が掛ったのはそれから五日も経った登校の折だった。

進の隣の場所をa占めた時、僕はようやく五日間にわたる地獄のような苦しみが去ったことを感じながら、5できるだけ感情を押し殺した声でいった。

「どんな話にするか」

「そやな」

と進は考えこみながらいった。

「探偵小説も飽きたしのう、講談も大体話してしもうたろうが」

「うん」と僕はいった。

「何か新味のあるのないがか」

すると山田がいった。

「竹下君、今日は何か可哀想な話をしてもろうたらどうやろのう」

「それがいいわ」と秀がいった。

「汝《われ》らァ、黙っとれ」

そう6進は険しい調子でいったものの、結局山田のbテイアンを受け入れて僕にいった。

「何か可哀想な話、知っとるか」

「知らないことはなけれど」

「じゃあ、話せま」と進はいった。

僕は「母を尋ねて三千里」を話そうと思い立った。

その日の話は自分でも感心する程上手にできた。「母を尋ねて三千里」は好きな物語の一つだったから、何度も読んで話の筋をよく知っているためもあったが、五日間の除け者から救われた喜びが、僕の心を満たし、そんな目に僕を遭わせた張本人が進であることも忘れて、除け者から解放してくれたことへの感謝の気持を表わそうとして一生懸命話に力を入れたようなところさえあった。

みんなは珍《めず》らしくしーんと鎮《しず》まって耳を傾けていた。一本長く続く道ものごとを進めるには知と（　Ｄ　）が必要だ。政治家が「感動した！」で終わってしまえば何も進まないし、何も変わらない。政治家は情だけで動いてはいけないのだ。

日本の国の膨大な借金をどうするのか？　原発に代わるエネルギーをどうするのか？　感動ではなくて、きちっと（　Ｄ　）的に考えていかないといけない。

「感動した」というフレーズは一瞬何かがさっと解決したかのような雰囲気を醸《かも》し出す。日々、いたるところで生まれている小さな「感動物語」は、感動している当人を束《つか》の間の幻想の世界へと導いてくれる。だが、４そこから新しい何かが始まることは滅多にない。

（池田清彦『ナマケモノに意義がある』）

（注）・カタルシス…感情移入することで、日常生活の中で抑圧されていた感情が解放され、快感がもたらされること。

・ワンフレーズポリティックス…演説などにキャッチフレーズのような一言を多用し、有権者の支持を得ようとする政治手法。

問一　空欄Ａ～Ｃに入る語をそれぞれ次から選び、記号で答えなさい。

ア　だが　　イ　だから　　ウ　ところで　　エ　そして

問二　次の一文が入る箇所を、空欄Ⅰ～Ⅳから選び、記号で答えなさい。

中年にもなれば感心することはあっても感動はしなくなるものだ。

問三　傍線部１「ガス抜き」・３「鳴らした」の本文中での意味をそれぞれ次から選び、記号で答えなさい。

１（ア　感情の抑圧　　イ　精神の高揚
　ウ　心身の鍛錬　　エ　不満の解消）

３（ア　騒がしく言い立てた　　イ　音を出すようにした
　ウ　世間の評判をとった　　エ　実直に行動した）

問四　傍線部２「感動の世界は辛い浮世から一時身を隠せる避難所なのだ」とあるが、なぜこのように言うことができるのか。その理由として最も適当なものを次から選び、記号で答えなさい。

ア　感動的な話に感情移入することで、辛い現実や厳しい現状を、一瞬のうちに忘れることができるから。

イ　感動的な話に感情移入することで、普段の生活で抑えられていた感情が解放され、一瞬ではあるが快感を得ることができるから。

ウ　感動的な話に感情移入することで、息苦しい世の中にあっても、中年になるまで感心することができるようになるから。

エ　感動的な話に感情移入することで、どのような現実であっても、受け止められるようになるから。

問五　空欄Ｄに入る語句を次から選び、記号で答えなさい。

ア　論理

イ　歴史

ウ　主観

エ　情熱

問六　傍線部４「そこから新しい何かが始まることは滅多にない」について、

Ⅰ　その理由を述べている箇所を三十字以内で抜き出し、初めと終わりの五字で答えなさい。（句読点は含まない）

Ⅱ　「そこ」から「新しい何か」を始めるために必要なことを、本文中から六字で答えなさい。

【国　語】（四五分）〈満点：一〇〇点〉

一　次の文章を読んで、問いに答えなさい。

最近、テレビを見ていると、「感動しました」というフレーズを耳にすることが多くなった気がする。

感動というのは一種の[1]ガス抜きのようなもので、感動を求めざるをえない人が増えているという現象は、世の中がそれだけ息苦しくなっているせいかもしれない。[2]感動の世界は辛い浮世から一時身を隠せる避難所なのだ。

（　Ａ　）、あんまり感動ばかりしている人を、私は信用しない。若いときに感動している分にはいいが、40代、50代になってもしょっちゅう感動しているのは心がふらふらしているということだ。【　Ⅰ　】

還暦近くになって感動して泣いている人なんかを見ると、「この人、大丈夫かな？」とつい思ってしまう。【　Ⅱ　】その歳で感動ばかりしているのはさすがにちょっと気色が悪い。

感動というのは一種の精神的カタルシスを得る行為で、何かいい話を聞いたり見たりして一瞬だけ感動しても、すぐ忘れてしまう。（　Ｂ　）、そこから何か新しいものが生まれるわけではない。【　Ⅲ　】継続につながらないのだ。

東日本大震災の被災地で一生懸命やっているボランティアの姿をテレビで見て感動している人に、「じゃあ、あんたやってみる？」と言ってもほとんどの人は同じことをしようとはしない。感動というのはたいていそこで終わってしまうのである。

感動だけで仕事をしたり、感動だけで大学受験をしたり、感動だけで結婚生活を営めるわけではない。【　Ⅳ　】楽しいことは長続きするが感動は長く続かない。

中国や台湾や韓国に「泣き女」といって、葬式のときにわいわい泣いて雰囲気を盛り上げることを商売としている女性たちがいるが、あの人たちは感情移入を本気でして思いっきり悲しい気分になって涙を流している。でも葬式が終わったらさっと泣くのをやめて帰っていく。泣き終わったら悲しい気分などもう忘れてしまっているのだろう。

感動というのもこれと同じで、感情を一気に爆発させて「ああ、さっぱり」となってしまうから、普通はそこから何も始まらないのである。

「感動」が行動に結びつくためには、感動の後で決意することが必要だが、決意は感動ではなく、怒りや憎しみの後で生ずることのほうが多い。

（　Ｃ　）、「感動した」とは正反対の「くだらない」とか「つまらない」といった言葉はテレビでお目にかかることはほとんどない。「くだらない」や「つまらない」という後ろ向きの言葉は、ハレの世界であるテレビの中ではちょっとしたタブーなのだろう。しかし、現実には「感動した」より「くだらない」とか「つまらない」と感じることのほうが生産的な行動をつくり出すと思う。

くだらなくてつまらなければ、自分でおもしろくしてやろうと思うことがあるからだ。

昔、ワンフレーズポリティックスで[3]鳴らした小泉純一郎元首相が、国技館で怪我《けが》を押して出場した貴乃花が優勝した時に「感動した！」と叫んでいたが、私はその後で、「政治家は感動なんて言葉を使うもんじゃない」と雑誌のエッセイに書いたことがある。

2020年度

解　答　と　解　説

《2020年度の配点は解答欄に掲載してあります。》

＜数学解答＞

1　(1)　-14　(2)　9　(3)　$-\dfrac{x+3y}{4}$　(4)　$2\sqrt{3}$　　2　-6

3　$3x^2+13x-10$　　4　(1)　$(x-9)(x+2)$　(2)　$x(x+2)(x-2)$

5　(1)　$x=2$　(2)　$x=15$, $y=4$　(3)　$x=3$

6　6cm　　7　60本　　8　44°

9　(1)　$\left(\dfrac{4}{3}, \dfrac{2}{3}\right)$　(2)　$\dfrac{1}{2}$倍　　10　(1)　$y=x^2$　(2)　1802

11　(1)　$a=\dfrac{1}{2}$　(2)　5秒後または16秒後　(計算過程)　解説参照

○推定配点○

各5点×20　　計100点

＜数学解説＞

1　(数・文字式の計算)

基本　(1)　$18+(-32)=-(32-18)=-14$

基本　(2)　$(-6)^2\div4=36\div4=9$

(3)　$\dfrac{x-y}{4}-\dfrac{x+y}{2}=\dfrac{x-y}{4}-\dfrac{2(x+y)}{4}=\dfrac{x-y-2(x+y)}{4}=\dfrac{x-y-2x-2y}{4}=\dfrac{-x-3y}{4}=-\dfrac{x+3y}{4}$

(4)　$4\sqrt{3}+\sqrt{27}-5\sqrt{3}=4\sqrt{3}+3\sqrt{3}-5\sqrt{3}=2\sqrt{3}$

2　(式の値)

$x=-3$を代入すると$x^2+5x=(-3)^2+5\times(-3)=9-15=-6$

3　(式展開)

$(3x-2)(x+5)=3x^2+15x-2x-10=3x^2+13x-10$

4　(因数分解)

(1)　$x^2-7x-18=(x-9)(x+2)$

(2)　$x^3-4x=x(x^2-4)=x(x+2)(x-2)$

5　(方程式)

(1)　$x-8=-3x$　　$x+3x=8$　　$4x=8$　　$x=2$

(2)　$\dfrac{2}{5}x+\dfrac{3}{4}y=9$の両辺を20倍して$8x+15y=180$…①　　$\dfrac{x}{3}-\dfrac{y}{2}=3$の両辺を6倍して$2x-3y=18$…②　　①+②×5より，$18x=270$　　$x=15$　　これを①に代入して$120+15y=180$　　$15y=60$　　$y=4$

(3)　$2x^2-12x+18=0$　　両辺を2で割ると$x^2-6x+9=0$　　$(x-3)^2=0$　　$x=3$

6 (文字式の利用)

もとの円の半径をrとすると，その円周は$r\times 2\times\pi=2\pi r$　半径を3cm長くすると$r+3$で円周は$2\pi(r+3)$　$2\pi(r+3)=\frac{3}{2}\times 2\pi r$　$2\pi r+6\pi=3\pi r$　$2r+6=3r$　$r=6$(cm)

7 (標本調査)

15本の中に当たりくじが3本なので，当たりくじをひく割合は$\frac{3}{15}$　300本の中に同じ割合で当たりくじが入っているとすると当たりくじは，$300\times\frac{3}{15}=60$(本)

8 (角度)

ACとBDの交点をG，ADとCEの交点をHとする。AD//BCより錯角は等しいので∠CAD＝∠ACB＝38°　△ABC≡△BADより∠BDA＝∠ACB＝38°　△FDHについて三角形の内角の外角の関係より∠FHD＝92−38＝54°　平行線の錯角は等しいので∠FCB＝∠FHD＝54°　∠ACE＝∠FCB−∠ACB＝54−38＝16°　△CAEは二等辺三角形なので，∠CAE＝(180−16)÷2＝82°　∠x＝82−38＝44°

9 (1次関数と図形)

(1)　点Aは①と②の交点なので，①と②からyを消去して，$\frac{1}{2}x=-x+2$　$x=-2x+4$　$3x=4$　$x=\frac{4}{3}$　これを①に代入して，$y=\frac{1}{2}\times\frac{4}{3}=\frac{2}{3}$　よって，$\mathrm{A}\left(\frac{4}{3},\ \frac{2}{3}\right)$

重要　(2)　点Bの座標は$0=-x+2$より，B(2，0)　点Cの座標は，C(0，2)　$\triangle\mathrm{OAB}=\frac{1}{2}\times 2\times\frac{2}{3}=\frac{2}{3}$　$\triangle\mathrm{OAC}=\frac{1}{2}\times 2\times\frac{4}{3}=\frac{4}{3}$　$\triangle\mathrm{OAB}\div\triangle\mathrm{OAC}=\frac{2}{3}\div\frac{4}{3}=\frac{1}{2}$(倍)

10 (規則性)

(1)　x番目のます目にはx^2の数が並んでいて，右下の数字はその最後の数なので，$y=x^2$

やや難　(2)　x番目のます目について，左上の数は1，右上の数はx，右下の数はx^2，左下の数は右下の数より$(x-1)$小さいので，$x^2-(x-1)=x^2-x+1$　したがって，4隅の数字の和は$1+x+(x^2-x+1)+x^2=2x^2+2$　よって，$2\times 30^2+2=1802$

11 (図形と関数・グラフの融合問題，動点)

(1)　B(−4，8)は$y=ax^2$上の点なので，$a\times(-4)^2=8$　$16a=8$　$a=\frac{1}{2}$

やや難　(2)　△OPBが二等辺三角形となるのは(ⅰ)PO＝PBまたは(ⅱ)BO＝BPとなる場合である。このときP(0，t)とおき，点Bからy軸に垂直におろした点をQとする。

(ⅰ)　PO＝PBのとき

△BQPは直角三角形となりPO＝t，PO＝PBなので，三平方の定理より，$t^2=(8-t)^2+4^2$　$t^2=64-16t+t^2+16$　$16t=80$　$t=5$

(ⅱ)　BO＝BPのとき

△BPQと△BOQは直角三角形であり，BP＝BO…①　BQは共通…②　①，②より，直角三角形の斜辺と1つの鋭角がそれぞれ等しいので，△BPQ≡△BOQ　よって，OQ＝PQより$t=2\times 8=16$

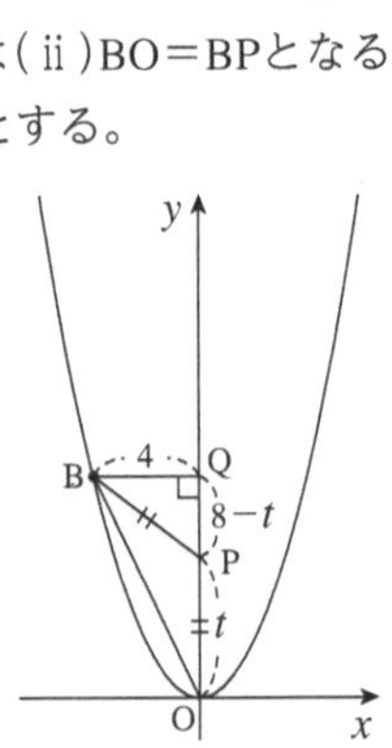

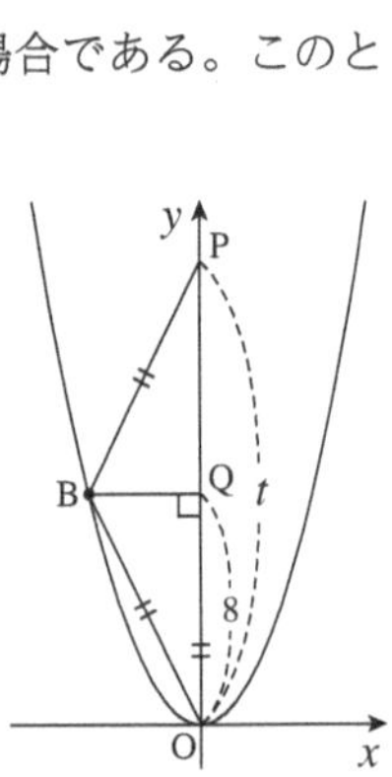

(ⅰ)，(ⅱ)より，△OBPが二等辺三角形になるのは5秒後または16秒後

★ワンポイントアドバイス★

後半にはしっかり考える必要のある問題もあり，前半の基本的な計算問題をどれだけ確実に得点するかが重要になる。短い試験時間で多くの問題を解く必要があるので，過去問演習を通して問題のレベルを把握しておくことも大切である。

＜英語解答＞

1 問1 ウ　問2 a isn't　b it　問3 Please tell【us how to enjoy the city】.
問4 oldest　問5 北海道に関する情報誌　問6 イ，カ
問7 Have a nice trip.[You are welcome.]

2 問1 7月15日　問2 初めての海外旅行だったから。　問3 エ　問4 ハワイの彼らの生活は，とてもきつかったので，十分なお金をかせぐことができませんでした。
問5 1 平均寿命　2 ビニール袋　問6 イ　問7 ア，ウ

3 問1 イ　問2 クレジットカード　問3 イ　問4 6L　問5 イ　問6 800円

4 問1 ウ　問2 イ　問3 ウ　問4 ア　問5 イ　問6 ア　問7 イ
問8 ウ　問9 イ　問10 ウ

5 問1 エ　問2 ウ　問3 ウ　問4 ア　問5 イ

6 問1 ア　問2 エ　問3 イ　問4 ウ　問5 エ

○推定配点○

1～4 各3点×30(1問2・問6，2問5，問7各完答)　5・6 各1点×10　計100点

＜英語解説＞

重要 1 （会話文：語句補充，語句整序問題[不定詞]，指示語，内容吟味，英作文）

（全訳）店員：おはようございます。どうなさいました？

Ana：はい。来年は新婚旅行で北海道に行きたいのですが，その地域については何も知りません。何か情報を頂けますか？

店員：はい。どうぞお座りください。この地図を見てください。北海道は日本の四つの島の一つです。寒い冬と穏やかな夏で知られています。そんな季節は日本各地では楽しめません。スポーツはしますか？

Dean：そうだね。私たちはスキーが好きです，それと毎年夏にキャンプに行きます。

店員：すごいですね！北海道はアウトドアスポーツやイベントが大好きな人にとっては天国です。冬は，スキーヤーやスノーボーダーがニセコエリアに行きます。ウィンタースポーツで最も人気のある場所の1つです。夏には，ハイキング，サイクリング，キャンプをする機会があります。

Ana：わあ。北海道は私たちにとって①本当のパラダイスですね。えっと…この町，ここ，札幌は北海道最大の街だと思うのですが。

店員：そうですね。札幌は大都市です。そこには約200万人が住んでいます。

Dean：②街の楽しみ方を教えてください。

店員：はい。まずは札幌時計台まで散歩してください。この場所がわからない場合は，スマートフォンをご利用ください。これが塔の写真です。

Ana　：ああ，いい建物。それが建設されたのはいつですか？

店員　：1878年です。日本③最古の時計台です。現在は小さな博物館として利用されています。

Dean：次はどこに行けばいいですか？

店員　：二条市場です。それは時計台から遠くないです。地元の魚介類を見てみたいなら，ここが一番です。ぜひ札幌味噌ラーメンを食べてください！二条市場にあるラーメン屋「すずらん」は、北海道を訪れる旅行者の間で非常に有名です。

Ana　：ラーメン！日本人はラーメンが大好きですよね。旅行中に食べてみたい！ まずはニセコエリアでスキーを楽しみたい。2泊するのに良いホテルを見つけていただけませんか。その後，札幌を訪れるつもりです。

Dean：北海道の他の都市についての情報も必要です。

店員　：大丈夫です。北海道に関する本です。お持ちください。

Dean：来週またお会いしましょう。アドバイスありがとうございます。

店員　：⑤

問1　real「本当の」

問2　前の部分が肯定のときには，付加疑問は否定の形になる。

問3　how to ～「～の仕方，方法」

問4　前に the があるため，最上級になる。

問5　前の some books about information を指している。

問6　イ　Dean の最初の発言で毎年スキーとキャンプに行くとある。　カ　Dean の4番目の発言と店員の7番目の発言より，本を持ち帰って情報を得ようとしていることがわかる。

問7　Thank you for your advice. に対する返答なので，You are welcome.「どういたしまして」や Have a nice trip.「良い旅を」などが適切。

2　**（長文読解・Eメール：要旨把握，語句補充，英文和訳，内容吟味）**

（全訳）

From：佐藤エリカ〈erica-s@hokuto.net.jp〉

To：マリア・ゴンザレス〈m-gonzales@starnet.com〉

日付：2019年8月15日

題名：ハワイでの滞在

こんにちは，マリア。

元気でしたか？私はハワイにいます！夢がかないました。小さい頃から留学することが夢でした。ほんの1か月前にハワイ大学で英語を勉強するためにここに来ました。初めての海外旅行だったので，最初の2日間は①とても緊張しました。しかし，今はホストファミリーの助けを借りて素晴らしい時間を過ごしています。

ハワイは日本人が英語を勉強するのに最適な場所だと思います。最初の理由は，ハワイは一年中気候が良いことです。ハワイには2つのシーズンしかありません。夏は5月から10月，冬は11月から4月です。夏は晴れの日がほとんど毎日で，ほとんど雨が降りません。ホノルルは札幌より気温が高いですが，海から吹く風が②涼しく感じます。冬でも海で泳ぐことができます。

2つ目の理由は，ハワイにはアメリカ人，日本人，中国人など，さまざまな種類の人々がいるためです。そして，彼らは共に平和に暮らしています。ハワイに住んでいる人の13.6パーセントは日本人です。なぜこんなに多くの日本人がハワイに住んでいるのか知っていますか？ 1868年，150人の日本人貧困農家がサトウキビのプランテーションに取り組むためにハワイに到着しました。当初，数年後には多くのお金を持って帰国すると考えていました。しかし，③ハワイでの生活は大変で，帰国するのに十分なお金を稼ぐことができませんでした。ホストマザーも日本人です。彼女は英語と日本語の両方を話すことができるので，彼女はいつも私の英語をチェックして修正することによって私の宿題を助けてくれます。

第三の理由は，ハワイはいくつかの点で日本に似ているということです。いくつか紹介します。ハワイの人々は平均して81歳まで生きます。マウナケアやマウナロアなどの高い山があり，冬には雪が降ります。また，活火山を楽しむこともできます。店頭でバッグを持っていない場合，ビニール袋を15セントで購入する必要があります。日本より割高です。しかし，ほとんどのハワイの人々は，動植物を保護することが重要だと考えています。ハワイ政府がすべての化石燃料を2045年までに風力や太陽光などのクリーンエネルギーに変更することを決定したと聞いています。

学校生活については，次のメールで知らせるね。

あなたの友達,

エリカ。

問1　メールを送った8月15日のちょうど1か月前にハワイに来た。

問2　because から後に理由が書かれている。

問3　気温は札幌より高いが，風をすずしく感じるのである。

問4　〈so ～ that …〉「とても～ので…」と訳す。

問5　(1)　ハワイの人は平均すると81歳まで生きる。　(2)　何かを買ったとき，ビニール袋を買う必要がある。

問6　2045年までに，風力や太陽光などのクリーンエネルギーに変更するとある。

問7　ア　ハワイの夏は5月から10月である。　ウ　ハワイの人口の13.6%は日本人である。

重要 3 (資料問題)

問1　clover online shop では1,740円，COMETNET では864円で購入できる。

問2　clover online shop ではクレジットカードと現金，COMETNET ではクレジットカードとコンビニエンスストア払いで支払うことができる。

問3　8月27日から9月2日の間は，10%割引で購入できる。

問4　ポイントは金額の1%なので，480円分購入したと分かる。240円で3L購入できるので，6L購入したことになる。

問5　店側の間違いの場合のみ返金できるとある。

問6　購入金額240円 + 送料560円で800円かかることがわかる。

基本 4 (語句補充：受動態，分詞，不定詞，関係代名詞，比較)

問1　受動態は〈be動詞＋過去分詞〉の形になる。

問2　playing in the park は前の名詞を修飾する分詞の形容詞的用法である。

問3　〈It is ～ for 人 to …〉「人にとって…することは～だ」

問4　how to ～「～する方法，仕方」

問5　〈want ＋人＋ to ～〉「人に～してほしい」

問6　後に動詞があるため，主格の関係代名詞 who を用いる。

問7　〈How many ＋複数名詞〉で数をたずねる疑問文となる。

問8　名詞が複数形となっているため，are を用いる。

問9　前に the があることから，最上級が適切。

問10　〈make ＋A＋B〉「AをBにする」

基本 5 (アクセント)

問1　エは第2音節に，それ以外は第1音節にアクセントがある。

問2　ウは第2音節に，それ以外は第1音節にアクセントがある。

問3　ウは第3音節に，それ以外は第1音節にアクセントがある。

問4　アは第2音節に，それ以外は第1音節にアクセントがある。

問5　イは第3音節に，それ以外は第2音節にアクセントがある。

基本　6　（発音）

問1　アのみ[au]，それ以外は[ou]という発音になる。

問2　エのみ[z]，それ以外は[iz]という発音になる。

問3　イのみ[ð]，それ以外は[θ]という発音になる。

問4　ウのみ[æ]，それ以外は[ei]という発音になる。

問5　エのみ[ou]，それ以外は[ʌ]という発音になる。

★ワンポイントアドバイス★

基本問題を中心とする出題だが，記述形式で答える問題も多いため，正確に英文を読む必要がある。過去問や問題集を用いて，同形式の問題に数多く触れるようにしよう。

＜理科解答＞

1　問1　(エ)　　問2　(1)　(イ)　　(2)　(ウ)　　(3)　(ウ)
　問3　酢酸オルセイン溶液[酢酸カーミン溶液]　　問4　(イ)，(エ)

2　問1　(ウ)　　問2　353(g)　　問3　(ア)，(ウ)　　問4　(ア)　　問5　2.7(g/cm^3)
　問6　O_2

3　問1　水蒸気　　問2　(エ)　　問3　カルデラ　　問4　③　土石流　　④　津波
　問5　(ア)，(ウ)

4　問1　並列　　問2　8(倍)　　問3　$\frac{2}{3}$(倍)　　問4　90(V)　　問5　5(A)　　問6　1：8

5　(例)　3つの物質を水に溶かし，溶けなかったのがデンプンとなる。次に，残りの2つに電流を通し，流れるのが食塩(水)であり，流れないのが砂糖となる。　(例)　3つの物質を水に溶かし，ろ過によってデンプンを取り出す。次に，炎色反応によって，黄色を示せば食塩水のみ反応を示すので，砂糖と区別することができる。

○推定配点○

各4点×25(1問4，2問3，3問5各完答)　　計100点

＜理科解説＞

基本　1　（生殖と遺伝―タマネギの細胞）

問1　タマネギの根はひげ根であり，その先端付近には成長点があり，細胞分裂がさかんに行わる。

問2　(1)　細胞を塩酸につけると，細胞どうしを結びつけている物質を溶かすことができる。

(2)　親指で押しつぶすと，細胞どうしの重なりをなくし，広げることができる。

(3)　低倍率だと視野が広く，観察する物を見つけやすい。

問3・問4　酢酸オルセイン溶液または酢酸カーミン溶液によって，核や染色体を赤く染めて，細胞

を観察しやすくする。

2 （化学総合）

問1　エタノールの沸点は78℃なので，水の沸点である100℃より少し低く，水よりも先に出てくる。

問2　96％で，密度が$1.84g/cm^3$の$200cm^3$の硫酸に含まれている純粋な硫酸は，$200\times1.84\times0.96=353.28$(g)より，約353gである。

基本　問3　二酸化マンガンにオキシドール(うすい過酸化水素水)を加えると酸素が発生する。酸素は無色無臭で，助燃性がある。

基本　問4　ガスバーナーを操作する手順は，(オ)→(ア)→(エ)→(ウ)→(イ)→(カ)である。

問5　1円硬貨54枚の質量は54g，体積は，$70-50=20(cm^3)$なので，1円硬貨の密度は，$\frac{54}{20}=2.7$ (g/cm^3)である。

重要　問6　うすい水酸化ナトリウム水溶液を電気分解すると，陰極から水素，陽極から酸素が発生する。

3 （大地の動き・地震―マグマと地震）

基本　問1　マグマには水蒸気・二酸化硫黄・硫化水素などの気体が溶けている。

基本　問2　桜島や富士山は，ねばりけが大きい溶岩が，遠くまで流れないタイプの火山である。

基本　問3　火山の活動によってできた大きなくぼ地をカルデラといい，阿蘇山などの例がある。

問4　土や石が雨水などと一体となって，渓《けい》流や斜面を一気に流れ下る現象を土石流という。

問5　P波は，震源から同心円状に伝わる。また，P波とS波の到達時刻の差は，震源からの距離に比例する。

4 （電流と電圧，電力と熱―電熱線の回路）

基本　問1　図の回路は，電熱線Aと電熱線Dおよび電熱線Bと電熱線Cがそれぞれ直列につながり，さらに，お互いが並列につながっている。

重要　問2　電熱線Aと電熱線Dを合わせた抵抗が，$5+40=45(\Omega)$なので，この部分に流れる電流は，$\frac{90}{45}=2$(A)である。したがって，電熱線Aにかかる電圧は，$5\times2=10$(V)であり，電熱線Dにかかる電圧は，$40\times2=80$(V)である。以上より，電熱線Dにかかる電圧は電熱線Aにかかる電圧の，$\frac{80}{10}=8$(倍)である。

重要　問3　熱線Bと電熱線Cを合わせた抵抗が，$10+20=30(\Omega)$なので，この部分に流れる電流は，$\frac{90}{30}=3$(A)である。したがって，端子dに流れる電流は端子bに流れる電流の，$\frac{2}{3}$(倍)である。

問4　端子a～端子c間の電圧は，電源電圧と同じ90Vである。

問5　端子aにも端子cにも，$2+3=5$(A)の電流が流れる。

問6　電熱線Aが消費する電力は，$10\times2=20$(W)，電熱線Dが消費する電力は，$80\times2=160$(W)である。したがって，電熱線Aが消費する電力と電熱線Dが消費する電力の比は，20：160＝1：8である。

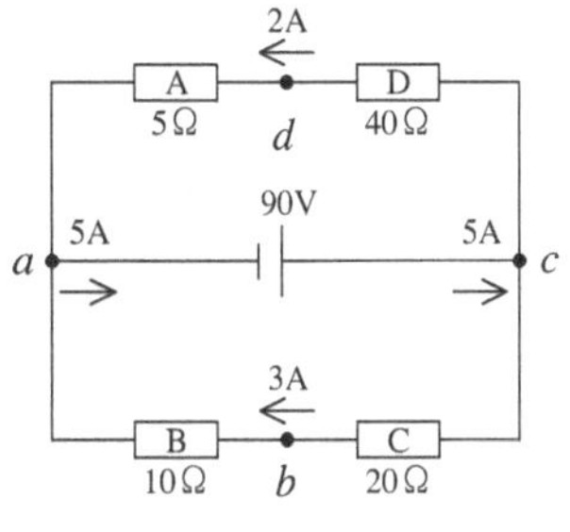

5 （物質とその変化―物質の判別）

砂糖とデンプンは有機物であり，加熱すると黒くこげる。また，デンプンは水には溶けない。さらに，食塩は水に溶け，水溶液は電流を流す。

★ワンポイントアドバイス★

生物・化学・地学・物理の4分野において，基本問題に十分に慣れておくこと。その上で，いろいろいな分野の応用問題にも取り組んでおく必要がある。

＜社会解答＞

1 問1　え　問2　十二単[女房装束]　問3　い　問4　い　問5　時宗
問6　問丸[問]　問7　え

2 問1　A　千島　B　シベリア　C　財閥　D　ポツダム　問2　え
問3　小村寿太郎　問4　あ　問5　い

3 問1　焼畑農業　問2　サバナ[サバンナ]　問3　ステップ　問4　季節風[モンスーン]
問5　あ　問6　タイガ　問7　ツンドラ　問8　イヌイット

4 問1　え，お　問2　c　問3　促成栽培　問4　A　明石など　B　9　C　あ

5 問1　A　国会　B　立法　問2　い，え　問3　行政裁判　問4　え　問5　PKO
問6　Ⅰ　条例　Ⅱ　え　問7　首長　問8　う

6 問1　ヨーロッパ[欧州]連合　問2　え　問3　イギリス　問4　フェアトレード
問5　マイクロクレジット　問6　NIES　問7　イタイイタイ病　問8　GDP
問9　ウ　問10　あ

○推定配点○
各2点×50(5問2完答)　計100点

＜社会解説＞

1 （日本の歴史ー「絵巻」に関連する問題）

重要　問1　あ　奈良時代の内容で誤り。　い　古墳時代の内容で誤り。　う　飛鳥時代の内容で誤り。

問2　十二単(女房装束)は平安時代の貴族の女性の服装。実際には十二も服を重ねない方が多かったようだが，重ね着になるので重い。

問3　い　寝殿造りはいくつかの建物を敷地の中に配置し，それらを渡り廊下でつなぎ，その周りに池や築山などを配したもの。

問4　い　元寇の際の執権は8代北条時宗。北条時頼は5代目執権。

問5　絵巻Cは一遍上人絵伝。一遍上人が伝え広めたのは時宗。

やや難　問6　問丸は平安時代ぐらいから現れた荘園の年貢等の輸送や保管を請け負う荘官の一種で，鎌倉時代にはこれが特化し，さらに室町になると卸売業なども行うようになり後の問屋になった。

問7　え　Aが『源氏物語絵巻』，Bが『蒙古襲来絵詞』，Cが『一遍上人絵伝』。Bは御家人の竹崎季長が元寇の際の自分の活躍を知らしめるために描かせたものとして有名。

2 （日本の歴史ー20世紀の歴史に関する問題）

問1　A　1875年の樺太千島交換条約は，その前の1854年の日露和親条約で千島列島のウルップ島以北がロシア，その南が日本，樺太は両国雑居という内容を改め，千島は全域日本で樺太はロシアとしたもの。この交渉を行った日本側の代表が戊辰戦争で五稜郭にたてこもった幕臣の榎本武揚。　B　シベリア出兵はあからさまにロシア革命を干渉するものだったが，一応名目はシベリアに抑留されているチェコ兵救出というもの。　C　財閥は巨大な資本を持ち，その傘下に様々な業種

の企業を抱えるもの。現代でいえばコンツェルンに近い。　D　ポツダムはベルリン近郊の都市。ポツダム宣言の署名にはソ連は含まれていないが，この宣言が出される段階では日本とソ連はまだ開戦していない。

問2　い　1951年→え　1956年→う　1965年→あ　1972年の順。

問3　1911年アメリカとの交渉で関税自主権回復にこぎつけたのが外務大臣の小村寿太郎。

やや難　問4　あ　辛亥革命の際に孫文に請われて清朝の軍人であった袁世凱が革命側に加わり，皇帝の溥儀を退位させたが，その後孫文によって中華民国の要職に取り立てられると，孫文を追い出して独裁化してしまった。その袁世凱の中華民国に1915年，日本の大隈内閣が二十一か条要求を突きつけ受け入れさせる。

重要　問5　い　満州国建国1932年→国際連盟脱退1933年→二・二六事件1936年→日中戦争1937年→国家総動員法1938年の順。

3　**（地理―世界の自然，気候，産業に関する問題）**

重要　問1　焼畑農業は，主に熱帯の地域で森林や原野を焼き払いそこを畑にして農業を行う原始的な農法。焼き払った植物の灰も一応は肥料になる。

問2　熱帯の地域に広がる，丈が高い草が生え，樹木もまばらに生えている草原がサバナで，その草原が見られる気候はサバナ気候。各月の平均気温の最低でも18℃以上で，雨季と乾季がはっきりしているのがサバナ気候の条件。

問3　ステップは乾燥帯に見られる丈が低い草が生え，樹木のない草原のこと。乾燥帯のため，降水量は年間で500mmを切り，普通には畑では農業もできないので，多くの場合，この地域の人々は牧畜で生計をたてる。図はモンゴルに見られるパオとかゲルと呼ばれる移動式の住居。

問4　モンスーンは夏と冬とで大陸と海洋の上の空気の温度の差で生じる風で，夏は陸地の方が海よりも温められるので，大陸上で強い上昇気流が発生するので，海洋側から大陸の方へ風が吹くようになり，冬場は逆に海の方が陸地よりも温かいので海の上で上昇気流が発生し，そこに大陸側から風が吹くようになる。日本列島はユーラシア大陸の東の縁にあるので，太平洋とユーラシア大陸との間の風の動きの影響を受け夏は南東からの風，冬は北西からの風が吹く。

重要　問5　あ　いわゆる地中海式農業で栽培されていない作物を考える。地中海式農業は温帯の地で，夏の高温乾燥に耐えられる果樹の栽培と小麦などの穀物栽培とを組み合わせたもの。カカオは熱帯の作物。

問6　冷帯の地に広がる針葉樹林をタイガとよぶ。

問7　ツンドラは寒帯の地で夏場だけ地表がわずかに溶け，そこにコケ類が生え，それ以外は地面が地中まで凍っている永久凍土が広がっている。

問8　イヌイットは北米大陸の北辺に住む先住民で，かつてはトナカイやアザラシなどの狩猟や漁労を営むことで生計を立てていた人々。図はイヌイットが氷雪の地でつくるイグルーという，氷や雪のブロックを積み上げげて作る住居。

4　**（日本の地理―中国，四国，近畿地方の地理の問題）**

問1　え　高齢化が進み，人口が減っているので過疎化が問題。　お　漁獲生産量を人口で割れば1人当たりの漁獲生産量になるので，人口が少ない島根県の方が広島よりもはるかに多くなる。

問2　百舌鳥古市古墳群は大阪府の堺市，羽曳野市，藤井寺市にまたがって分布している。

問3　促成栽培はビニルハウスや温室を使う施設園芸の一種だが，温暖な土地でやることが特徴。温暖な土地でやることで，他の場所では栽培，出荷が難しい時期にもできるので，競争相手がいなくなり，商品が多少高くなっても売れやすくなるので有利。

重要　問4　A　日本の標準時子午線は兵庫県明石市を通る東経135度。　B　ロンドンよりも135度東にあるので135÷15＝9で，9時間ロンドンよりも早い。　C　ニューヨークとの時差は(135＋75)÷15＝14となり，14時間ニューヨークよりも日本の方が早い。日本で2月18日午後1時の場合にはそこから14時間戻して考えるので，2月17日午後11時となる。

5　(公民－政治に関連する様々な問題)

問1　日本国憲法第41条は国会に関する条文。三権分立によって，国会は唯一の立法機関であり，また，三権の中で国民が選挙によって選んだ人間によって構成されているのは国会のみなので国権の最高機関と考える。

問2　成年年齢引き下げになっても，飲酒喫煙は20歳以上のまま。また大型自動車免許は年齢制限が21歳以上であり，普通免許を取得してから3年以上となっている。普通免許は18歳以上なのでいずれにしても21歳以上で大型免許の取得が可能となる。

やや難　問3　一般の国民と国や地方自治体との裁判は行政裁判という。

重要　問4　あ　逆。裁判官3人と裁判員6人の計9人で行う。　い　裁判員は都道府県の選挙管理委員会が作成する選挙人名簿の中から地方裁判所が選ぶ。　う　裁判員裁判は殺人や傷害，放火，強盗などの重大事件の一審のみ。

問5　PKOはPeace Keeping Operation平和維持活動の頭文字の組み合わせ。日本の自衛隊のPKOでの海外派遣の最初は1992年のカンボジア。

問6　Ⅰ　地方公共団体が定める規則は条例。　Ⅱ　直接請求で，その結果選挙が必要になるようなものは選挙管理委員会に請求。議会を解散した場合には議員選挙が必要になる。

問7　地方公共団体の長は首長。首相と異なり住民の直接選挙で選ばれ，行政権を司るので，大統領に近いものと考えられる。

問8　う　参議院議員と都道府県知事のみが満30歳以上。他はすべて満25歳以上。

6　(公民－国際社会の経済に関する様々な問題)

問1　ヨーロッパ連合EUはヨーロッパ共同体ECを母体に1993年に発足。2020年の段階でイギリスが離脱したが，加盟国は27カ国。EC発足当初は6カ国。

問2　EUの共通通貨はユーロ。ユーロの下の単位はアメリカと同じでセントになる。100セントが1ユーロ。

問3　イギリスは2020年1月末で離脱。イギリスはEC発足当初の加盟国ではなく，ECが1972年に6カ国から拡大した際に加盟。

問4　一般にかつて植民地であった国々が産出する生産物は独立後も安く買いたたかれているものが多く，そのことが，その国の経済の発達を妨げている要因ともなっており，これを是正するためにその生産物を公正な価格で買い取るようにするのがフェアトレード。カカオや天然ゴムなどが有名。

やや難　問5　マイクロクレジットはバングラデシュのグラミン銀行が起源とされるもので，貧困国において資金を普通には借りづらい人に融資するもの。現在では発展途上国だけではなく先進国においても担保等がなく大手の金融機関から融資してもらえない個人や企業相手に小規模な融資を行う金融として拡大しつつある。

問6　NIEsは新興工業経済地域の略で，1970年代後半ぐらいから1990年頃までの時期に著しい経済成長がみられた国や地域。もともとはNICsといって新興工業経済国としていたが，香港や台湾を含んで「国」とすることについて問題視されNIEsというものに改められた。

問7　イタイイタイ病は富山県の神通川流域で発生した，カドミウムが原因とされるもの。

重要　問8　GDPは国内総生産の略。かつてはGNP国民総生産というものが使われていたが，GNPがその国の中にいる外国人が海外に仕送りした分は除外し，海外からその国に送金された分は含むという形であるため，外国人の労働力がどこの国においても大きなものになってきた段階で国内の経済の規模を正しく表していないということで，逆に海外から日本へ送金された分は除いて，外国人が海外へ送金した分も含むGDPが使われるようになった。

問9　国の規模で見たGDPの順位は1位がアメリカ，2位が中国，3位が日本，4位がドイツになる。

問10　再生可能エネルギーは自然由来のもので，そのもの自体は使われていても減ったりすることはないもの。原子力発電所の核燃料は燃料としての寿命はあり，再処理して燃料になるものもあるが，廃棄物にしかならないものもある。

★ワンポイントアドバイス★

試験時間45分に対して問題数が多く，読む量も多いので要領よく解いていくことが重要。落ち着いて一つずつ正確に解答欄を埋めていきたい。できるものから確実に答えていくこと。

＜国語解答＞

一　問一　A　ア　B　イ　C　ウ　問二　Ⅰ　問三　1　エ　3　ウ　問四　イ
問五　ア　問六　Ⅰ　感情を一気　～　しまうから　Ⅱ　決意すること

二　問一　a　し　b　提案　c　うかが　d　忠実　e　けいべつ　問二　1　エ
4　イ　問三　イ　問四　地獄のような苦しみ　問五　エ　問六　イ
問七　不甲斐なく　～　れなかった

三　問一　a　あいぬ　b　もちいず　問二　汝も早　～　入れむ　問三　ウ
問四　亀の甲　問五　ウ

四　問一　イ・カ　問二　少子高齢化社会[少子高齢化・少子高齢社会]

○推定配点○

一　問一～問三・問五　各2点×6　他　各5点×4　二　問一・問二　各2点×7
他　各5点×5　三　問一　各2点×2　他　各4点×4　四　各3点×3　計100点

＜国語解説＞

一　**（論説文―脱文・脱語補充，接続語，語句の意味，文脈把握，内容吟味，要旨）**

問一　A　直後で「～信用しない」と打ち消しているので，逆接を表す「しかし」が入る。

B　直前の「一瞬だけ感動しても，すぐ忘れてしまう」と，直後の「そこから何か新しいものが生まれるわけではない」は，順当につながる内容なので，順接を表す「だから」が入る。

C　前で「感動」について述べた後，直後で「『感動した』とは正反対の『くだらない』とか『つまらない』といった言葉は……」と話題が転じているので，転換を表す「ところで」が入る。

問二　【Ⅰ】の直前に「40代，50代になってもしょっちゅう感動しているのは心がふわふわしているということだ」とあり，直後には「還暦近くになって感動して泣いている人なんか見ると，『この人大丈夫かな？』と思ってしまう」とある。脱落文の「中年になれば……感動はしなくなるものだ」という内容とつながるので，Ⅰが適切。

問三　1　後に「世の中がそれだけ息苦しくなっているせい」とあることから，エが適切であるとわかる。「ガス抜き」には，ストレスや不満などを発散させる，という意味がある。

3 「鳴らす」には，名声や評判などが広く知れわたる，という意味があるので，ウが適切。

問四 「感動」については，「感動というのは……」で始まる段落に「感動というのは一種の精神的カタルシスを得る行為」と説明されているのでイが適切。「カタルシス」は，(注)に「感情移入することで，日常生活で抑圧されていた感情が解放され，快感がもたらされること」とあることにも着目する。

問五 直前の「知」，「感動ではなく」につながる語として，思考を進めて行く筋道，という意味の「論理」が入る。

問六 Ⅰ 感動からは何も生まれない「理由」については，「感動というのもこれと同じで……」で始まる段落に「感情を一気に爆発させて『ああ，さっぱり』となってしまうから，普通はそこから何も始まらない」と説明されているので，「感情を一気に爆発させて『ああ，さっぱり』となってしまうから(29字)」を抜き出す。 Ⅱ 「新しい何か」を始めるために必要なことについては，「『感動』が……」で始まる段落に「『感動』が行動に結びつくためには，感動の後で決意することが必要だが……」とあるので，「決意すること(6字)」が適切。

二 (小説—漢字の読み書き，表現技法，文脈把握，内容吟味，情景・心情，大意)

問一 a 「占」の訓読みは「し(める)」「うらな(う)」。音読みは「セン」。熟語は「占拠」「占有」など。 b 「提」を使った熟語はほかに「提携」「提供」など。訓読みは「さ(げる)」。「提灯(ちょうちん)」という読み方もある。 c 「伺う」は，目上の人などの意見を求める，という意味。「伺」の音読みは「シ」。熟語は「伺候」など。 d 「忠」を使った熟語はほかに「忠告」「忠誠」など。 e 「蔑」を使った熟語はほかに「蔑視」「侮蔑」など。訓読みは「さげす(む)」「ないがし(ろ)」。

問二 1 「進」から声がかかると，いそいそとそばへ行こうとする「僕」の行動を，「ように」を用いて，「餌をあたえられた犬」にたとえているので「直喩」。たとえであることを表す「まるで」「ように」などの語を用いる比喩を「直喩」，そのような言葉を用いずにたとえる技法を「暗喩(隠喩)」という。 4 文末が「～ように。」と終わっていることに着目する。「まるで～ように，時には～ことがあった。」とするのが順当であるといえるので「倒置法」。「倒置法」は，主語・述語・修飾語などの順を変えることで，印象や意味を強める技法。

やや難 問三 直前に「僕に声がかからないような事態にならないことを」とあり，直後には「みんなのあとからくっついて歩く苦痛」とある。進から声がかからなければ，みんなのあとを黙ってくっついて行くという苦痛を味わうことになるので，声がかからないような事態を恐れているのである。

問四 「みんなのあとからくっついて歩く苦痛」は，「進の……」で始まる段落で「地獄のような苦しみ」と言い換えられている。

問五 直前に「ようやく五日間にわたる地獄のような苦しみが去ったことを感じながら」と，進に声をかけてもらえない苦痛から解放された喜びが示されているので，エが適切。進の隣で話せるのはうれしいが，そのうれしさを周囲に気取られることを恐れ，うれしさを押し殺したような言い方になるのである。

問六 直前に「『竹下君，今日は何か可哀想な話をしてもろうたらどうやろのう』」「『それがいいわ』」とある。自分以外の者が潔の話す内容に口出しすることを嫌い，自分だけに決定権があることを示そうとする様子がうかがえるので，イが適切。

やや難 問七 直後に「その隣の場所を占め，話をしている間中は，決してみんなの気まぐれないたずらや意地悪の対象にされることはないだろう……不断の不安に苦しめられることもない」とあるが，その後に「なぜもっと毅然と，もっと強く，自己にチュウジツになり，孤独に耐えられないのだろうか」とあり，このような自分に対する思いは，「僕はこの進の命令同然の言葉にうんといって従った自分を不甲斐なく感じ奴隷のように哀れだと思わないではいられなかった」と表現されているので「不甲斐なく感じ奴隷のように哀れだと思わないではいられなかった(30字)」を抜き出す。

三 (古文─仮名遣い，文脈把握，内容吟味，口語訳，大意)

〈口語訳〉 その後，舟を出して進んで行くと，備前の国，骨島のあたりに来たところで，夕暮れ時に海賊に遭った。海賊は，弘済の船に乗り移って，弘済が連れていた子ども二人を奪って海に投げ入れ，その後，弘済に「お前も早く海に入れ。入らなければ，海に投げ入れるぞ」と言うので，弘済は手を摺り合わせて，海賊の機嫌を取るようなことを言ったが，海賊は聞き入れない。だから，弘済は心の中で神仏に祈願して海に入った。海賊は，船の中の物を全部取り，買った金もすべて奪った。

弘済は入ったが，水は腰の高さぐらいで，足は石のような物を踏みつけていた。こうして，一晩中，海の中に立っていると，夜も明けたので，この踏みつけていた物を見ると，大きな亀の甲を踏んでいたのだった。自分のいる場所を見ると，備後の国の海辺であった。これは，思いがけないことこの上ない。

問一 a 語頭以外の「はひふへほ」は，現代仮名遣いでは「わいうえお」となるので，「ひ」は「い」に直して，「あいぬ」となる。 b 「ゐ」は，現代仮名遣いでは「い」となるので，「もちいず」となる。

問二 海賊の言葉に着目する。「弘済に云はく」とあり，この直後からが海賊の言葉になる。引用を表す助詞「と」に着目すると，「と云へば」とある。この直前までが会話文になるので，「汝も早く海に入れ，入らずは取りて投げ入れむ」が海賊の発した言葉になる。

やや難 問三 主語は「海賊」で，「海賊」の後の「が」が省略されている。「弘済が」の「が」は，連体修飾語であることを表す用法で，「の」に置き換えることができるので，「海賊が弘済の船に乗り移って」となる。

問四 直後に「踏へられたり」とあり，後に「此の踏へたる物を見れば，大きなる亀の甲を踏へたり」とあるので，踏んでいたのは「亀の甲」。本文の前に「漁師から亀を助けて海に逃がしていた」とあることから，助けてもらったお礼に弘済の命を助けたのだと考えられる。

やや難 問五 直前に「夜も明けぬれば，……有る所を見れば，備後の浦の海辺なり」とあるので，ウが適切。

四 (資料読み取り)

問一 総人口は概算で，1970年は約104000千人，1985年は約121000千人，2000年は約126000千人，2015年は約127000千人なので，アはあてはまらない。老年人口(65歳以上)は，2015年が33868千人，1970年が7331人なので，イはあてはまる。年少人口(0～14歳)は，1985年以降減少しているので，ウはあてはまらない。生産年齢人口(15～64歳)の比率は，1970年は69%であったのに対し，2015年には60%になっているので，エはあてはまらない。2015年の年少人口の比率は13%，1970年は24%なので，3分の1とするオはあてはまらない。老齢人口の比率は，1970年は7%，1985年は10%，2000年は17%，2015年は27%と年々上昇しているので，カはあてはまる。

問二 「資料1」からは，0～14歳の人口が減少傾向にあること，65歳以上の人口が増加傾向にあることがわかる。また，「資料2」からは，0～14歳の人口比率が低くなり，65歳以上の人口比率が高くなっていることがわかる。以上のような結果から，高齢者の人口が増え，子どもの人口が減っているといえるので，「少子高齢化社会」「少子高齢化」「少子高齢社会」などとするのが適切である。

★ワンポイントアドバイス★

説明的文章，文学的文章，古文と3種類の文章を時間内に読みこなす練習をしておこう！　資料読み取りは，グラフや表の数値を正確に読み取り，傾向を把握する練習をしておこう！

2019年度

★★★★★★★★★★★★★★★★★★★★★★★★

入　試　問　題

2019年度

札幌北斗高等学校入試問題

【数　学】（45分）　＜満点：100点＞

1　次の計算をしなさい。

(1)　$-8+3-5$　　(2)　$-3^2\times 4$

(3)　$x^2y\times(y^2z)^3$　　(4)　$\sqrt{50}+\sqrt{18}$

2　140を素因数分解しなさい。

3　次の式を展開しなさい。

$(3x-2y)^2$

4　次の式を因数分解しなさい。

(1)　$x^2+7x+10$　　(2)　$(x+y)^2-1$

5　次の方程式を解きなさい。

(1)　$3x+4=4x-2$　　(2)　$\begin{cases} 5x+2y=3 \\ 2x+y=3 \end{cases}$

(3)　$x^2-4x+2=0$

6　長椅子に生徒が4人ずつ座ると8人座ることができませんでした。また，5人ずつ座ると最後の椅子に1人だけ座って全員座ることができました。長椅子の数と生徒の人数を求めなさい。

7　右の表は，あるクラスの生徒の100m走の記録を度数分布表に整理したものです。次の問いに答えなさい。

(1)　各階級の相対度数を，小数第二位まで求めなさい。

(2)　記録の速い方から12番目の生徒のいる階級の階級値を答えなさい。

階級(秒)			度数(人)
以上		未満	
11.0	～	11.6	2
11.6	～	12.2	3
12.2	～	12.8	4
12.8	～	13.4	6
13.4	～	14.0	5

8　次の図のように，A～Cのどの袋にも，1から3までの番号が1つずつ書かれた同じ大きさの玉が入っています。A，B，Cの順にそれぞれの袋から1個ずつ，合計3個の玉を取り出すとき，玉に書かれた番号の和が3の倍数になる確率を求めなさい。

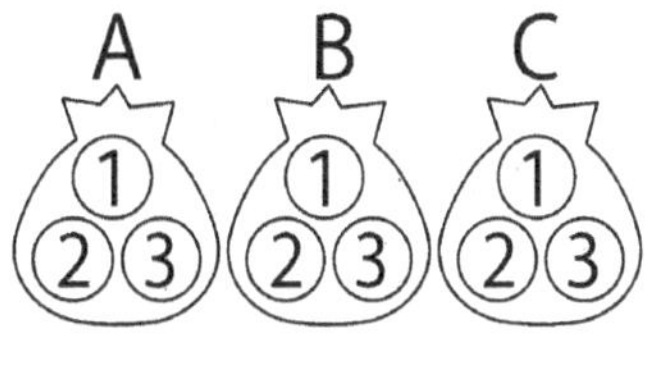

9　右の図の∠xの大きさを求めなさい。ただし，直線ＤＥは点Ｄを接点とする円Ｏの接線とします。

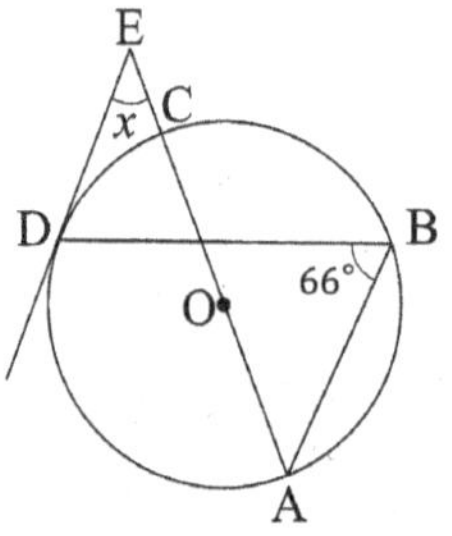

10　次の図のような円柱を，図のように６等分したときに，そのうちの１つの立体の表面積を求めなさい。ただし，円周率をπとします。

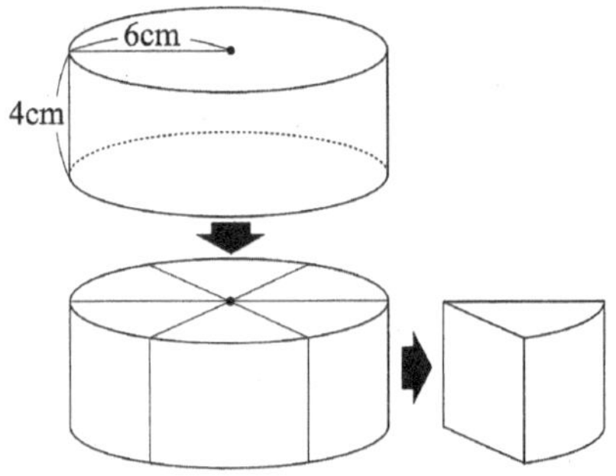

11　右の図のように，関数①は $y=\frac{1}{2}x^2$ のグラフです。関数①上の２点Ａ，Ｂのx座標をそれぞれ－２，４とします。次の問いに答えなさい。ただし，座標軸の１目盛りを１㎝とし，円周率をπとします。

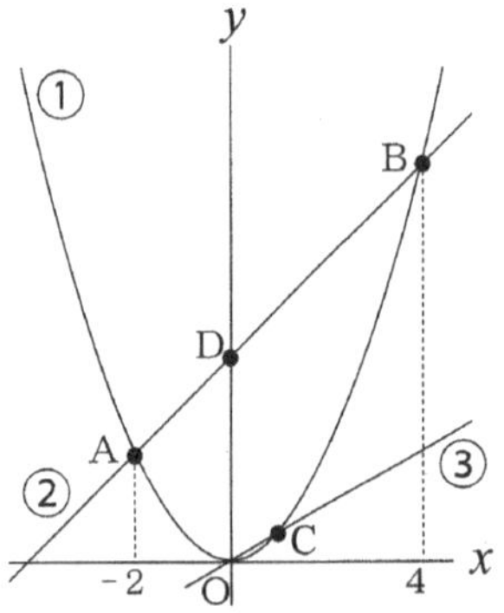

⑴　２点Ａ，Ｂを通る直線②の式を求めなさい。

⑵　直線②の傾きをaとしたときに，直線③の式は $y=\frac{1}{2}ax$ で表されます。直線③と関数①の交点を点Ｃとするとき，四角形ＡＯＣＢの面積を求めなさい。ただし，点Ｃのx座標は正とします。

⑶　直線②とy軸との交点を点Ｄとします。△ＯＢＤをy軸を軸として１回転してできる立体の体積を求めなさい。

【英　語】（45分）　＜満点：100点＞

1　次のスポーツ行事の広告を見て，後の問いに答えなさい。

Outdoor
Sport Festival
in Hanakawa

Join us on the fields of Hanakawa Park!　Try some sports like soccer, tennis, 3-on-3 basketball, and marathon on the beautiful fields and clean roads.　Feel the fresh air in September!　Don't worry if you are alone.　You will make a lot of friends!　All programs are free!

We have many fun programs and events for everybody in any age!
For more informations, please check our blog, or ask us by phone or fax.

Date & Time

SEP.29(SAT)　9:00-17:00
SEP.30(SUN)　9:00-14:30

Sport Programs

- Soccer
  SAT.　9:30-11:00 (Boys)
  SUN. 13:00-14:30(Girls)

- Tennis
  (*Bring your racket and balls.)
  SAT.　14:00-15:00(Singles)
  SUN. 11:00-12:00(Doubles)

- 3-on-3 basketball
  SAT.
  12:00-13:00
  15:30-16:30 (Only students)
  SUN.
  9:30-10:30

- Marathon (5km / 10km)
  SAT./SUN. 10:00-12:00

Marathon Goods Store

Shoes, caps, towel, watches, etc…　for sale!

Hanakawa Market

Fresh fruits & vegetables (grown in Hanakawa) are for sale!　Onions, carrots, apples …　Everything's so fresh!

Sandwich Stand

Ham: 260 yen
Cheese: 240 yen
Tomato: 220 yen
Coffee / Tea: 100 yen

Information : Fun Fun Hanakawa Club　(blog: http://funfun-hanakawa.jp/sports/)
Tel: 0123-98-7654　Fax: 0123-98-7650
Address: Sunshine Building 9F　1-8 Kaede-Higashi, Minami-ku, Hanakawa City

問１　男子がサッカーのプログラムに参加したい。開始20分前に集合するとしたら，何曜日の何時までに華川公園に行けばよいか。

問2　次の２つの時刻で，行われている種目名すべてをそれぞれ次の中から選び，記号で答えなさい。

A　土曜日　16：00　　B　日曜日　11：30

ア　soccer　　イ　Tennis　　ウ　3-on-3 basketball　　エ　Marathon

問3　土曜日の正午に何も持たずに華川公園を通りかかった女子高校生が，ひとりでプログラムに参加したくなった。どのプログラムに参加できるか。英語で答えなさい。

問4　次の質問に英語で答えなさい。ただし（　）内の数字で指示された語数で答えること。

A　What fruits can you buy at Hanakawa Market? (1)

B　Can you get any informations about this sport event by telephone? (3)

問5　本文の内容に合うものを次の中から２つ選び，記号で答えなさい。

ア　タオルを忘れてもイベント会場で購入できる。

イ　男子は日曜日のみサッカーのプログラムに参加できる。

ウ　一人でこのイベントに来ても，参加できる競技はない。

エ　テニスのプログラムに参加するには，用具の準備と参加料が必要である。

オ　土曜日の３－on－３バスケットボールは，学生なら参加するチャンスが２度ある。

カ　昼食に２種類のサンドイッチと飲みものを注文しても500円以内で購入できる。

2　英文を読んで次の問いに答えなさい。

There are a lot of human right problems around the world. It is not easy to change them. There is a person who did it. It was Mahatoma Gandhi.

Gandhi was born in 1869 in India. His family were Hindus. When he was eighteen, he went to London to become a lawyer. (A) that time, India was under British rules, so he wanted to be a British lawyer. His first job which was important for him was in South Africa. It was also controlled by British. There were Africans and many Indians in there and British called them "colored."

One day, on the train, Gandhi was sitting in the first class. The train stopped at Pietermaritzburg. A white man came in and said to Gandhi, "Get out of here, colored." "But I have a first class ticket. I am a lawyer." A white man called a policeman. "Move to third class or get off the train," the policeman said. Gandhi kept sitting, so the policeman made him out of the train. It was the cold and long night. ①This changed his mind. He lived in South Africa next twenty years. In there, ②he got an idea from a book written by an English writer. It said, "A good life is simple. People want things because other people have them."

In 1915, Gandhi went back to India. He was in white clothes. India was still under British control. There were many Hindus, but they were divided into different classes. Muslims were also in India, and they did not get along with Hindus. ③Gandhi (to / all the people / wanted / live together / in India).

India is a hot country and people can't live without salt. On the beaches, they had to pay money to the British when they needed it. Gandhi thought, "This law hurts poor people." He took an action on March 12, 1930. He and ④seventy-eight men and women walked twenty kilometers every day toward a small village by the Indian Ocean. When they arrived, Gandhi took and showed some salt. He said, "I am breaking the law." ⑤This is one of his nonviolent protests. Gandhi fought for freedom without violence.

After his death, India was independent from the British Empire. He gave his life for poor and weak people, also tried to change the things better.

(注) Hindu：ヒンドゥー教徒　class：階層　Pietermaritzburg：南アフリカの都市
Muslim：イスラム教徒　divide：分ける　get along with ～：～と上手く付き合う
nonviolent protest：暴力を使わない抵抗運動　freedom：自由　violence：暴力
independent：独立した　the British Empire：大英帝国

問1　空欄Aに入れるのに最も適した語を次の中から選び，記号で答えなさい。
ア For　イ At　ウ To　エ In

問2　下線部①が示す内容を『警察官』，『汽車』の2語を使い，日本語で簡潔に説明しなさい。

問3　下線部②を日本語に訳しなさい。

問4　下線部③を「Gandhi はインドに住むすべての人々に共に暮らしてほしかった。」いう意味になるように並べ替えなさい。

問5　下線部④を数字で書きなさい。

問6　下線部⑤が示す内容として最も適切なものを次の中から1つ選び，記号で答えなさい。
ア　砂浜にある塩をイギリス人の許可なしに採ったこと。
イ　たくさんの人々と海沿いの小さな村へ泳ぐ練習をしに行ったこと。
ウ　1931年4月6日に砂浜にたどり着いたこと。

問7　本文の内容に合う組み合わせを次の中から1つ選び，記号で答えなさい。
a　Gandhi は目立つ洋服を好んだ。
b　Gandhi は17歳の時に弁護士になるためにロンドンへ行った。
c　インドでは，ヒンドゥー教徒はイスラム教徒よりも地位が高い。
d　Gandhi は法律を破ったことがある。
e　Gandhi は暴力を使わなかった。
ア a・c　イ a・b　ウ c・e　エ b・d　オ d・e

3　会話文の意味が通るように，(　) に入るものを次の中から1つずつ選び，記号で答えなさい。

問1
Tom: My mother bought me this tennis racket on my birthday.
Eriko: Really? I want my own racket, because I have lost one.
Tom: (　　). I have two rackets.
Eriko: Oh, you are very kind.

ア　I can lend you one of my rackets
イ　I will buy a new racket soon
ウ　I hope you will find the racket that you have lost
エ　Tennis rackets are very expensive

問2 Chris: Excuse me. Could you tell me the way to the Grand Hotel?
Makoto: The Grand Hotel is far from here. You should go by bus. I'll check the bus schedule. Well... Oh, the last bus has already gone.
Chris: Then (　　).

ア I don't want to go there
イ you must tell me how to go there
ウ I'll take a taxi
エ I'll wait for the next bus

問3 Kelly: Can I borrow these books?
Library Staff: Please wait a minute. Oh, (　　) If you want to borrow these books, you have to bring back the book that you borrowed. Then you can borrow these two books.
Kelly: I see. I'll come again tomorrow.

ア you don't have to read these books
イ I'm afraid that someone has already borrowed these books
ウ I think these books are not so interesting
エ you have already borrowed a book

問4 Staff: Hello. May I help you?
Kate: I'll take a beef hamburger, a small salad and a corn soup.
Staff: (　　).
Kate: That's too bad. Then I'll take a teriyaki chicken burger.

ア Beef hamburger is special in our restaurant
イ I'm sorry but we don't have ice coffee
ウ I like chicken burger best in the menu
エ I'm sorry but beef hamburgers are sold out

問5 Student: Do you know the boy playing basketball in the gym, Ms. Tanaka?
Ms. Tanaka: Yes, he is a new student.
Student: He plays basketball very well. (　　).
Ms. Tanaka: I'll talk to him about you.

ア I want to learn how to play basketball from him
イ I want to know where he is playing basketball now
ウ I want to tell you where he is from
エ I want to show him where the gym is

問6 Ken: I'm going to go to Aomori during summer vacation.
Yumi: That sounds good. How are you going to go there?
Ken: I'm planning to take the train from Sapporo to Hakodate, and from there take on a ship.
Yumi: It takes about eight hours for you to get to Aomori. You will get

very tired.

Ken: You're right, I think. So (　　). It goes faster than a train and a ship.

ア I like to see the sea from a ship

イ I must buy a ticket of the train quickly

ウ I will take a plane to Aomori

エ Taking a plane is more expensive than a train

4 次の英文について適切なものを，(　)の中からそれぞれ1つずつ選び，記号で答えなさい。

問1 I like the girl (ア studying　イ study　ウ studied) over there.

問2 A (ア use　イ using　ウ used) car is much cheaper than new ones.

問3 I want my grandmother (ア come　イ coming　ウ to come) home earlier.

問4 Spring is the season (ア who　イ which　ウ whose) I like the best.

問5 Please help me (ア if　イ but　ウ before) you have time.

問6 My sister is standing in front (ア at　イ of　ウ in) the museum.

問7 I met my friend (ア in　イ between　ウ on) my way to library.

問8 There were (ア much　イ few　ウ a little) stamps in the desk.

問9 The milk is (ア too　イ so　ウ very) hot to drink.

問10 I don't know where (ア does she lives　イ does she live　ウ she lives).

5 アクセントの位置が他と異なるものを，それぞれ次の中から1つずつ選び，記号で答えなさい。

問1 ア eve-ning　イ ex-press　ウ feel-ing　エ mar-ket

問2 ア ex-cit-ing　イ im-por-tant　ウ med-i-cal　エ Sep-tem-ber

問3 ア an-i-ma-tion　イ in-ter-est-ing　ウ nec-ces-sar-y　エ u-su-al-ly

問4 ア eigh-teen　イ en-joy　ウ for-get　エ home-work

問5 ア class-room　イ head-ache　ウ moun-tain　エ re-turn

6 二重線の発音が他と異なるものを，それぞれ次の中から1つずつ選び，記号で答えなさい。

問1 ア cool　イ foot　ウ good　エ look

問2 ア country　イ house　ウ trouble　エ young

問3 ア asked　イ invited　ウ laughed　エ watched

問4 ア change　イ favorite　ウ gave　エ many

問5 ア drinks　イ enjoys　ウ homes　エ pictures

【理　科】（45分）　＜満点：100点＞

1　次の問いに答えなさい。

問1　日本付近の低気圧と前線について，正しく述べられているものを次の(ア)～(エ)からすべて選び，記号で答えなさい。

(ア)　寒気団と暖気団の強さが同じくらいのとき，前線はあまり動かず，ほとんど同じ場所にとどまる。このような前線を閉塞前線という。

(イ)　寒冷前線付近では，積乱雲が発達して強いにわか雨や雷をともなうことが多い。

(ウ)　一般的に，温暖前線の進み方は寒冷前線の進み方より遅い。

(エ)　温暖前線の通過後は北よりの風に変わり，気温が上がる。

問2　たい積した当時の環境を推定することができる，ある環境でしか生存できない生物の化石を何というか，答えなさい。

問3　太陽系の星について，正しく述べられているものを次の(ア)～(エ)からすべて選び，記号で答えなさい。

(ア)　太陽系の惑星の中で，最も公転周期が長いのは海王星である。

(イ)　木星型惑星は，地球型惑星と比べて大きさや平均密度が大きい。

(ウ)　金星は，地球よりも太陽に近い所を公転しているので，真夜中に観測することができない。

(エ)　太陽系には，惑星以外に太陽の周りを公転している小惑星も存在している。

問4　菌類や細菌類のように，枯れた植物や動物の遺がいなどに含まれる有機物を，二酸化炭素や窒素化合物などの無機物に変え，エネルギーを得ている微生物を何というか，漢字３字で答えなさい。

問5　ヒトの血液の赤血球の中には，酸素の多い所では酸素と結びつき，酸素の少ない所では酸素を離すという性質をもった色素が含まれている。この色素を何というか，答えなさい。

問6　コイルに棒磁石を出し入れして，コイルの中の磁界を変化させると，コイルに電流が流れる。このとき流れる電流を何というか，答えなさい。

問7　二酸化炭素やメタンなどは，地球から宇宙への熱の流れを妨げる性質をもち，地球温暖化の原因と考えられている。これらのような気体を何というか，答えなさい。

問8　物質を水などの溶媒に溶かした後，温度を下げたり溶媒を蒸発させることで再び物質を取り出す操作を何というか，答えなさい。

問9　物質が陽イオンと陰イオンに分かれる現象を何というか，答えなさい。

問10　すべての気体は，いくつかの原子が結合した分子という粒子からなるという考えを発表した科学者の名前を答えなさい。

2　次のページのグラフは，様々な金属の単体ａ～ｇを空気中の酸素と結びつけたときの金属の質量と化合した酸素の質量の関係を表したものである。次の問いに答えなさい。ただし，金属の単体ａ～ｇには同じ種類の金属が含まれているものとする。

問1　物質から酸素をうばう反応を何というか，答えなさい。

問2　金属の単体ａ～ｇには，何種類の金属があるか，答えなさい。

問3　金属ｂと同種類の金属８ｇと化合した酸素の質量は何ｇか，答えなさい。

問４　金属ｃとその酸化物の質量比は何か，最も簡単な整数の比で答えなさい。

問５　密閉した容器に金属ｄと同種類の金属12ｇと酸素９ｇを入れてどちらか一方がなくなるまで反応させた場合，生成した酸化物は何ｇか，答えなさい。

問６　金属ｇと同種類の金属と酸素を反応させて酸化物５ｇを得るためには，空気が何Ｌ必要か，小数第１位を四捨五入して整数で答えなさい。ただし，空気１Ｌ中に酸素が0.28ｇ存在するものとする。

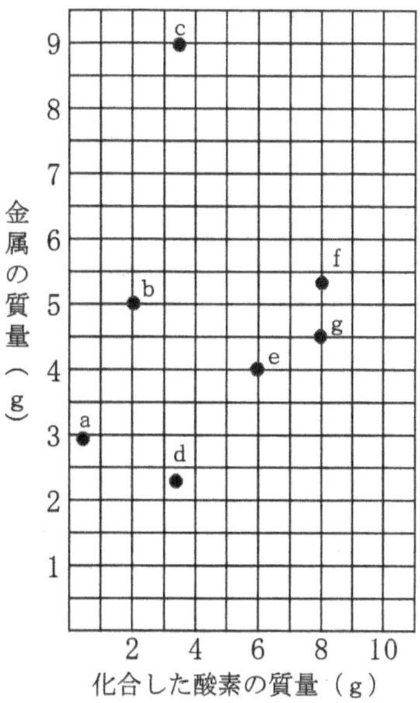

3　実験１～３について，次の問いに答えなさい。

【実験１】

①　ふ入りの葉をつけたアサガオを暗室の中に一昼夜置いた。

②　暗室から出してふ入りの葉の一部をアルミニウムはくでおおい，この葉に十分な光を当てた。

③　②の葉をつみとり，湯につけた後，温めたエタノールにつけて脱色し，ヨウ素液につけて，色の変化を調べた。

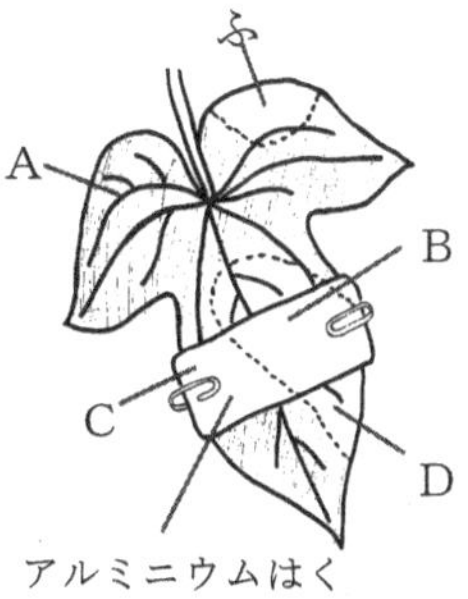

問１　実験の③において，青紫色に変化したものはどれか，図のＡ～Ｄの中からすべて選び，記号で答えなさい。

問２　実験の③において，ＡとＣの色の変化を比べると，光合成を行う際に必要と考えられるのは何か，答えなさい。

問３　下線部について，エタノールの温め方として正しいものを，次の(ア)～(ウ)から１つ選び，記号で答えなさい。

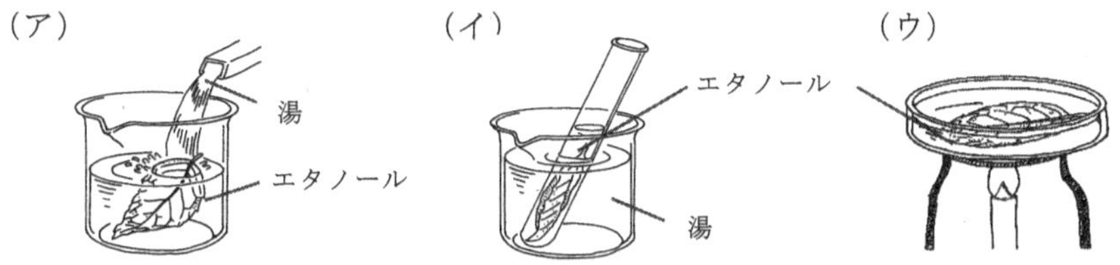

【実験２】

①　息をふきこんで緑色にしたＢＴＢ溶液を３つの試験管Ａ，Ｂ，Ｃに入れた。

②　ＡとＢだけにオオカナダモを入れ，Ｂはアルミニウムはくで全体をおおった。

③　Ａ，Ｂ，Ｃに十分な光を当て，ＢＴＢ溶液の色の変化を調べた。

問４　実験において，それぞれの試験管のＢＴＢ溶液の色は何色になったか。次のうち正しい組み合わせとして適切なものを次の(ア)～(エ)から１つ選び，記号で答えなさい。

	試験管Ａ	試験管Ｂ	試験管Ｃ
（ア）	黄　色	青　色	緑　色
（イ）	黄　色	黄　色	青　色
（ウ）	青　色	青　色	黄　色
（エ）	青　色	黄　色	緑　色

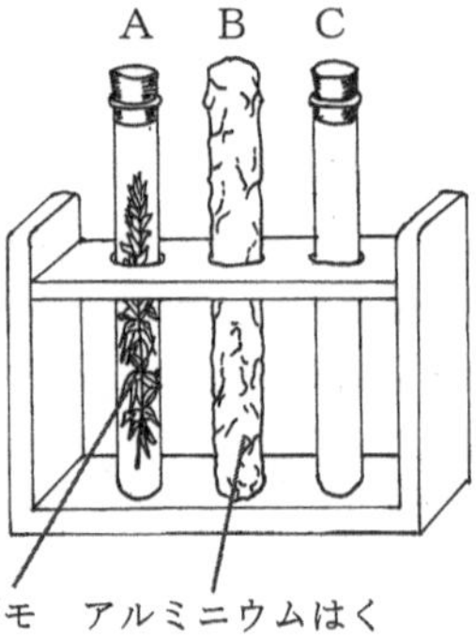

問５　試験管Ａで，オオカナダモを観察すると小さな気泡がたくさん発生していた。この気泡に含まれている主な気体は何か，名称で答えなさい。

問６　試験管Ａの結果について正しく述べられているものを次の(ア)～(エ)から１つ選び，記号で答えなさい。

(ア)　光合成で吸収した気体の量が，呼吸で放出した気体の量よりも多いため，黄色になった。

(イ)　光合成で吸収した気体の量が，呼吸で放出した気体の量よりも多いため，青色になった。

(ウ)　光合成で吸収した気体の量が，呼吸で放出した気体の量よりも少ないため，黄色になった。

(エ)　光合成で吸収した気体の量が，呼吸で放出した気体の量よりも少ないため，青色になった。

【実験３】

①　Ａ～Ｄの試験管に同じ質量の水を入れ，その質量をはかった。その後，葉の大きさや数がほぼ等しいある植物の枝をＡ～Ｃの試験管にそれぞれさし，Ａ～Ｄの試験管に少量の油を注ぎ，葉に次のような処理をした。

Ａ：何も処理をしない。Ｂ：すべての葉の裏側にワセリンを塗った。　Ｃ：すべての葉の表側にワセリンを塗った。　Ｄ：植物なし

②　光のよく当たる場所に置き，数時間後に水の質量をはかった。その結果を次の表のようにまとめた。

試　験　管	Ａ	Ｂ	Ｃ	Ｄ
①と②の質量の差〔ｍｇ〕	a	b	c	d
質量差の比較	a　＞　c　＞　b　＞　d			

問７　実験において，吸い上げられた水が水蒸気となって出ていることがわかる。この現象を何というか，漢字で答えなさい。

問8　表の結果，気孔について正しく述べられているものを次の(ア)～(エ)から１つ選び，記号で答えなさい。

(ア)　葉の裏側にのみ存在している。　(イ)　葉の表側にのみ存在している。

(ウ)　葉の表側に多く存在している。　(エ)　葉の裏側に多く存在している。

4　次の文章を読み，問いに答えなさい。

> 理科でいう$_1$仕事とは，ある物体に力を加えて，その力の向きに物体を動かすことをいう。したがって，物体に力を加えても物体が動かなかったり，物体を手で持っているだけでは，仕事をしたことにならない。
>
> 物体が$_2$仕事をする能力を持っているということは，エネルギーをもつということである。世の中には，様々なエネルギーがあり，それを$_3$色々な種類のエネルギーに変換し活用されている。
>
> 光エネルギーは，太陽光発電により電気エネルギーに変換することができる。また，太陽熱温水器は光エネルギーを熱エネルギーに変換し，様々な場面で活用されている。化学反応によって取り出されるエネルギーを化学エネルギーといい，乾電池は化学エネルギーを電気エネルギーに変換したものである。水力発電所は，$_4$力学的エネルギーを電気エネルギーに変換し，家庭や工場などに電力を供給している。
>
> 上で示した様々なエネルギーは，変化の前後で一定に保たれることがある。これをエネルギーの保存というが，特に「物体に保存力がはたらくとき，または，保存力以外の力がはたらいても仕事をしないとき，$_5$力学的エネルギーは一定に保たれる」ことを，力学的エネルギー保存の法則という。

問1　下線部1について，次の(1)・(2)の問いに答えなさい。

(1)　250gの物体にはたらく重力の大きさは2. 5Nであった。この物体を1.2m持ち上げたときの仕事は何Jか，答えなさい。

(2)　3kgの物体を50cmの高さで支えていたときの仕事は何Jか，答えなさい。

問2　下線部2についての例として誤っているものを，次の(ア)～(エ)から１つ選び，記号で答えなさい。

(ア)　手で十分に引かれた弓　(イ)　変形してもとの形状に戻ろうとする物体

(ウ)　ベニヤ板に刺さったくぎ　(エ)　水鉄砲の銃口から発射された水

問3　下線部3について，「エレベーター」におけるエネルギー変換として正しいものを，次の(ア)～(エ)から１つ選び，記号で答えなさい。

(ア)　光エネルギーを電気エネルギーに変換

(イ)　電気エネルギーを力学的エネルギーに変換

(ウ)　化学エネルギーを力学的エネルギーに変換

(エ)　電気エネルギーを光エネルギーに変換

問4　下線部4にあてはまるものを，次の(ア)～(オ)からすべて選び，記号で答えなさい。

(ア)　重力による位置エネルギー　(イ)　核エネルギー　(ウ)　運動エネルギー

(エ)　弾性力による位置エネルギー　(オ)　光エネルギー

問5　下線部5についての例として正しいものを，次の(ア)～(オ)からすべて選び，記号で答えなさい。

(ア)　摩擦がはたらいていない滑り台のてっぺんから床まで滑った。

(イ)　ストックで加速させながら，雪山をスキーで滑った。

(ウ)　空気抵抗を受けながら振り子が運動した。

(エ)　小球が重力のみを受けて自由落下した。

(オ)　橋の上からバンジージャンプをした。

【社　会】（45分）　＜満点：100点＞

1　中国について【地図１】を見て，次の問いに答えなさい。

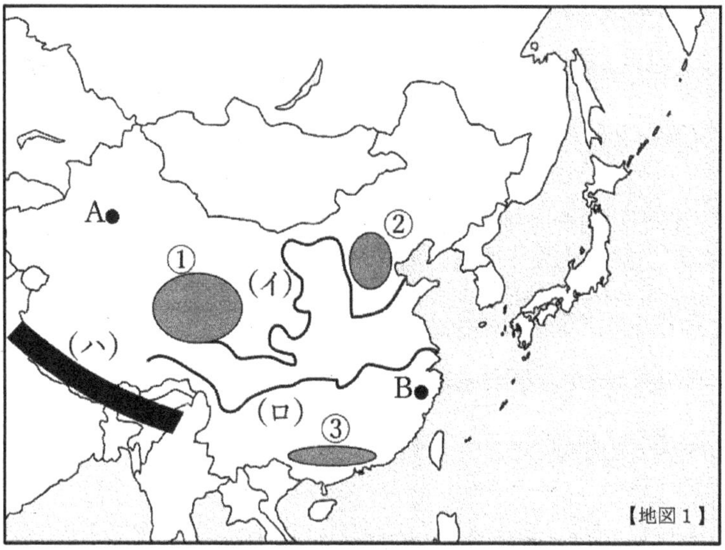

【地図１】

問１　地図中の(イ)・(ロ)の河川名と(ハ)の山脈名をそれぞれ答えなさい。

問２　地図中の●Ａ・●Ｂの気候区名を，下の(あ)～(え)からそれぞれ１つずつ選び，記号で答えなさい。

(あ)　地中海性気候　(い)　温暖湿潤気候　(う)　砂漠気候　(え)　ツンドラ気候

問３　中国の農業について，地図中の ①・②の地域で主に栽培されている農作物または実施されている農業方法を，下の(あ)～(え)からそれぞれ１つずつ選び，記号で答えなさい。

(あ)　油やし　(い)　牧畜　(う)　小麦　(え)　米

問４　地図中の③の地域では，米を同じ農地から年２回収穫しています。この耕作法を何といいますか，**漢字３字**で答えなさい。

問５　1980年に中国では最初の経済特区が設けられました。経済特区の説明として**誤っているもの**を，下の(あ)～(え)から１つ選び，記号で答えなさい。

(あ)　外国企業を招くことにより，外国の資本・技術の導入を行おうとした。

(い)　外国企業にとっては，低賃金で現地の労働者を雇うことができた。

(う)　中国政府は，外国企業が工場を建設するための用地を安価で提供した。

(え)　中国政府は，外国企業が輸入する原材料への関税を高く設定した。

問６　中国の重工業が発達している都市では，化石燃料の燃焼により深刻な環境問題が発生しています。中国が埋蔵量・産出量ともに世界１位の化石燃料名を，下の(あ)～(え)から１つ選び，記号で答えなさい。

(あ)　石油　(い)　天然ガス　(う)　石炭　(え)　鉄鉱石

問７　中国は50以上もの民族で構成されています。そのうち人口の９割を占めている民族名を何といいますか，答えなさい。

問８　1979年から2015年までに続けられてきた，人口抑制政策を何といいますか，答えなさい。

2　北海道・東北地方について【地図２】を見て，次の問いに答えなさい。

問１　地図中の三陸海岸では，谷が海に沈み，入り組んだ海岸線がみられますが，このような海岸地形を何といいますか，下の(あ)～(え)から１つ選び，記号で答えなさい。

(あ)　リアス海岸　　(い)　フィヨルド
(う)　グレートバリアリーフ　　(え)　砂浜海岸

問２　東北地方にある世界遺産として正しいものを，下の(あ)～(お)から**２つ**選び，記号で答えなさい。

(あ)　富岡製糸場　　(い)　平泉　　(う)　白神山地
(え)　屋久島　　(お)　石見銀山

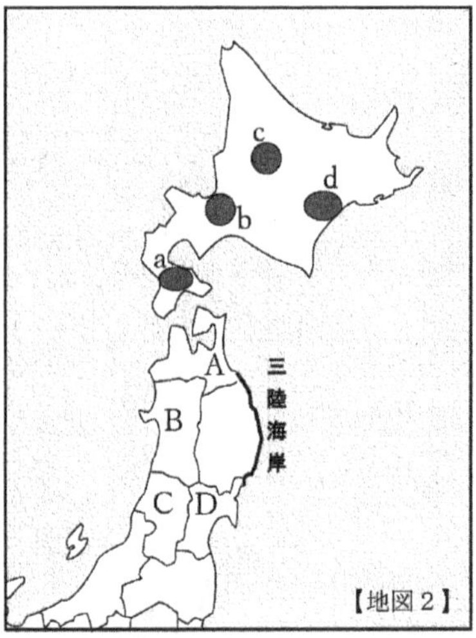

【地図２】

問３　気候に関する次の文章を読み，①～④の〔　〕内から正しい語句を選び，それぞれ記号で答えなさい。

> 夏には太平洋側から湿った暑い①〔ａ南東　ｂ南西〕の季節風が吹き，冬にはシベリア側からの乾いて冷たい②〔ａ北西　ｂ北東〕の季節風が吹きます。冬のモンスーンは日本海を越える時に水蒸気を含むため，特に新潟県から北海道にかけての日本海側は降雪量が③〔ａ少なく　ｂ多く〕なります。太平洋側は，からっ風とよばれる乾いた風が吹き下ろすため乾燥し，④〔ａ雨天　ｂ晴天〕の日が多くなります。

問４　次の①～④の文は地図中のＡ～Ｄの県について説明したものです。組み合わせとして正しいものを，下の(あ)～(え)から１つ選び，記号で答えなさい

①　この県はリンゴの生産量が全国１位である。漁業では，八戸港が全国有数の水揚げ量をほこり，三内丸山遺跡やねぶた祭りが有名である。

②　この県の県庁所在地は，東北で一番人口が多く，東北で唯一のプロ野球チームの本拠地もある。漁業もさかんで，かきの養殖が有名である。

③　この県はサクランボの生産量が全国１位で，スイカやブドウの生産もさかんである。松尾芭蕉の俳句でよまれた最上川や，将棋の駒の生産で知られる天童市が有名である。

④　この県では，冬になまはげという民俗行事がある。きりたんぽ鍋やしょっつる鍋などの郷土料理や，曲げわっぱなどの工芸品が有名である。

(あ)　①Ａ　②Ｄ　③Ｃ　④Ｂ　　(い)　①Ｂ　②Ｃ　③Ａ　④Ｄ
(う)　①Ｂ　②Ａ　③Ｃ　④Ｄ　　(え)　①Ａ　②Ｃ　③Ｄ　④Ｂ

問５　北海道でさかんな，乳牛を飼育して，バターやチーズなどの乳製品を生産する農業を何といいますか，**漢字２字**で答えなさい。

問６　次の文章にあてはまる地域を，地図中の ⬬ ａ～ｄから１つ選び，記号で答えなさい。

> この平野には火山灰地が広がり，気候が厳しいこともあり畑作が中心の農業となっています。泥炭地を排水したり客土などを行って土壌を改良し，機械化も進んだことで，主に栽培されているてんさい・あずき・じゃがいもなどの農産物は，いずれも全国１位の生産量となっています。

問７　近年，日本各地で自然災害が起きていますが，地域の被害予測や避難場所などが示された地図を何といいますか，**カタカナ７字**で答えなさい。

3　歴史上の人物に関する次のＡ～Ｅの文章を読み，問いに答えなさい。

Ａ　伝染病の流行やききんにより世の中の不安が高まったため，①「わたし」は，仏教の力で国を守ろうと考え，②大仏をつくらせました。また，地方には国分寺や国分尼寺を建てるよう命令を出しました。

Ｂ　一条天皇の皇后につかえた③「わたし」は，④かな文字を使って，随筆『枕草子』を書きました。

Ｃ　天台宗の僧であった「わたし」は，一心に「南無阿弥陀仏」をとなえれば，死後極楽にいけると説き，［　ア　］宗をひらきました。「わたし」の弟子に親鸞《しんらん》がいます。

Ｄ　将軍であった「わたし」は，京都の東山に山荘をつくらせました。銀閣や東求堂《とうぐどう》には，床の間があり，［　イ　］造の技法が取り入れられました。

Ｅ　堺の商人であった⑤「わたし」は，わび茶を大成しました。⑥織田信長や豊臣秀吉に茶の湯の作法などを指導し，政治にもかかわりました。

問１　文中の［　ア　］・［　イ　］にあてはまる語句は何ですか，それぞれ**漢字**で答えなさい。

問２　下線部①・③・⑤の「わたし」は誰ですか，それぞれ答えなさい。

問３　下線部②について，この大仏をまつっている寺を何といいますか，答えなさい。

問４　下線部④について，この時代の文化の特徴として正しいものを，下の(あ)～(え)から１つ選び，記号で答えなさい。

(あ)　ポルトガルやスペインとの貿易がおこなわれ，鉄砲や火薬，時計，ガラス製品のほかに，ヨーロッパの天文学や医学，活版印刷の技術などがもたらされた。

(い)　渡来人によって，鉄器の製造技術や，漢字，仏教，儒教などが伝えられ，日本の文化や信仰に大きな影響を与えた。

(う)　禅宗やその背後にある宋や明の文化の影響をうけた，公家と武家の一体的な文化が形成された。

(え)　唐風の文化を基礎に，日本の貴族の生活や好みに合わせた独自の文化がみられた。

問５　下線部⑥について，織田信長は一向一揆に対して厳しい態度でのぞみ，1580年に一向一揆の根拠地を降伏させました。その根拠地として正しいものを，下の(あ)～(え)から１つ選び，記号で答えなさい。

(あ)　石山本願寺　　(い)　延暦寺　　(う)　法隆寺　　(え)　中尊寺

4　下の文章を読み，次の問いに答えなさい。

（この問題には，本校『入学試験問題』を出版するにあたり，著作権に抵触する部分があります。そのため，一部改変しております。質問・解答には全く影響しておりません。）

日露戦争直後の北海道周辺を舞台とした，アイヌの金塊《きんかい》をめぐる冒険漫画（「ゴールデンカムイ」野田サトル著）が描かれているこの作品（非表示）は，①戊辰戦争・②日露戦争・③ロシア革命などの歴史ロマン要素のほか，狩猟・グルメ要素，アイヌなどの民俗文化の紹介要素もあわせ持ちます。

この漫画は，④アイヌ文化の文様も細かく描写されており，アイヌの料理や狩猟など，風習・文化がリアルに表現されているとして，アイヌ民族博物館の職員や北海道アイヌ協会の理事長からも評価されています。

問1　下線部①について，下の(あ)～(え)のできごとを古いほうから順に並べなさい。

(あ)　会津の戦い　　(い)　鳥羽・伏見の戦い　　(う)　五稜郭の戦い　　(え)　江戸城無血開城

問2　下線部②について，次の(1)～(3)を答えなさい。

(1)　南下をして満州を勢力下におこうとするロシアの動きを阻止するため，日本は1902年にある国と同盟を結びました。その国はどこですか，答えなさい。

(2)　日露戦争の記述として正しいものを，下の(あ)～(え)から１つ選び，記号で答えなさい。

(あ)　戦争のための費用は国内からの借金だけではたりず，外国から多額の軍資金を借りた。

(い)　日露戦争の日本側の犠牲者数は，日清戦争の犠牲者数を下回った。

(う)　日本はロシアと講和条約を結び，遼東半島と台湾を得た。

(え)　日本はロシアから２億両の賠償金を得た。

(3)　1905年，日露講和条約として結ばれた条約を何といいますか，答えなさい。

問3　下線部③について，この革命の結果，労働者・農民を中心とした世界初の社会主義国家が成立しました。この国名を何といいますか，答えなさい。

問4　下線部③について，1918年に日本やアメリカなどはこの革命の拡大を防ごうとロシアに軍隊を送りました。これを何といいますか，答えなさい。

問5　下線部④について，正しいものを下の(あ)～(え)から１つ選び，記号で答えなさい。

(あ)　北海道開拓が進むにつれ，アイヌの人々は狩りや漁をさかんに行った。

(い)　政府はアイヌ古来の風習を尊重すると同時に，日本人風の名前を名のらせ，日本の教育を行った。

(う)　政府はアイヌの人々に穀物の種子と農具を与え，農業の指導を熱心に行ったため，アイヌの人々の暮らしは豊かになった。

(え)　アイヌの人々を保護するという名目で北海道旧土人保護法が制定された。

5　次の文章を読み，問いに答えなさい。

地球規模の環境問題への関心は日本でも高まりをみせ，省資源・省エネルギーに取り組んでいます。例えば，廃棄物を①リサイクルするなどの［　ア　］型社会を目指して，各種のリサイクル法が制定され，未来に向かって②地球環境を維持し，持続可能な社会をつくる取り組みが行われています。

このような各種の法律は，国会で制定されており，法律に定められたことがらは，政治の重要な方針や社会の基本的なルールになります。国会は，③国民が選挙で選んだ代表者で構成され，国権の最高機関であり，唯一の立法機関です。④日本の国会には衆議院と参議院があり，各院で議員の任期や選出方法などが異なります。また，国会の議決は，両院の議決の一致によって成立しますが，衆議院と参議院とで議決が異なったときは，［ イ ］が行われることがあります。

もし法律に違反し，権利が侵害されたと考えた場合，わたしたちは⑤裁判に訴えることができます。裁判は，⑥適正な手続きによって公正中立に行われなければならず，そのためにも，裁判を担当する⑦裁判官に対して国会や内閣などの外部の力が影響をおよぼすことのないよう，司法権の独立が守られています。

問１　下線部①について，法律（資源有効利用促進法）により表示することが義務づけられているマークとして正しいものを，下の(あ)～(え)から１つ選び，記号で答えなさい。

（あ）

（い）

（う）

（え）

問２　下線部①について，近年札幌市では，「リユース・リデュース・リサイクル・リフューズ」という一連の環境運動を推進しており，これを『4［　　］』とよんでいます。［　　］にあてはまる**アルファベット１字**を答えなさい。

問３　文中の［ ア ］・［ イ ］にあてはまる語句は何ですか。それぞれ答えなさい。

問４　下線部②について，1993年に制定された，環境保全のために国や地方などの責務を定めた法律を何といいますか，答えなさい。

問５　下線部③について，代表者が集まって議会をつくり，ものごとを話し合って決めるやり方を何といいますか，答えなさい。

問６　下線部④ついて，任期が短く，解散があるのは衆議院と参議院のどちらですか，答えなさい。

問７　下線部⑤について，第一審の裁判所の判決に納得できない場合，第二審の裁判所に訴えることを何といいますか，**漢字２字**で答えなさい。

問８　下線部⑥について，自白を強要されるなどの不当な捜査が原因で生まれる無実の罪を何といいますか，答えなさい。

問９　下線部⑦について，裁判官が罷免《ひめん》される場合として**誤っているもの**を，下の(あ)～(え)から１つ選び，記号で答えなさい。

(あ)　弾劾裁判　　(い)　国民投票　　(う)　心身の故障　　(え)　国民審査

6　高校生のきらぼしさんが，将来の夢について発表しました。次の文章を読み，問いに答えなさい。

私は将来，2018年10月に開場した豊洲《とよす》市場にお店を出したいと考えています。そして，社長になって①日本を支えていけるような会社づくりを目指していきたいです。まず，会社を設立するためには資金を調達しなければなりません。例えば②銀行からお金を借りたり，③株式を発行するなどさまざまな方法を使って調達したいと考えています。また，政府は2016年に④『働き方改革実現推進室』を設置し，労働環境の改善を目指しています。これを踏まえて，私の会社でも⑤ワークライフバランスの確立を目指していきたいです。⑥社会保障制度も公的なものに加え，会社独自に支援できる制度を考えていきたいと思います。2019年10月には⑦消費税の⑧税率が10%に引き上げられることが決定しており，それと同時にキャッシュレス化に対応していきたいと考えています。

問1　下線部①について，企業は利益を上げること以外にも人々の生活を安定させ，向上させるための責任を負っています。このような責任を何といいますか，**漢字3字**で答えなさい。

問2　下線部②について，日本の中央銀行である日本銀行が果たしている役割として正しいものを，下の(あ)～(お)から**3つ**選び，記号で答えなさい。

(あ)　会社の銀行　　(い)　銀行の銀行　　(う)　発券銀行　　(え)　政府の銀行　　(お)　貨幣銀行

問3　下線部③や債券を売買する場を何といいますか，答えなさい。

問4　下線部④について，正規労働者と非正規労働者との格差が大きな問題となっています。非正規労働者の雇用形態として正しいものを，下の(あ)～(お)から**すべて**選び，記号で答えなさい。

(あ)　アルバイト　　(い)　ストライキ　　(う)　パートタイマー

(え)　派遣社員　　(お)　フレックスタイム

問5　下線部⑤について，これを目指すためには労働時間の削減が大きな課題となります。労働時間や休日などを定めた法律を何といいますか，答えなさい。

問6　下線部⑥について，次の表は，4つの制度から成り立つ日本の社会保障のしくみをあらわしています。表中のⅠ・Ⅱにあてはまる語句は何ですか，それぞれ答えなさい。

種類	仕事の内容
Ⅰ	医療保険　介護保険　年金保険　雇用保険　労災保険
Ⅱ	生活保護　生活扶助　住宅扶助　教育扶助　医療扶助　など
社会福祉	老人福祉　障がい者福祉　児童福祉　母子福祉
公衆衛生	感染症対策　上下水道整備　廃棄物処理　公害対策　など

問7　下線部⑥について，その根拠となる憲法第25条で規定されている権利を何といいますか，答えなさい。

問8　下線部⑦のように，納税者と担税者が一致しない税を何といいますか，答えなさい。

問9　下線部⑧について，所得が多くなればなるほど税率が高くなる方法を何といいますか，答えなさい。

イ　鳥の体の中にはもっとたくさんの金があると思ったから。

ウ　これ以上は金を産まないので食べてしまおうと思ったから。

エ　自分の言うことを聞かないので腹を立てたから。

問四　――線４の内容として最も適当なものを次から選び、記号で答えなさい。

ア　鳥の腹を割かなければ、少しずつでも金が手に入ったのに。

イ　割いた腹を早く元に戻して、また金を手に入れよう。

ウ　鳥を元いたところに戻したら、もっと金が手に入るだろうか。

エ　また同じような鳥を探したら、金が手に入るようになるだろうか。

問五　――線５は何と何が同じだと言っているのか。適当なものを次から二つ選び、記号で答えなさい。

ア　欲に心を奪われること　　イ　欲望を抑えること

ウ　大金を手に入れること　　エ　鳥を大切に育てること

オ　欲が無くなること　　カ　取り返しがつかなくなること

問六　本文の内容と共通することわざを次から選び、記号で答えなさい。

ア　立つ鳥あとを濁さず　　イ　金持ちけんかせず

ウ　あぶはち取らず　　エ　とんびがたかを産む

四　次の問いに答えなさい。

問一　次の四字熟語の読みを答えなさい。

①　温故知新　　②　大同小異　　③　大器晩成

④　一期一会　　⑤　傍若無人

問二　次の□に当てはまる身体の一部分の言葉を後の語群から選び、記号で答えなさい。

①　□に余る　　②　□を落とす　　③　□をひそめる

④　□を巻く　　⑤　□を冷やす

ア　眉	イ　舌	ウ　肩	エ　目	オ　肝

「劇」とはどのようなことを指していますか。最も適当なものを次から選び、記号で答えなさい。

ア　遺体の清拭をする看護婦の態度

イ　お嬢さんに対するぼくの対応

ウ　相川老人の臨終を看取った家族たちの泣き方

エ　相川老人を看取る前後の病院の様子

問六　――線4「劇みたいじゃなくて、劇そのものだろうが」について、このように「ぼく」が「お嬢さん」との会話を続けた理由を本文中から四十字以内で指摘し、初めと終わりの五字をそれぞれ抜き出しなさい。

問七　――線5「手にしていた湯飲みを、～正面からぼくを見すえた」について、「お嬢さん」のこのときの気持ちとして最も当てはまるものを次から選び、記号で答えなさい。

ア　困惑　　イ　恐怖　　ウ　反発　　エ　不安

問八　――線6「火事で燃えつきようとして～ことだ」について、具体的な説明として最も適当なものを次から選び、記号で答えなさい。

ア　楽に死ぬことを望む相川老人に、治療をほどこし続けるのは、医者の自己満足にしかならないということ。

イ　相川老人の死を悲しみ嘆く家族に、いつまでも付き添って慰め続けるのは、看護婦の自己満足にしかならないということ。

ウ　相川老人の看病で疲れ果てている家族に、病気の経過を細かく説明し続けるのは、看護婦の自己満足にしかならないということ。

エ　赤字続きでお金がない病院にとって、一人の患者の治療を続けることは、医者の自己満足にしかならないということ。

三　次の文章を読んで、問いに答えなさい。

ある人、鶏を飼いけるに、日々に金《こがね》のまろかしを卵《かいご》に産む事あり。主《ぬし》、これを見て慶《よろこ》ぶ事、限りなし。然《しか》れども、日に一つ産む事を堪へかねて、「二つも三つも、続けさまに産ませばや」とて、その鳥を打ちさいなめども、その験《しるし》もなし。日々に一つよりほかは産まず。

主、心に思ふやうは、「いかさまにも、この鳥の腹には、1大なる金や侍《はべ》るべき」とて、2その鳥の腹を割《さ》く。3かやうにして、頂《いただ》きより足の爪先《つまさき》に至るまで見れども、別の金はなし。その時、主、後悔して、「4もとのままにて、置かなましものを」とぞ申しける。

5その如く、人の欲心にふける事は、かの主が鳥の腹を割けるに、異ならず。日々に少しの儲《もう》けあれば、その一命を過ぐるものなれども、積み重ねたく思ふによって、終《つい》に飽き足る事6なふて、7あまつさへ、宝を落して、その身をほろぼす者なり。

（『伊曽保物語』）

（注）・主…鶏の飼い主　・まろかし…丸いかたまり
・打ちさいなめ…たたいて責め　・いかさまにも…おそらくは
・頂き…頭のてっぺん　・過ぐる…生きて行ける
・積み重ねたく…多くの財物を持ちたく
・あまつさへ…なおそのうえ

問一　――線3・6・7の読みを現代仮名遣いで答えなさい。

問二　――線1に用いられている表現技法を答えなさい。

問三　――線2とあるが、主がこうしたのはなぜか。その理由として最も適当なものを次から選び、記号で答えなさい。

ア　不吉なことが起きてしまったと思ったから。

わずかに上を向くことで高慢な印象をまぬがれ、微妙な愛くるしさを保っていた。いつ目を開けるかわからないので、ぼくは不必要にあたりを見回しながら、お嬢さんの寝顔を盗み見ていた。

「準備できました」

気まずさを救ってくれたのは、詰所の戸口から顔をのぞかせた若い看護婦だった。

「行くぞ」

と、お嬢さんに声をかけてから、ぼくは廊下を抜けて裏口に出た。

アルミの傘がついた裸電球の外灯がともる裏口には、すでに相川老人の遺体が担架で運ばれ、病院のライトバンが白い排気ガスを吐いていた。荷台に遺体を載せ、家族たちと頭を下げ合い、車が川沿いの道に消えかかると、赤いリアランプに向かって再び頭を下げた。家族たちが各自の車を置いてある駐車場の闇の中に姿を消したところで、ぼくたちは詰所に引き上げた。時計は十二時を回っていた。

「あのう、これぇ、みんなで食べて下さいって」

若い看護婦が白衣のうしろに組んでいた手を前に出した。

「相川さんの奥さんとお嬢さんが、今夜の夜食にしようと思ってたんだけどって。いらなくなったから食べて下さいって」

若い看護婦はアルミホイルの包みをソファーの前のテーブルに置いた。

ぼくは包みを開けた。オニギリが五個あった。二人分なら四個でよかったろうに、四は縁起が悪いから避けたのかな、などと思いながら、手はさっさと一個をつかみ取っていた。

（南木佳士『木の家』）

（注）・看護婦…看護師。
・清拭…死の判定が終わった直後に遺体に対して行われる清浄のこと。
・モルヒネ…強力な鎮痛・鎮静作用を持つ薬品。
・ライトバン…運転室と荷室が一体になっている小型のトラック。

問一　空欄A・Bに入る言葉の組合せとして最も適当なものを次から選び、記号で答えなさい。

ア［A　最後　B　最期］　イ［A　最後　B　最後］
ウ［A　最期　B　最後］　エ［A　最期　B　最期］

問二　――線①「舌たらず」・②「ぶっきらぼう」の意味をそれぞれ次から選び、記号で答えなさい。

①
ア　機嫌をとるために、優しく甘えるように話すこと
イ　言葉数が足りず、十分に言い尽くせていないこと
ウ　舌の動きが滑らかではなく、物言いがはっきりしないこと

②
ア　物の言い方や挙動に愛想がないこと
イ　偉そうな態度で人を見下すこと
ウ　口数が少なく飾り気がないこと

問三　――線1「老人の残した遺産のように見えた」について、「遺産」の説明として最も適当なものを次から選び、記号で答えなさい。

ア　相川老人の死により家族たちに分配される財産
イ　相川老人の死を心から悲しむ家族たちの絆《きずな》
ウ　相川老人の死で再び取り戻した家族たちの結束
エ　相川老人の死が家族たちにもたらした悲しみ

問四　――線2「ロウソクのような明るさ」について、ここで使われている表現技法を次から選び、記号で答えなさい。

ア　直喩　　イ　暗喩　　ウ　倒置法　　エ　擬人法

問五　――線3「劇みたいだなあって思って……」について、ここでの

「十一時三十五分でした。いたりませんで」というぼくの声は、家族たちの号泣の波にかき消されてしまった。

ぼくはいつまでも頭を下げ続けているお嬢さんの白衣の肘を引いて立ち、家族たちの輪の外に出た。上から見おろすと、蒲団《ふとん》にとりついて泣き伏す彼らの輪は、1老人の残した遺産のように見えた。

遺体の清拭《せいしき》をする看護婦たちをおいて、ぼくとお嬢さんは三号室を出た。天井には夜間用の小灯が点いていて、廊下を2ロウソクのような明るさで照らしていた。ワックスと汚れの混合物が厚く黒い膜を形成している板張りの表面は、病室の床から伝わる鳴き声で細かく震えているのか、踏み出すたびにいつもより鋭い音をたててきしんだ。

詰所《つめしょ》の机で、あらかじめ用意されていた死亡診断書を書き終えると、

「お茶、いかがですか」

と、お嬢さんのわずかに①舌たらずな声が背の方から聞こえた。

ぼくは、おう、と②ぶっきらぼうに応えた。意識すればするほど、態度は横柄に、言葉遣いは粗雑になるのはぼくのやっかいな性癖だった。

「なにか言いたいんだろう」

ぼくは猫背になって茶をすすってから、上目遣いでお嬢さんを見た。

彼女は湯飲みを両手でかかえ込み、湯気を吹いていた。

「3劇みたいだなあって思って……」

尖《とが》らした口唇がすねているように見えた。

「4劇みたいじゃなくて、劇そのものだろうが」

ぼくの言葉遣いはさらにぶっきらぼうになった。

「じゃ、死を看取《みと》るっていうのは、演出なんですか」

「演出して悪いかねえ」

「だって、医者っていうのは、治せないまでも（　A　）まで努力するっていうところで成立している職業でしょう」

「努力するってのはおなじだ。人間らしい（　B　）を演出するのに、おれだって努力している」

「でも、相川さんにはモルヒネを投与しただけで……」

「相川さんは自分から進んでこの病棟に来たんだ。癌が転移している臓器の名をすべて知っていた。十七ケ所の骨転移部も、いちいち指でさして教えてくれた。死にに来たんだよ。楽に死ぬために」

「手を抜くってことですか」

お嬢さんは5手にしていた湯飲みを、音を立ててテーブルに置き、正面からぼくを見すえた。

「そうじゃない。6火事で燃えつきようとしている家に最後まで水をかけ続けるのは、消防士の自己満足にしかならないってことだ」

ぼくは相変わらず猫背のまま、視線をテーブルの上にせわしなく移動させていた。

「私、わからない」

「わからないかねえ、こんな単純なことが」

ぼくは言い終えてから、わからなくて当然だよ、と喉《のど》の奥で付け加えた。自分でも十分に理解できていないことを、他人に話したところで伝わるわけはない。だから、いつもはこんな話題は避けている。この病棟に来てまだ一週間にしかならないお嬢さんが、初めて死亡に立ち合った夜だから口にしてしまったのかも知れない。

いつの間にか、かすかな虫の音さえも聞こえなくなっていた。

お嬢さんはソファーにもたれて目を閉じていた。高い鼻筋は、先端が

ということが、何よりも尊い唯一つの道なのだ。

ほんとうの芸術とはそんなものではない。はるかに高い別の次元のものだ、ということであれば、7私は芸術家でなくてよかった。

私はそれでいい。私には自分に与えられた生命の時間を、充実して生きているという自覚が、最も尊いことなのだ。

現代の新しい芸術からは外れて、私は古くさい古代の彫刻の職工のように生きたいと思っている。

（舟越保武『石の音、石の影』）

（注）・高邁…けだかくすぐれていること。

問一　——線a～eの漢字はその読みをひらがなで答え、カタカナは漢字に直しなさい。

問二　——線1「いつも頭をもち上げて私をにらみつけるようであった」とありますが、筆者を「にらみつける」ものとは何ですか。本文中からそれを示した箇所を五十五字で指摘し、初めと終わりの五字をそれぞれ抜き出しなさい。

問三　——線2「生活の現実」とは、具体的にどのような「現実」を指していますか。解答欄に合うように、本文中から二十字程度で指摘し、初めと終わりの五字をそれぞれ抜き出しなさい。

問四　——線3「武士は食わねど高楊子」ということわざの意味として適当なものを次から選び、記号で答えなさい。

ア　たとえ貧しくても表に出さず、やせ我慢すること
イ　無駄遣いをしないように、努めて質素な生活をすること
ウ　暮らしが貧しくなれば、心まで貧しくなるということ
エ　苦労のない生活をしたいが、現実社そう上手くはいかないこと

問五　——線4「私の制作は、以前に作ったものより、少しでも技術的に進んでいるかどうか、それが一つの秤《はかり》となっている」について、このような仕事に対する姿勢を何と呼びますか。本文中から五字以内で抜き出して答えなさい。

問六　——線5「彫刻の職人としての自覚」とは、筆者にとってどのような自覚を意味していますか。本文中から三十字以内(句読点を含む)で抜き出しなさい。

問七　——線6「金も要らない、生命も要らない、ただ芸術と心中する」という態度を筆者はどのように感じていますか。本文中からそれを示す箇所を十一字で抜き出しなさい

問八　——線7「私は芸術家でなくてよかった」という筆者の「制作」についての考えとして最も適当なものを次から選び、記号で答えなさい。

ア　優れた芸術作品を作ることよりも、お金を稼ぐためには芸術を捨てて職人になり、仕事に徹して生きたいという考え。
イ　優れた芸術作品を作ることよりも、彫刻の技術を磨くことが大切であり、そのためには生活を犠牲にしても構わないという考え。
ウ　優れた芸術作品を作ることよりも、彫刻の技術を磨き、家族の日々の生活を立てることを優先したいという考え。
エ　優れた芸術作品を作ることよりも、古代の職工のようにできるだけ多くの彫刻を制作して、生活のための金を稼ぎたいという考え。

二　次の文章を読んで、問いに答えなさい。

（「ぼく」は医者で、「お嬢さん」と呼ぶ看護婦とともに末期癌《がん》だった相川老人の臨終に立ち会っている。）

【国　語】（四五分）〈満点：一〇〇点〉

一　次の文章を読んで、問いに答えなさい。

　馬鹿の一つ覚えというが、私がまさにそれにちがいない。

よくも同じ仕事を半世紀ちかくも続けて来たものだと、自分で感心したり、あきれたりする。

　途中で何べんか気持《きもち》がぐらついて、彫刻の仕事に疑いを持ったことはある。それは、つまりは生活のa貧窮が原因であった。

　毒にも薬にもならないものを作って、それで生活の糧《かて》を得ようとする、そのこと自体が間違っているのではないかとの懐疑であった。芸術というものが、私にどんな形で結びつくのか。懐疑は私の中に、1いつも頭をもち上げて私をにらみつけるようであった。

　子供の多い私にとって、優れた芸術作品を作ることよりは、家族が何とか暮《くら》して行けること、その方が大切なことだった。芸術という名のアイマイなものよりも、2生活の現実の方が、はるかに重大なことであった。突き詰めると「生きる」ということが唯一の道であって、その他は殆《ほとん》ど意味のない遊びごとにすぎないと思われることがあった。

　子供がbウえて泣く中で、決然と高邁《こうまい》な芸術に没頭する。そんなことは私には出来ない。

　たとえ貧しくとも、芸術の香り高いものに没頭してやまない、などというのは、私には無意味なことに思われた。3武士は食わねど高楊子《たかようじ》、これも怪しいものだ。

　芸術の道一すじに生きる、金など要《い》らないという人もあるのだが、私にはそれが子供じみたジェスチュアに見えてならない。

　この地上に生命を保ちつづけるために、働くということが、どんなに厳しく尊いことか。これは最低の暮しをした者でなければ、わからないのだろう。

　この考えは、今でも変《かわ》っていない。そんな訳《わけ》で、私の制作は、「お金になる」ということが第一の目的であった。技術を磨くとすれば、お金になる作品を作らなければ暮して行けない、という単純な理由からであった。

　つまり靴屋の職人が、よい仕事をして、生活の糧を少しでも多く得ようとする、それと何の変りもない。技術を生業《なりわい》とする職人は、その技術に相当する収入を得て、そこに誇りと喜びがあるのではないか。

　私も彫刻の技術を磨くc一介の職人であり、自分に喜びがあるとすれば、職人の喜びなのだ。

　今でも、4私の制作は、以前に作ったものより、少しでも技術的に進んでいるかどうか、それが一つの秤《はかり》となっている。自分でそのdサイテンをしている。前のものより、どこか少しでもよくなっているということが私の制作の課題となっている。

　私は、あくまで5彫刻の職人としての自覚に寄りかかっている。

　上手さを見せるというのではない。自分でeナットクできる技術の「たしかさ」が、私の唯《ただ》一つの課題となっている。技術の「たしかさ」が少しでも進んだと覚えた時の喜びは、職人気質の有難《ありがた》さとでもいうのだろう。

　6金も要らない、生命も要らない、ただ芸術と心中するようなことを言う人がいるが、これは私には解《げ》せないことだ。

　私は金も欲しいし、生命も欲しい。私にとっては、仕事をして生きる

2019年度

解　答　と　解　説

《2019年度の配点は解答欄に掲載してあります。》

＜数学解答＞

1　(1)　-10　(2)　-36　(3)　$x^2y^7z^3$　(4)　$8\sqrt{2}$

2　$2^2\times5\times7$　3　$9x^2-12xy+4y^2$

4　(1)　$(x+2)(x+5)$　(2)　$(x+y+1)(x+y-1)$

5　(1)　$x=6$　(2)　$x=-3,\ y=9$　(3)　$x=2\pm\sqrt{2}$

6　（長椅子）　12台　（生徒）　56人

7　(1)　(11.0～11.6)　0.10　(11.6～12.2)　0.15　(12.2～12.8)　0.20　(12.8～13.4)　0.30　(13.4～14.0)　0.25　(2)　13.1秒

8　$\frac{1}{3}$　9　42°　10　$(48+20\pi)\text{cm}^2$

11　(1)　$y=x+4$　(2)　15cm^2　(3)　$\frac{64}{3}\pi\ \text{cm}^3$

○推定配点○

1～5　各5点×11(5(2)完答)　6　長椅子　3点　生徒　2点

7　(1)　各1点×5　(2)　5点　8～11　各5点×6　計100点

＜数学解説＞

1　（数・式の計算）

基本　(1)　$-8+3-5=-10$

(2)　$-3^2\times4=-9\times4=-36$

(3)　$x^2y\times(y^2z)^3=x^2y\times y^6z^3=x^2y^7z^3$

(4)　$\sqrt{50}+\sqrt{18}=5\sqrt{2}+3\sqrt{2}=8\sqrt{2}$

2　（素因数分解）

$140=2^2\times5\times7$

3　（展開）

$(3x-2y)^2=(3x)^2-2\times3x\times2y+(2y)^2=9x^2-12xy+4y^2$

4　（因数分解）

基本　(1)　$x^2+7x+10=(x+2)(x+5)$

(2)　$(x+y)^2-1=\{(x+y)+1\}\{(x+y)-1\}=(x+y+1)(x+y-1)$

5　（方程式）

(1)　$3x+4=4x-2$　$3x-4x=-2-4$　$-x=-6$　$x=6$

(2)　$5x+2y=3\cdots$①　$2x+y=3\cdots$②　$4x+2y=6\cdots$②×2　①－②×2より，$x=-3$　これを②に代入すると，$-6+y=3$　$y=9$

(3)　$x^2-4x+2=0$　$x=\dfrac{-(-4)\pm\sqrt{(-4)^2-4\times1\times2}}{2\times1}=\dfrac{4\pm2\sqrt{2}}{2}=2\pm\sqrt{2}$

6 （方程式の文章題）

長椅子の数をx台とおくと，$4x+8=5(x-1)+1$　$4x+8=5x-5+1$　$x=12$　よって，長椅子は12台　生徒の数は，$4\times12+8=56$(人)

7 （統計）

(1)　相対度数は，生徒全体の人数に対する角階級の度数の割合。11.0～11.6の階級は$\dfrac{2}{20}=0.10$　11.6～12.2の階級は，$\dfrac{3}{20}=0.15$　12.2～12.8の階級は，$\dfrac{4}{20}=0.20$　12.8～13.4の階級は，$\dfrac{6}{20}=0.30$　13.4～14.0の階級は，$\dfrac{5}{20}=0.25$

(2)　速い方から12番目の生徒は12.8～13.4の階級にいる。その階級値は，$(12.8+13.4)\div2=13.1$(秒)

8 （確率）

Aの袋からの玉の取り出し方は3通り，Bの袋からもCの袋からも3通りなので，取り出し方は全部で，$3\times3\times3=27$(通り)　その中で，和が3になるのは(Aの袋からの玉，Bの袋からの玉，Cの袋からの玉)＝(1，1，1)の1通り。和が6になるのは(2，2，2)，(1，2，3)，(1，3，2)，(2，1，3)，(2，3，1)，(3，1，2)，(3，2，1)の7通り。和が9になるのは(3，3，3)の1通り。あわせて，和が3の倍数になるのは，$1+7+1=9$(通り)　したがって，その確率は，$\dfrac{9}{27}=\dfrac{1}{3}$

重要 **9** （角度）

円Oの中心Oと接点Dを結ぶ。∠ODE＝90　弧ADに対する円周角と中心角の関係より，∠DOA＝$66\times2=132$　∠DOE＝$180-132=48$　△ODEの内角の和より，$\angle x=180-90-48=42$

やや難 **10** （表面積）

底面は半径6，中心角$360°\div6=60°$のおうぎ形が2つ。よって，$6\times6\times\pi\times\dfrac{1}{6}\times2=12\pi$　側面はたてが4の長方形になり，横は直線部分と曲線部分で，$6\times2+6\times2\times\pi\times\dfrac{1}{6}=12+2\pi$　よって，側面積は，$(12+2\pi)\times4=48+8\pi$　したがって，表面積は，$12\pi+48+8\pi=48+20\pi$(cm²)

11 （2乗に比例する関数，回転体の体積）

重要 (1)　Aは$y=\dfrac{1}{2}x^2$上の点で$x=-2$より，$y=\dfrac{1}{2}\times(-2)^2=2$　A$(-2,\ 2)$　Bは$y=\dfrac{1}{2}x^2$上の点で$x=4$なので，$y=\dfrac{1}{2}\times4^2=8$　B$(4,\ 8)$　求める直線の式を$y=mx+n$とおくと，Aを通ることから，$-2m+n=2$…④　Bを通ることから，$4m+n=8$…⑤　⑤－④は$6m=6$　$m=1$　これを④に代入すると，$-2+n=2$　$n=4$　直線の式は，$y=x+4$

やや難 (2)　(1)より$a=1$なので，直線③の式は$y=\dfrac{1}{2}x$となる。③と①の交点は，$\dfrac{1}{2}x^2=\dfrac{1}{2}x$　$x^2=x$　$x>0$より両辺をxでわると，$x=1$より，C$\left(1,\ \dfrac{1}{2}\right)$　点A，Bからx軸に垂線をひき，その交点をE，Fとすると，E$(-2,\ 0)$，F$(4,\ 0)$　四角形AOCB＝台形AEFB－△AEO－△OCF－△BCF＝$(2+8)\times6\times\dfrac{1}{2}-\dfrac{1}{2}\times2\times2-\dfrac{1}{2}\times4\times\dfrac{1}{2}-\dfrac{1}{2}\times8\times3=30-2-1-12=15$(cm²)

(3)　$y=x+4$より，D$(0,\ 4)$　Bからy軸に垂線BHをひくと，H$(0,\ 8)$　求める立体の体積は，半径BHの円を底面とする高さOHの円すいから，同じ底面をもつ，高さDHの円すいを引いたものとなる。よって，その体積は，$4^2\times\pi\times8\times\dfrac{1}{3}-4^2\pi\times4\times\dfrac{1}{3}=\dfrac{128}{3}\pi-\dfrac{64}{3}\pi=\dfrac{64}{3}\pi$(cm³)

★ワンポイントアドバイス★

中学数学の広い範囲から出題される。どの単元についても基本事項を確実に身につけておく必要がある。短時間で正確に処理するために，過去問演習を通して形式に慣れておく必要もあるだろう。

＜英語解答＞

1　問1　土曜日9時10分　問2　A　ウ　B　イ，エ　問3　3-on-3 basketball
問4　A　Apples.　B　Yes, I [we] can.　問5　ア，オ

2　問1　イ　問2　警察官によって汽車から降ろされたこと　問3　彼は英国作家によって書かれた本から考えを得た。　問4　Gandhi【wanted all the people in India to live together】.　問5　78　問6　ア　問7　オ

3　問1　ア　問2　ウ　問3　エ　問4　エ　問5　ア　問6　ウ

4　問1　ア　問2　ウ　問3　ウ　問4　イ　問5　ア　問6　イ　問7　ウ
問8　イ　問9　ア　問10　ウ

5　問1　イ　問2　ウ　問3　ア　問4　エ　問5　エ

6　問1　ア　問2　イ　問3　イ　問4　エ　問5　ア

○推定配点○

1～4　各3点×30(1問2B，問5完答)　5・6　各1点×10　計100点

＜英語解説＞

重要　1　（資料の読み取り）

屋外スポーツフェスティバル　華川公園

華川公園競技場で私たちに参加しましょう！美しい競技場やきれいな道路でサッカー，テニス，3 on 3 バスケットボール，マラソンのような運動をしませんか。9月の新鮮な空気を感じましょう！ひとりでも心配しないでください。たくさんの友だちができます！全てのプログラムが無料です！

どんな年齢でも方でも，多くのたのしいプログラムやイベントがあります！もっと知りたい場合は，ブログをチェックするか，電話かファックスでご質問ください。

日　時

9月29日(土)9：00－17：00　9月30日(日)9：00－14：30

スポーツプログラム	マラソングッズストア
●サッカー 土曜日　9：30－11：00　(男の子) 日曜日　13：00－14：30　(女の子) ●テニス (ラケットとボールを持ってきてください) 土曜日　14：00－15：00　(シングル) 日曜日　11：00－12：00　(ダブルス)	シューズ，帽子，タオル，時計など…販売中 **華川市場** 新鮮なフルーツと野菜(華川産)が販売中です！たまねぎ，ニンジン，りんご…全てとても新鮮です！

●3 on 3 バスケットボール 土曜日　12：00－13：00 　　　　15：30－16：30(学生のみ) 日曜日　 9：30－10：30 ●マラソン(5km／10km) 土曜日／日曜日　10：00－12：00	サンドイッチスタンド ハム：260円 チーズ：240円 トマト：220円 コーヒー／紅茶：100円

問1　男子のサッカーは土曜日の9：30開始となっている。

問2　A　土曜日16：00には，15：30－16：30で 3 on 3 バスケットボールを実施している。

B　日曜日11：30には，11：00－12：00でテニス，10：00－12：00でマラソンを実施している。

問3　土曜日の正午以降に実施するものは，テニスと 3 on 3 バスケットボールだが，テニスはラケットとボールを持参する必要がある。

問4　A　華川市場で買える果物はりんごである。

B　情報を得るには，電話かファックスで質問することができる。

問5　ア　タオルはマラソングッズストアで買うことができるので適切。　イ　日曜日のサッカーは女子だけなので不適切。　ウ　一人でも参加できるので不適切。　エ　全てのプログラムは無料なので不適切。　オ　学生ならば，3 on 3 バスケットボールは12：00と15：30の2回参加できるので適切。　カ　2種類のサンドイッチと飲みものは最も安くても560円なので不適切。

2　**(長文読解・説明文：適語補充，指示語，語句整序[不定詞]，英文和訳，内容吟味)**

（全訳）　世界中に人権問題がたくさんある。それらを変えることは容易ではない。それをした人がいる。マハトマ・ガンジーだ。

ガンジーは1869年インドに生まれた。彼の家族はヒンズー教徒だった。彼は18歳の時，弁護士になるためにロンドンに行った。当時，インドはイギリスの支配下にあったので，彼はイギリスの弁護士になりたかった。彼にとって重要な最初の仕事は南アフリカだった。南アフリカもイギリス人によって支配された。そこにはアフリカ人や多くのインディアンがいて，イギリス人は彼らを「黒人」と呼んでいた。

ある日，電車でガンジーはファーストクラスに座っていた。電車はピーターマリッツバーグに止まった。白人男性が入ってきて，ガンジーに「ここから出て行け，黒人」と言った。「でも，ファーストクラスのチケットを持っています。私は弁護士です。」白人の男が警官を呼んだ。「三等席に移動するか，電車を降りてください」と警官が言った。ガンジーは座り続けたので，警官は彼を電車から追い出した。寒くて長い夜だった。①これは彼の考えを変えた。彼は次の20年間南アフリカに住んでいた。そこで，②彼はイギリスの作家によって書かれた本からアイデアを得た。そこには「良い人生は単純だ。他の人が持っているので，人々は望むのだ。」と述べていた。

1915年，ガンジーはインドに戻った。彼は白い服を着ていた。インドはまだイギリスの支配にあった。ヒンズー教徒はたくさんいたが，彼らは異なる身分に分かれており，イスラム教徒もインドにいて，ヒンズー教徒とはうまくいかなかった。③ガンジーはすべての人々にインドで一緒に暮らしてほしいと思っていた。

インドは暑い国で，塩なしでは生きられない。海岸では，彼らは塩が必要なときにイギリスにお金を払わなければならなかった。ガンジーは「この法律は貧しい人々を傷つける」と思った。彼は1930年3月12日に行動を起こした。彼と78人の男女はインド洋のそばの小さな村に向かって毎日20キロ歩いた。彼らが到着したとき，ガンジーは塩を取り見せた。彼は「私は法律を破っている」と言った。⑤これは彼の非暴力的な抗議の一つだ。ガンジーは暴力のない自由のために戦った。

彼の死後，インドはイギリスから独立した。彼は貧しい人々と弱い人々のために命を捧げ，また物事をより良く変えようとした。

問1　at that time「当時」

問2　2文前の「警官がガンディーを電車から追い出した」部分を指している。

重要　問3　written by an English writer は前の名詞を修飾する分詞の形容詞的用法である。

重要　問4　〈want ＋人＋ to ～〉「人に～してほしい」

基本　問5　senenty は70である。

問6　ガンディーがインド洋のそばの村で塩を取った部分を指している。

問7　a　第4段落第2文参照。ガンディーは白い服を着ていたので不適切。　b　第2段落第3文参照。ガンディーがロンドンに行ったのは18歳の時なので不適切。　c　第4段落参照。ヒンドゥー教徒とイスラム教徒の地位についての記述はないので不適切。　d　第5段落第7文参照。ガンディーは塩を取ったことで法律を破ったので適切。　e　第5段落最終文参照。ガンディーは暴力なしで戦ったので適切。

3 （対話文）

問1　この後で「ラケットを2本持っている」と言っていることから，1本貸せると判断できる。

問2　この前で「最終バスがもう行ってしまった」と言っていることから，タクシーに乗ると判断できる。

問3　この後で「もしこれらの本を借りたいなら，借りた本を返さなければならない」とあるので，すでに本を借りていることが分かる。

問4　この後で「それでは照り焼きチキンバーガーをください」と言っているので，最初にたのんだビーフバーガーは売り切れていると判断できる。

問5　田中先生が「君のことを彼に話しておくよ」と言っているので，学生は「彼からバスケットボールの仕方を学びたい」と言っていると判断できる。

問6　この後で「それは電車や船よりも速い」と言っているので，飛行機に乗ると判断できる。

重要　4 （語句補充：分詞，不定詞，関係代名詞，接続詞，前置詞，間接疑問文）

問1　studying over there は前の名詞を修飾する分詞の形容詞的用法である。

問2　used car「使われた車」＝「中古車」

問3　〈want ＋人＋ to ～〉「人に～してほしい」

問4　先行詞が「人以外」で，後に主語＋動詞と続いているので，目的格の関係代名詞 which が適切。

問5　if ～「もし～ならば」

問6　in front of ～「～の前に」

問7　on one’s way to ～「～に行く途中」

問8　stamps と数えられる名詞が続いているので，few が適切。few「ほとんどない」

問9　too ～ to …「…するには～すぎる」

問10　間接疑問文の語順は〈疑問詞＋主語＋動詞〉の語順になる。

基本　5 （アクセント）

問1　イは第2音節に，それ以外は第1音節にアクセントがある。

問2　ウは第1音節に，それ以外は第2音節にアクセントがある。

問3　アは第2音節に，それ以外は第1音節にアクセントがある。

問4　エは第1音節に，それ以外は第2音節にアクセントがある。

問5　エは第2音節に，それ以外は第1音節にアクセントがある。

基本 6 (発音)

問1　アのみ [uː], それ以外は [u] という発音になる。

問2　イのみ [au], それ以外は [ʌ] という発音になる。

問3　イのみ [id], それ以外は [t] という発音になる。

問4　エのみ [e], それ以外は [ei] という発音になる。

問5　アのみ [s], それ以外は [z] という発音になる。

★ワンポイントアドバイス★

基本的な問題が中心だが，問題数が多いため素早く処理できるように，様々な出題形式の問題に触れるようにしよう。

＜理科解答＞

1　問1　(イ), (ウ)　問2　示相化石　問3　(ア), (ウ), (エ)　問4　分解者
問5　ヘモグロビン　問6　誘導電流　問7　温室効果ガス　問8　再結晶
問9　電離　問10　アボガドロ

2　問1　還元　問2　4種類　問3　3.2(g)　問4　5：7　問5　15(g)　問6　11(L)

3　問1　A　問2　光　問3　(イ)　問4　(エ)　問5　酸素　問6　(イ)
問7　蒸散　問8　(エ)

4　問1　(1)　3(J)　(2)　0(J)　問2　(ウ)　問3　(イ)　問4　(ア), (ウ), (エ)
問5　(ア), (エ)

○推定配点○

1　各3点×10(問1・問3完答)　2　問1　3点　他　各4点×5　3　各3点×8

4　問3　3点　他　各4点×5(問4・問5完答)　計100点

＜理科解説＞

基本 1 (小問集合)

問1　同じ場所にとどまる前線を停滞前線という。また，温暖前線の通過後は南よりの風に変わり，気温が上がる。

問2　アサリやハマグリは浅い海，シジミは河口付近などの環境を示す示相化石である。

問3　木星型惑星は，地球型惑星と比べて大きいが，平均密度は小さい。

問4　光合成を行い，養分をつくる緑色植物を生産者といい，草食動物や肉食動物を消費者という。

問5　赤血球に含まれているヘモグロビンは，赤色の色素タンパク質である。

問6　コイルの近くで磁界が変化するとコイルに電流が流れる。このときにコイルに流れる電流を誘導電流といい，この現象を電磁誘導という。

問7　二酸化炭素やメタンなどの気体が空気中に増えることで，地球から宇宙への熱の流れが妨げられることにより，地球温暖化が進んでいる。

問8　ホウ酸やミョウバンなどのように，温度による溶解度の差が大きい物質の場合は，温度を下げることで，溶質を取り出すことができる。

問9　食塩などのように，物質が水に溶けると，陽イオンと陰イオンに分かれる物質を電解質とい

う。

問10　イタリア人のアボガドロは分子，イギリス人のドルトンは原子という粒をそれぞれ考えた。

2 （化学変化と質量─金属の酸化と還元）

重要 問1　酸化物から炭素や水素などを用いて，酸素を奪う反応を還元という。

問2　同じ種類の金属であれば，金属の質量と化合する酸素の質量の比が同じになる。したがって，原点を通る直線を引くと，4本の線が引けるので，4種類の金属であることがわかる。（右図）

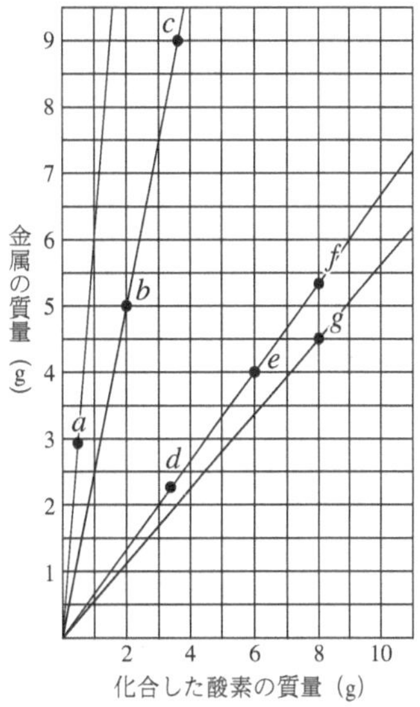

問3　5gの金属bと化合する酸素は2gなので，8gの金属bと化合する酸素は，$2(\mathrm{g})\times\dfrac{8(\mathrm{g})}{5(\mathrm{g})}=3.2(\mathrm{g})$である。

問4　金属cと金属bは同じ種類の金属なので，金属cと化合する酸素と酸化物の質量の比も同じである。したがって，金属c：酸素：酸化物＝5：2：7である。

やや難 問5　金属dと金属eは同じ種類の金属なので，金属dと化合する酸素と酸化物の質量の比も同じである。したがって，金属d：酸素：酸化物＝4：6：10である。9gの酸素と化合する金属dは，$10(\mathrm{g})\times\dfrac{9(\mathrm{g})}{6(\mathrm{g})}=15(\mathrm{g})$である。

やや難 問6　金属gと化合する酸素と酸化物の質量の比は，金属g：酸素：酸化物＝4.5：8：12.5＝9：16：25である。したがって，5gの酸化物を得るために必要な酸素の質量は，$16(\mathrm{g})\times\dfrac{5(\mathrm{g})}{25(\mathrm{g})}=3.2(\mathrm{g})$なので，必要な空気は，$1(\mathrm{L})\times\dfrac{3.2(\mathrm{g})}{0.28(\mathrm{g})}=11.4\cdots(\mathrm{L})$より，11.4Lである。

3 （植物の体のしくみ─光合成と蒸散の実験）

基本 問1　緑色の部分で，光が当たったAの部分だけで光合成が行われ，デンプンが生じるので，ヨウ素液につけると青紫色になる。

基本 問2　Cの部分には光が当たらず，光合成が行われない。

基本 問3　エタノールを直接加熱すると，引火する危険性がある。

重要 問4～問6　試験管Aのオオカナダモには光が当たり，光合成が行われ，二酸化炭素が吸収されて，BTB溶液は青色になる。一方，試験管Bのオオカナダモには光が当たらないので，呼吸のみを行い，二酸化炭素が増えるので，BTB溶液は黄色になる。

基本 問7　気孔から水蒸気が出ていく現象を蒸散という。

問8　すべての葉の表側にワセリンを塗ったCの試験管の方が，すべての葉の裏側にワセリンを塗ったBの試験管の方よりも，蒸散量が多かったので，葉の裏側の方が表側よりも気孔が多いことがわかる。

4 （運動とエネルギー─仕事とエネルギー）

基本 問1　(1)　物体を持ち上げたときの仕事は，$2.5(\mathrm{N})\times1.2(\mathrm{m})=3(\mathrm{J})$である。

(2)　同じ高さで物体を支えているので，仕事は0である。

重要 問2　ベニヤ板に刺さったくぎは他の物体に仕事をすることができない。

重要 問3　エレベーターは電気を使ってモーターを動かすことで，エレベーターを上下に動かすことができる。

問4　力学的エネルギーは，位置エネルギーと運動エネルギーの合計である。
問5　摩擦や空気抵抗がない場合，力学的エネルギーは保存される。

★ワンポイントアドバイス★

生物・化学・地学・物理の4分野において，基本問題に十分に慣れておくこと。その上で，いろいろいな分野の応用問題にも取り組んでおく必要がある。

＜社会解答＞

1　問1　イ　黄河　　ロ　長江[揚子江]　　ハ　ヒマラヤ山脈　　問2　A　う　　B　い
問3　①　い　　②　う　　問4　二期作　　問5　え　　問6　う　　問7　漢民族
問8　一人っ子政策

2　問1　あ　　問2　い・う　　問3　①　a　　②　a　　③　b　　④　b　　問4　あ
問5　酪農　　問6　d　　問7　ハザードマップ

3　問1　ア　浄土　　イ　書院　　問2　①　聖武天皇　　③　清少納言　　⑤　千利休
問3　東大寺　　問4　え　　問5　あ

4　問1　い→え→あ→う　　問2　(1)　イギリス　　(2)　あ　　(3)　ポーツマス条約
問3　ソヴィエト社会主義共和国連邦[ソ連]　　問4　シベリア出兵　　問5　え

5　問1　う　　問2　R　　問3　ア　循環　　イ　両院協議会　　問4　環境基本法
問5　議会制民主主義[間接民主制]　　問6　衆議院　　問7　控訴　　問8　えん罪
問9　い

6　問1　社会的責任　　問2　い・う・え　　問3　証券取引所　　問4　あ・う・え
問5　労働基準法　　問6　Ⅰ　社会保険　　Ⅱ　公的扶助　　問7　生存権
問8　間接税　　問9　累進課税(制度)

○推定配点○

1　各2点×8(問1～問3は各完答)　　2　各2点×7(問2・問3は各完答)　　3　各2点×8
4　各2点×7　　5　各2点×10　　6　各2点×10(問2・問4は各完答)　　計100点

＜社会解説＞

1　(地理―中国の地誌に関する問)

問1　(イ)　黄河はシャントン半島の北に河口をもつ大河で，この流域で中国の古代文明が発生した。(ロ)　長江はシャントン半島の南に河口をもつ，中国一の大河。この川の中下流域から南で米作が営まれている。(ハ)　ヒマラヤ山脈は世界最高峰のエベレスト山を含む高く険しい山脈。

問2　●Aは内陸部のゴビ砂漠とタクラマカン砂漠に挟まれたあたりなので砂漠気候。●Bは東シナ海に近いので温暖湿潤気候。

重要　問3　①　内陸部で気温も低く，降水量が少なくなるので普通の農業は無理なのでこのあたりでは牧畜が盛ん。　②　黄河の河口よりも北に位置するのでこの地域は小麦栽培が行われている。

問4　③の地域は北回帰線以南の年間を通じて暖かい場所で，降水量にも恵まれているので稲が生長するのに必要な気温と降水量が冬の時期にも得られるので，二期作が可能。米や小麦の栽培を夏期に行い，その後に他のものを栽培するのは二毛作。

やや難 問5 （え） 外国企業を受け入れるのを促進するなら外国企業が輸入するものへの関税を撤廃するか少なくとも低率にしないと外国企業は進出しづらい。

問6 （う） 中国において一般的な化石燃料でなおかつ豊富にあり産出も多いのが石炭。石炭を主として燃料としている火力発電所が中国には多く，その排気ガスや粉じんは他の燃料と比べると著しく出るので，pm2.5と呼ばれる微粒子による大気汚染の原因になっている。

問7 中国には様々な民族がいるが，その中で最も多いのが漢民族。

問8 かつて人口抑制のために奨励されたのが一人っ子政策。しかし，中国も深刻な高齢化の問題があり30年以上とられてきた一人っ子政策を改めた。

2 **（日本の地理―北海道，東北に関する問題）**

問1 リアス海岸は山が沈降してできる海岸地形。海岸線から比較的すぐに深くなるので港をつくりやすい。地形的に対極にあるのが砂浜海岸。

問2 東北地方に2019年の段階である世界遺産は自然遺産の白神山地と文化遺産の平泉の2件。

問3 日本の気候を大きく決定づけているのが，ユーラシア大陸と太平洋とにはさまれた日本列島の位置で，夏の南東の太平洋からの温かく湿った季節風と，冬の北西のユーラシア大陸から吹く冷涼な乾燥した季節風の影響が日本の気候を決定づけている。冬の季節風の場合に大陸から吹いてくる段階では乾燥しているが，日本列島にぶつかる前に日本海を突っ切ってくるのでそこで水分を含み日本海側に大雪を降らせる。日本海側に雪を降らせた北西季節風は日本列島の太平洋側に吹く際にはからっ風となり，本州の太平洋側では冬場は乾いた晴天になることが多くなる。

重要 問4 ① りんごの生産全国1位，八戸港，三内丸山遺跡，ねぶたからAの青森県。 ② 東北で一番人口が多い，東北唯一のプロ野球チームなどからDの宮城県。 ③ サクランボの生産全国1位，最上川などからCの山形県。 ④ なまはげ，きりたんぽ鍋，しょっつる鍋，曲げわっぱなどから秋田県。

問5 牛を飼い，牛乳をとってバターやチーズなどの乳製品を生産するのは酪農。北海道で酪農が盛んなのは，牧場にするのには適した広大な土地があり，冷涼な気候のために普通の農業には向かないなどの条件による。

問6 北海道で代表的な畑作地帯がdの十勝平野。

問7 ハザードマップはその地域で自然災害が発生した場合に危険が予測される場所を地図上で分かりやすく示したもので，土砂崩れや水害が発生した際にの安全な避難経路などもわかるようになっている。

3 **（日本の歴史―歴史上の人物に関係のある歴史の問題）**

問1 ア Cは法然で，法然が開いたのが浄土宗。 イ Dは足利義政。書院造は現在の和室の原型となるもので，畳敷きの部屋がふすまや障子などで囲まれていて，床の間やちがい棚などがつくられている部屋の構造。

問2 ① 奈良時代に東大寺の大仏を造らせたり，国分寺，国分尼寺を各地に建立させたのは聖武天皇。 ③ 枕草子を記したのは清少納言で，一条天皇の皇后の定子に仕えていた。 ⑤ 堺の商人出身で，わび茶を大成させたのは千利休。

問3 奈良時代に造立された大仏が納められているのが東大寺。東大寺そのものも奈良時代の創建だが，現在の東大寺にある建物はいろいろな時代のものが混在している。

問4 （え） 清少納言の時代の文化が国風文化で，これは遣唐使廃止の頃からの，唐の文化を消化吸収し日本の風土や貴族の生活などに合うように作り替えられていったもの。

やや難 問5 石山本願寺を一向宗との和解の際に明け渡させて，そこにつくられたのが現在ある大阪城。

4 (日本の歴史―19世紀以後の日本の歴史)

問1 戊辰戦争は1868年1月の京都の鳥羽伏見の戦いから始まり，江戸城の無血開城，会津戦争を経て，1869年の五稜郭の戦いで終結した。

重要 問2 (1) イギリスは19世紀から20世紀の初頭の段階では，ロシアの勢力拡大を抑えるために日本と同盟を結ぶが，日露戦争の後，第一次世界大戦の段階ではドイツやオーストリアなどと対抗するためにロシアと組むようになる。 (2) (い) 日清戦争とその後の台湾征服での延べの戦死者数は2万人弱だが，日露戦争での戦死者は8万人以上に及ぶ。 (う)，(え) この内容は日清戦争の下関条約のもの。 (3) ポーツマス条約のポーツマスはアメリカの東海岸沿いの北の方にあるボストンの北にある。秘密裡に交渉を進めるために軍の港の施設のところで会議が開かれた。

問3 1917年のロシア革命によって，ロシアは帝政が終わり，社会主義の国となった。その国がソヴィエト社会主義共和国連邦で，ソヴィエトはロシア語で「会議」などの意味で，様々な階層の会議の上に成り立っている国として造られたが，共産党がすべてを支配していた。

問4 ロシア革命の頃は，社会主義が拡大するのを恐れた欧米の国々や日本などの資本主義国がロシアの革命政権を倒すことを狙いに干渉戦争を仕掛けた。日本が行ったのがシベリア出兵。

やや難 問5 (え) 北海道旧土人保護法は1899年に，アイヌ民族を日本が「保護する」ために制定したもの。1997年にアイヌ文化振興法が制定され，北海道旧土人保護法は廃止された。

5 (公民―環境に関する政治の問題)

問1 (う) 資源有効利用促進法はいわゆる資源ごみのリサイクルを促進するためのもので，解答のマークはプラスチックごみをリサイクルしやすくするためにごみの分別を促すもの。

問2 4Rはreuseリユース：再使用，reduceリデュース：減少，recycleリサイクル：再利用，refuseリフューズ：断るの4つ。

重要 問3 ア 循環型社会は限りある資源を繰り返し利用できるようにすることで，今あるものを末永く使えるようにしていくことで地球環境への負担を減らそうというもの。 イ 両院協議会は国会で衆参が異なる議決をした場合に，妥協点をさぐるために開催するもの。法律案の審議の場合には両院協議会を開かないで再度衆議院で出席議員の3分の2以上の賛成があれば，衆議院の議決を国会の議決にでき，予算や条約の承認，首相の指名などでは，両院協議会で妥協が無理な場合には衆議院の議決をそのまま国会の議決とすることができる。

問4 環境基本法はそれまでにあった公害対策基本法と自然環境保全法とに代わる，従来の法律では対処しきれなくなってきている環境問題への法律として制定され，公害対策基本法は廃止され，自然環境保全法は改正された。

問5 本来，民主主義は国民の意思に基づいて政治を行うものだが，現実的にはすべての国民を議場に入れて話し合いを行うことは無理なので，選挙によって国民の意思を代弁する代表者を選び，その代表者たちが集まり様々なことを決めていくのが議会制民主主義(間接民主制)。

問6 衆議院の任期は4年で解散もあるが，参議院の任期は6年で解散はない。このため衆議院の方が，参議院と比べると選挙にさらされ民意が反映されやすいということで，衆議院に参議院よりも強い権限を与えてある。

問7 三審制で第一審から第二審へ訴えるのが控訴。第二審から第三審へ訴えるのは上告。

問8 えん罪は一般には無実であるにもかかわらず，罪を問われているもの。ただし，この言葉に関しては解釈がゆれている。

問9 三権の中で司法権に関しては，他の権力からの圧力で裁判の公正さが失われることを防ぐために，「司法権の独立」という考え方があり，裁判官に関しては身分の保証がなされている。そのため，裁判官を罷免できるのは裁判官が心身の故障で裁判官としての職務を果たせないと判断された場合の他，国会における弾劾裁判と総選挙時に行われる国民審査においてのみである。

6 （公民―経済に関する様々な問題）

重要 問1　企業の社会的責任CSRとは，企業が事業を展開していく上で自発的に社会に貢献する責任のこと。基本的に営利企業は利益の追求が至上命題であり，利益を得るためには道義的に見てきわどいことをやったりする企業もある。そういう中で，企業がその活動を通じて何らかの形で社会へ還元すべきということでCSRの必要性が唱えられるようになり，企業も自社のイメージアップにつながるということで，様々な形で社会への還元につながることを行うようにはなってきている。

問2　日銀の持つ役割として，日銀券を発行する発券銀行，政府の資金の出納を行う政府の銀行，一般の銀行相手の金融を行う銀行の銀行としてのものの3つがある。

問3　株式や国債などの有価証券の売買が行われる市場が証券取引所。

問4　正規労働者以外が非正規労働者に該当し，アルバイト，パートタイマー，派遣社員，契約社員などいろいろな形態がある。ストライキは労働三権で認められている労働争議のこと。フレックスタイムは出社，退社の時間に幅を持たせているもの。

問5　労働三法の中で，労働条件などを定めたものが労働基準法。

問6　日本の社会保障制度を支える四つの柱とされるものの中で，医療保険や年金保険などが社会保険，生活保護や生活扶助など経済的に苦しい人を金銭的に支援するのが公的扶助である。

問7　生存権は，人間らしく生きる権利である社会権の一部で，憲法25条で定めている「健康で文化的な最低限度の生活を営む」権利のことである。

問8　税を負担する担税者と税務署へ税を納める納税者が異なるのが間接税で，その代表的なのが消費税。

問9　累進課税制度は，所得税に適用されており，所得が高くなるにつれて税率を上げていくもので，高所得者と低所得者の所得に対する税の負担率を極力公平にするためにとられているものである。

★ワンポイントアドバイス★

試験時間45分で小問数が50題なので要領よく解いていくことが重要。落ち着いて一つずつ正確に解答欄を埋めていきたい。選択肢を選びにくい時は消去法で正解でないものを消していった方が選びやすいものもある。

<国語解答>

一　問一　a　ひんきゅう　b　飢　c　いっかい　d　採点　e　納得　問二　毒にも薬に～かとの懐疑　問三　お金になる～て行けない　問四　ア　問五　職人気質
問六　自分に与えられた生命の時間を，充実している生きているという自覚　問七　子供じみたジェスチュア　問八　ウ

二　問一　ア　問二　①　ウ　②　ア　問三　イ　問四　ア　問五　ア
問六　この病棟に～た夜だから　問七　ウ　問八　ア

三　問一　3　かように　6　のうて　7　あまつさえ　問二　係り結び(の法則)
問三　イ　問四　ア　問五　ア・カ　問六　ウ

四　問一　1　おんこちしん　2　だいどうしょうい　3　たいきばんせい　4　いちごいち

え　5　ぼうじゃくぶじん　　問二　1　エ　　2　ウ　　3　ア　　4　イ　　5　オ

○推定配点○

一　問一・問四　各2点×6　　他　各4点×6

二　問三・問五　各3点×2　　問六・問八　各4点×2　　他　各2点×5

三　問一・問二　各2点×4　　他　各3点×4(問五完答)　　四　各2点×10　　計100点

＜国語解説＞

一　(随筆一漢字，文脈把握，内容吟味，ことわざ，心情，要旨)

問一　a「貧窮」は，お金がなくて生活に非常に苦しむこと。「貧」を使った熟語はほかに「貧困」「貧弱」など。訓読みは「まず(しい)」。　b「飢」の音読みは「キ」。熟語は「飢餓」「飢渇」など。　c「一介」は，一人，取るに足らないわずかなもの，という意味。「介」を使った熟語は「介護」「介抱」など。　d「採」を使った熟語はほかに「採取」「採用」など。訓読みは「と(る)」。　e「納」の音読みは「ノウ」「ナッ」「ナ」「ナン」「トウ」。熟語はそれぞれ「納品」「納豆」「納屋」「納戸」「出納」など。訓読みは「おさ(める)」「おさ(まる)」。

問二　主語の「懐疑は」に着目する。「懐疑」については，これより前に「毒にも薬にもならないものを作って，それで生活の糧を得ようとする，そのこと自体が間違っているのではないかとの懐疑(55字)」と説明されている。

やや難　問三　「生活の現実」については，直前で「家族が何とか暮らして行けること」と表現されており，同様のことは，「この考えは……」で始まる段落に「お金になる作品を作らなければ暮して行けない(21字)」と具体的に述べられている。

問四　直前の「たとえ貧しくとも，芸術の香り高いものに没頭してやまない」という態度を指しているので，アが適切である。「武士は食わねど高楊枝」は，武士は貧しくて食事ができなくても，食べたふりをして爪楊枝を悠然と使い，ひもじさなどみじんも見せないということ。転じて，貧しくても気位を高く持って生きるべきだというたとえ。

やや難　問五　ここでいう「秤」については，直後に「前のものより，どこか少しでもよくなっているということが私の制作の課題となっている」と説明されており，同様のことは，後に「自分でナットクできる技術の『たしかさ』が，私の唯一つの課題となっている。技術の『たしかさ』が少しでも進んだと覚えた時の喜びは，職人気質の有難さとでもいうのだろう」と述べられているので，「職人気質」とするのが適切である。「職人気質(しょくにんかたぎ)」は，手先で物を作る職業の人特有の，かたくなではあるが実直な気質，という意味。

問六　ここでいう「自覚」については，本文最後近くに「私には自分に与えられた生命の時間を，充実して生きる自覚が，最も尊いことなのだ」と述べられているので，「自分に与えられた生命の時間を，充実して生きているという自覚(29字)」を抜き出す。

問七　このような態度については，直後で「これは私には解せないことだ」と否定しており，同様のことは，これより前に「芸術の道一すじに生きる，金などいらないという人もあるのだが，私にはそれが子供じみたジェスチュアに見えてならない」とあるので，「子供じみたジェスチュア(11字)」があてはまる。

やや難　問八　筆者の考えは直前に「私はお金も欲しいし，生命も欲しい。私にとっては，仕事をして生きるということが，何よりも尊い唯一の道なのだ」とある。また，これより前には「子供の多い私にとって，優れた芸術作品を作ることよりは，家族が何とか暮して行けること，その方が大切なことだった」「子供がウエて泣く中で，決然と高邁な芸術に没頭する。そんなことは私には出来ない」「技術を生業とする職人は，その技術に相当する収入を得て，そこに誇りと喜びがあるのではないか」「前のものより，どこか少しでもよくなっているということが私の制作の課題となっている」と述べられているので，ウが適切である。

二　**(小説一脱語補充，語句の意味，表現技法，情景・心情)**

問一　A　直後の「努力する」にかかる語としては「最後」が適切。「(医者として)最後まで努力する」とつながる。　B　直前の「人間らしい」につながる語としては「最期」が適切。「最期」は，死に際，という意味。

問二　①「舌たらず」は，舌が回らず，ものがはっきり言えないこと。表現が不十分なこと，という意味もあるが，ここでは直後に「声」とあるので，ウが適切。　②「ぶっきらぼう」は，言語が挙動などにあいきょうがないこと，という意味。

問三　老人の臨終の場面である。前に「家族たちの号泣の波」とあり，直前には「蒲団にとりついて泣き伏す彼らの輪」とある。家族みんなで老人の死を悼む様子なので，イが適切。

問四　「ような」という，比喩であることを示す語を使ってたとえる技法なので「直喩」。病院の廊下の夜間用の小さな灯りを「ロウソク」の灯にたとえているのである。「暗喩」は，比喩であることを示す語を用いずにたとえる技法。「倒置法」は，本来の語順を入れ替えて，ある語を強調する技法。「擬人法」は，人でないものを人にたとえて表現する技法。

やや難　問五　後に「死を看取るっていうのは，演出なんですか」とあることから，「死を看取る」様子を「劇みたいだ」と言っているとわかる。「お嬢さん」は「看護婦」であり，「遺体を清拭する看護婦たち」とあることから，死を看取る自分たちの様子を「劇みたい」と感じていると考えられるので，アが適切である。

問六　この時の「ぼく」の心情は，「ぼくは……」で始まる段落に「わからなくて当然だよ，と喉の奥で付け加えた。……この病棟に来てまだ一週間しかならないお嬢さんが，初めて死亡に立ち合った夜だから口にしてしまったのかも知れない」とあるので，「この病棟に来てまだ一週間しかならないお嬢さんが，初めて死亡に立ち合った夜だから(39字)」を抜き出す。

問七　直後に「『私，わからない』」とあることから，ウの「反発」が適切である。直前には「『でも，相川さんにはモルヒネを投与しただけで……』」「『手を抜くってことですか』」とあり，医師としての「ぼく」のやり方に疑問を感じていることが読み取れる。

問八　前に「『相川さんは自分から進んでこの病院に来たんだ。癌が転移している臓器の名をすべて知っていた。十七ケ所の骨転移部も，いちいち指で指して教えてくれた。死にに来たんだよ。楽に死ぬために』」とある。「楽に死ぬために」この病院にやって来た「相川さん」に対する医師のあり方を「消防士」にたとえて表現していると考えられるので，アが適切。

三　**(古文－仮名遣い，文脈把握，内容吟味，ことわざ，大意，主題)**

〈口語訳〉　ある人が鶏を飼ったところ，毎日，卵として金の丸いかたまりを生むことがあった。鶏の飼い主は，これを見て限りなく喜んだ。しかし，日に一つしか生まないことに堪えかねて，「二つも三つも生ませたい」と思って，その鶏をたたいて責めたが，その兆しもない。毎日一つしか生まない。

鶏の飼い主は，「おそらくは，この鶏の腹の中にはもっとたくさんの金があるに違いない」と思って，その鶏の腹を割いた。このようにして，頭のてっぺんから足の爪先に至るまで見たけれども他の金はない。その時，鶏の飼い主は後悔して，「もとのままにしておけばよかったものを」と言った。

このように，人が欲に心を奪われることは，その飼い主が鶏の腹を割いたことと同じである。日々に少しの儲けがあれば，その命は生きて行けるものだが，多くの財産を持ちたいと思うことから，ついには飽き足らなくなって，なおそのうえ，財産を失って，その身を滅ぼす者となる。

問一　3　「かやう」の「やう(yau)」の「au(あう)」は，「o(おー)」と発音するので，「やう(yau)」は「よー(yo)」と発音し，現代仮名遣いでは「よう」と表記するので「かよう」となる。
6　語頭以外の「はひふへほ」は現代仮名遣いでは「わいうえお」となるので，「ふ」は「ウ」に直して「なうて」となる。「なう(nau)」の「au(あう)」は，「o(おー)」と発音するので，「なう(nau)」は「のー(no)」となるので，「なうて」は「のうて」となる。　7　「へ」は「え」に直して「あまつさえ」となる。

問二　係助詞「や」があり，文末は「侍るべき」と連体形になっているので，「係り結び(の法則)」。「や～(連体形)」の形で，疑問を表し「あるのではないか」という意味になる。

問三　この時の「主」の心情は，直前に「いかさまにも，この鶏の腹には，大きなる金や侍るべき」とあるので，イが適切。金の丸いかたまりを毎日一つずつ生む鶏だから，腹の中にはもっとたくさんの金があるに違いないと思ったのである。

問四　直前に「頂より足の爪先に至るまで見けれども，別の金はなし」とある。鶏の腹の中には他の金などなかったのである。鶏の腹を割いてしまったことで，一日一個の金も手に入らなくなってしまった，という内容なので，アが適切である。

問五　「人の欲心にふける事」と「かの主が鳥の腹を割ける」事は同じだというのである。鶏の腹を割いて，一日一個の金も手に入らなくなってしまったので，アとカは同じ，となる。

問六　ウの「あぶはち取らず」は，二つのものを同時に得ようと欲張って，結局は両方とも取り逃がしてしまうこと。本文に描かれているのは，欲張ったがために取り返しのつかないことをしてしまう，という話なので，ウが適切である。

四　**(四字熟語，慣用句)**

問一　1　「温故知新(おんこちしん)」は，以前学んだことや，昔の事柄を改めて調べ直したり考えなおしたりして，新たに新しい知識などを探り当てること。　2　「大同小異(だいどうしょうい)」は，細かい点に差はあるが，だいたい同じであること。似たりよったりで大した差がないこと。
3　「大器晩成(たいきばんせい)」は，大きな器を作るのに時間がかかることから，偉大な人物は大成するのに長い年月を要し，人より遅れて頭角を現すこと。　4　「一期一会(いちごいちえ)」は，一生涯にただ一度会うかどうかわからぬ縁のことで，出会いを大切にすることのたとえ。
5　「傍若無人(ぼうじゃくぶじん)」は，人前であるにもかかわらず，自分勝手なふるまいをすること。

問二　1　「目に余る」は，あまりにひどいので黙って見過ごすことができないこと。　2　「肩を落とす」は，がっかりして，肩がだらりとたれさがることで，残念に思う様子。　3　「眉をひそめる」は，心配事があって顔をしかめること。また，他人の行為を不快に思って顔をしかめること。
4　「舌を巻く」は，たいへん優れているので，ひどく驚き，感心すること。　5　「肝を冷やす」は，身の危険を感じるようなことがあり，ひやりとすること。

★ワンポイントアドバイス★

言い換え表現や指示内容をすばやく的確にとらえる練習を重ね，抜き出し問題に備えよう。漢字やことわざ・慣用句などの国語知識を充実させ，確実に得点できる力をつけておこう。

解答用紙集

〇月×日 △曜日 天気（合格日和）

◆ご利用のみなさまへ

＊解答用紙の公表を行っていない学校につきましては、弊社の責任において、解答用紙を制作いたしました。

＊編集上の理由により一部縮小掲載した解答用紙がございます。

＊編集上の理由により一部実物と異なる形式の解答用紙がございます。

人間の最も偉大な力とは、その一番の弱点を克服したところから生まれてくるものである。 ――カール・ヒルティ――

※データのダウンロードは 2024 年 3 月末日まで。

東京学参株式会社

◇数学◇

札幌北斗高等学校　2023年度

※ 189%に拡大していただくと，解答欄は実物大になります。

1 (1)
(2)
(3)
(4)
(5)

2 円

3 (1)
(2)

4 (1)
(2)

5 (1)
(2) $x =$ ， $y =$
(3)

6

7

8

自転車で走った道のり	歩いた道のり
km	km

9 cm^3

10 (1)

あ	い	う	え

(2) 度

11 (1) $a =$
(2) (，)

12 (1)

A店	B店	C店

(2)

13 (1)
(2) (1)で求めた確率は，

その理由

札幌北斗高等学校　2023年度

◇英語◇

※ 185％に拡大していただくと，解答欄は実物大になります。

1

問１　→　→　→

問２　問３

問４　, too.

問５

問６

問７

2

問１

問２

問３　問４　問５

問６

3

問１　問２　問３

問４

4

問１　問２　kg

問３

5

問１　問２　問３　問４　問５

問６　問７　問８　問９　問１０

6

問１　問２　問３　問４　問５

7

問１　問２　問３　問４　問５

札幌北斗高等学校　2023年度

◇理科◇

※ 185%に拡大していただくと，解答欄は実物大になります。

1

問1	問2	問3
問4	問5	問6
問7	問8	問9
問10	問11	問12
問13	問14	

2

問1　①　②　③　④

問2	問3　m

3

問1　N/cm^2	問2	問3
問4	問5	問6

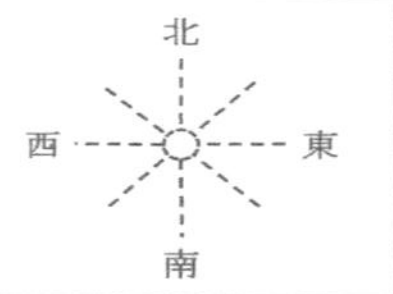

4

問1

問2　①　②　③　④　　問3

問4　　問5　Ⅰ　Ⅱ　Ⅲ　Ⅳ

問6

5

問1

問2	問3	問4
問5	問6	

札幌北斗高等学校　2023年度　　◇社会◇

※ 175％に拡大していただくと，解答欄は実物大になります。

1

問1		問2		問3		問4	I		II	

2

問1	A		B		C		D					
問2		問3		問4		問5		問6			問7	

3

問1	I		II		問2		問3		問4	
問5	記号		都道府県		問6					

4

問1		問2		問3		問4					
問5											
問6		問7		問8							

5

問1		問2			問3	A		B		C	
問4	I		II		III		問5		問6		

6

問1					問2		問3	I		II		問4	I			II		
問5		問6	B		C		X				問7							

◇国語◇

札幌北斗高等学校　２０２３年度

※１６９％に拡大していただくと、解答欄は実物大になります。

一

問一　a　b　c　d　e

問二　〜　を知らないこと。

問三

問四　〜

問五

問六

問七

二

問一　a　b　c　d　e

問二

問三

問四

問五

問六

三

問一　2　4　5

問二

問三

問四　飛ぶ姿

問五

四

問一　a　b　c　d　e

問二

札幌北斗高等学校　2022年度

◇数学◇

※ 185％に拡大していただくと，解答欄は実物大になります。

1
(1)
(2)
(3)
(4)
(5)

2

3
(1)
(2)

4
(1)
(2)

5
(1)
(2) $x=$　　　，$y=$
(3)

6
ゼラチン　g　砂糖　g

7

8
式	○×

9
（　　）で使ったテープの長さの方が
（　　　　　　）cm 短くなる。

10
(1) 本
(2) cm

11
(1) 個
(2)

12
(1)
(2) （　　　，　　　）

13
(1)

yをxで表した式 ＿＿＿＿＿＿＿＿

1辺の長さ x (cm)	0	1	2	3	4	5	6
正四角錐の体積 y(cm³)	0						

(2)

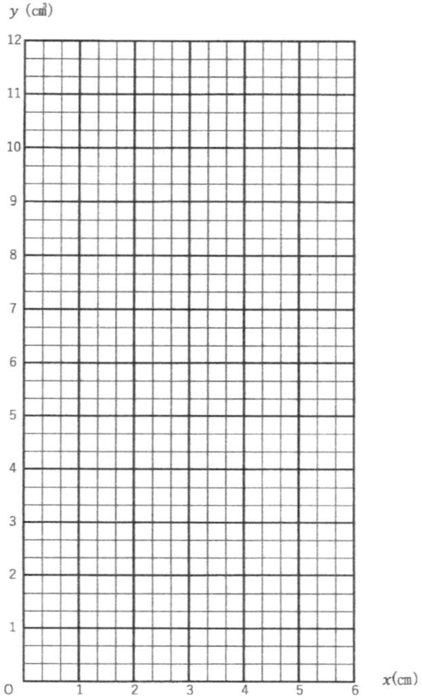

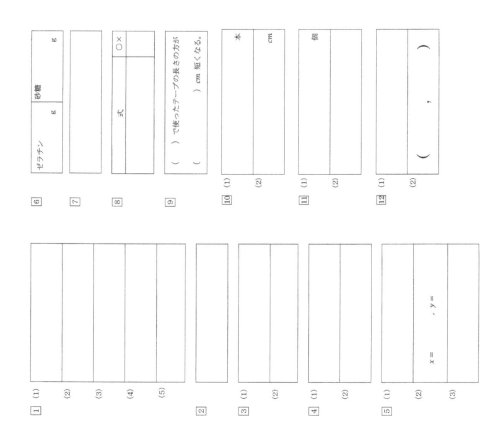

札幌北斗高等学校　2022年度

◇英語◇

※ 182%に拡大していただくと，解答欄は実物大になります。

1

問1　問2

問3　Let's

問4　問5　C　D

問6

2

問1

問2

問3　月　日

問4　問5　問6

3

問1　問2　問3　問4

4

問1　問2　問3

問4

5

問1　問2　問3　問4　問5

問6　問7　問8　問9　問10

6

問1　問2　問3　問4　問5

7

問1　問2　問3　問4　問5

札幌北斗高等学校　2022年度

◇理科◇

※ 189%に拡大していただくと，解答欄は実物大になります。

1

問1　問2　問3

問4　問5　問6

2

問1　問2　問3

問4　問5　問6 g

3

問1　問2 (Ⅰ)　(Ⅱ)

問3 b　d　完全解答　問4

問5

4

問1 秒　問2　問3

問4　問5　問6 cm/秒

5

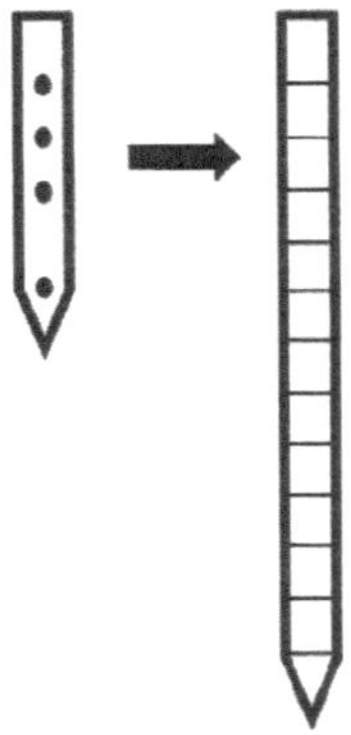

札幌北斗高等学校　2022年度

◇社会◇

※ 149％に拡大していただくと，解答欄は実物大になります。

1

問1		問2		問3		問4	
問5		問6		問7		問8	

2

問1		問2				問3	諸島	
問4		問5		問6		問7		

3

問1		問2		問3		問4		問5	
問6		問7		問8					

4

問1	→	→	→	問2			問3				
問4	A		B		C						
問5	I	1		2		3		II			

5

問1	I		II			問2	I		II		III	
問3	法	問4		問5		問6						
問7		問8	I			II		III				
問9			問10	協定	問11	法	問12					

◇国語◇

札幌北斗高等学校　２０２２年度

※１６９％に拡大していただくと、解答欄は実物大になります。

一

問一　a　b　c　d　e

問二

問三

問四

問五

問六

問七

二

問一　2　5

問二　曜日

問三

問四　〜　ようになったこと。

問五

問六　自分が　になりたいと思っていること。

問七

三

問一　1　5

問二

問三

問四

問五

問六

四

問一　第　条　第　条

問二

問三　a　b　c　d

問四　Ⅰ　Ⅱ　Ⅲ

札幌北斗高等学校　2021年度

◇数学◇

※ 161％に拡大していただくと，解答欄は実物大になります。

1
(1)
(2)
(3)
(4)

2

3

4
(1)
(2)

5
(1)
(2) $x =$ ，$y =$
(3)

6
円

7
(1)
(2) cm^3

8

9
°

10
$\square < \square < \square < \square$

11
(1)
(2)

12
(　　　　)社の照明器具を利用したほうが安くなる

札幌北斗高等学校　2021年度

◇英語◇

※ 169%に拡大していただくと，解答欄は実物大になります。

1

問1 a　b

問2

問3　問4　問5

問6

2

問1

問2 年　問3

問4

問5

問6

3

問1 階　問2 午後　時から

問3 $　問4

4

問1　問2　問3

問4

5

問1　問2　問3　問4　問5

問6　問7　問8　問9　問10

6

問1　問2　問3　問4　問5

7

問1　問2　問3　問4　問5

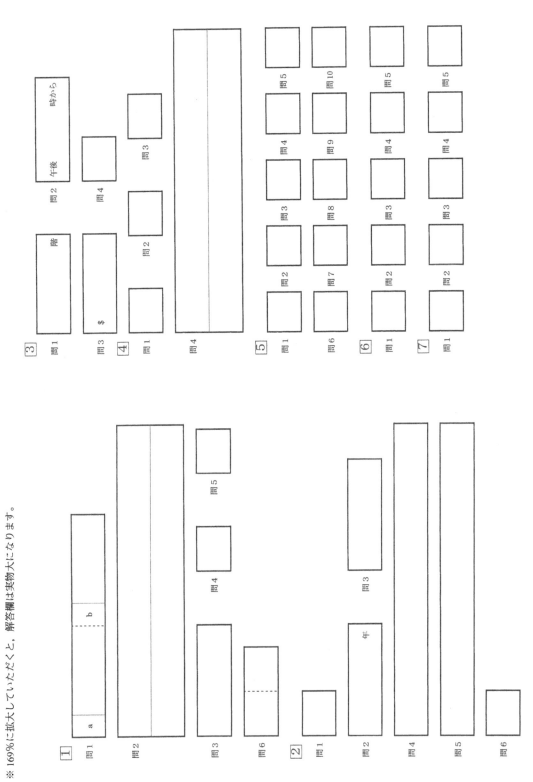

札幌北斗高等学校　2021年度

◇理科◇

※ 156%に拡大していただくと，解答欄は実物大になります。

1

問1	問2
問3　と	

2

問1	問2　g/m^3
問3　%	

3

問1

問2　→　→　→　→

問3

問4　②	問4　③

問5

4

問1	問2
問3　と	問4　倍
問5	問6

5

①	②	③
④	⑤	⑥

6

札幌北斗高等学校　　2021年度　　◇社会◇

※ 149%に拡大していただくと，解答欄は実物大になります。

1

問1		問2			問3					問4		問5	
問6	条約	問7		問8									
問9					問10								

2

問1		問2		問3			
問4		問5		問6		問7	
問8		問9		問10			

3

問1	A		B		問2			
問3	I	民族	II		問4		問5	
問6	I		II		問7			

4

問1	1班		2班		3班		4班		問2	班
問3	幕府	問4		問5		問6		問7		

5

問1	A		B		問2		問3			問4		問5	
問6		問7		問8		問9	戦争						

◇国語◇

札幌北斗高等学校　２０２１年度

※１４９％に拡大していただくと、解答欄は実物大になります。

一

問一　a　b　c　d

問二　A　B　C

問三　～

問四

問五　問六　問七

二

問一　問二

問三

問四　問五　Ⅰ　Ⅱ

三

問一　Ⅰ　Ⅱ　問二　2　3

問三　問四　①　②　問五

四

問一　1　2　3　4

問二　①　②

※178%に拡大していただくと，解答欄は実物大になります。

1 (1)
(2)
(3)
(4)

2

3

4 (1)
(2)

5 (1)
(2) $x=$　　　，$y=$
(3)

6 　　　cm

7 　　　本

8 　　　°

9 (1) (　　，　　)
(2) 　　　倍

10 (1)
(2)

11 (1)
(2)

札幌北斗高等学校　2020年度

◇英語◇

※172％に拡大していただくと，解答欄は実物大になります。

1

問1

問2 a　b

問3 Please tell【　】.

問4

問5

問6

問7

2

問1 月　日

問2

問3

問4

問5 1　2

問6

問7

3

問1

問2

問3

問4 L

問5

問6 円

4

問1　問2　問3　問4　問5

問6　問7　問8　問9　問10

5

問1　問2　問3　問4　問5

6

問1　問2　問3　問4　問5

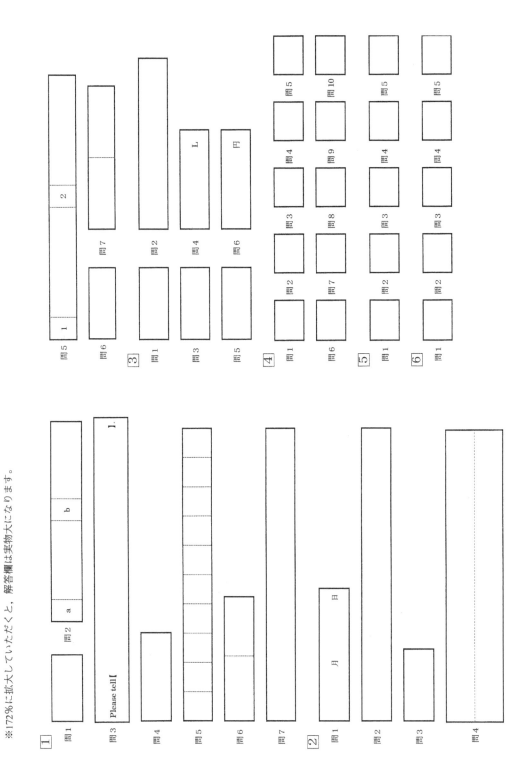

札幌北斗高等学校　2020年度

◇理科◇

※107%に拡大していただくと，解答欄は実物大になります。

1

問1		問2	(1)	問2	(2)
問2	(3)	問3		問4	

2

問1		問2	g	問3	
問4		問5	g/cm^3	問6	

3

問1		問2		問3	
問4	③	問4	④	問5	

4

問1		問2	倍	問3	倍
問4	V	問5	A	問6	:

5

札幌北斗高等学校　2020年度　　◇社会◇

※133％に拡大していただくと，解答欄は実物大になります。

1

問1		問2		問3		問4		問5	
問6		問7							

2

問1	A		B		C				
D		問2		問3		問4		問5	

3

問1		問2		問3						
問4		問5		問6		問7				
問8										

4

問1			問2		問3				
問4	A		B		C				

5

問1	A		B		問2				
問3		問4		問5					
問6	I		Ⅱ		問7			問8	

6

問1		問2		問3						
問4		問5		問6						
問7		問8				問9		問10		

◇国語◇

札幌北斗高等学校　２０２０年度

※１４９％に拡大していただくと、解答欄は実物大になります。

一

問一 A　B　C

問二

問三 1　3

問四

問五

問六 Ⅰ　～

Ⅱ

二

問一 a　b　c　d　e

問二 1　4

問三

問四

問五

問六

問七　～

三

問一 a　b

問二　～

問三

問四

問五

四

問一

問二

札幌北斗高等学校　2019年度

◇数学◇

1 (1)

(2)

(3)

(4)

2

3

4 (1)

(2)

5 (1)

(2)

(3)

6

長椅子	生徒

7 (1)

階級(秒)	度数(人)	相対度数
以上　未満 11.0 ～ 11.6	2	
11.6 ～ 12.2	3	
12.2 ～ 12.8	4	
12.8 ～ 13.4	6	
13.4 ～ 14.0	5	

(2)

8

9

10

11 (1)

(2)

(3)

札幌北斗高等学校　2019年度

◇英語◇

1

問1

問2 A B

問3

問4 A B

問5

2

問1

問2

問3

問4 Gandhi 【 】.

問5 問6 問7

3

問1 問2 問3

問4 問5 問6

4

問1 問2 問3 問4 問5

問6 問7 問8 問9 問10

5

問1 問2 問3 問4 問5

6

問1 問2 問3 問4 問5

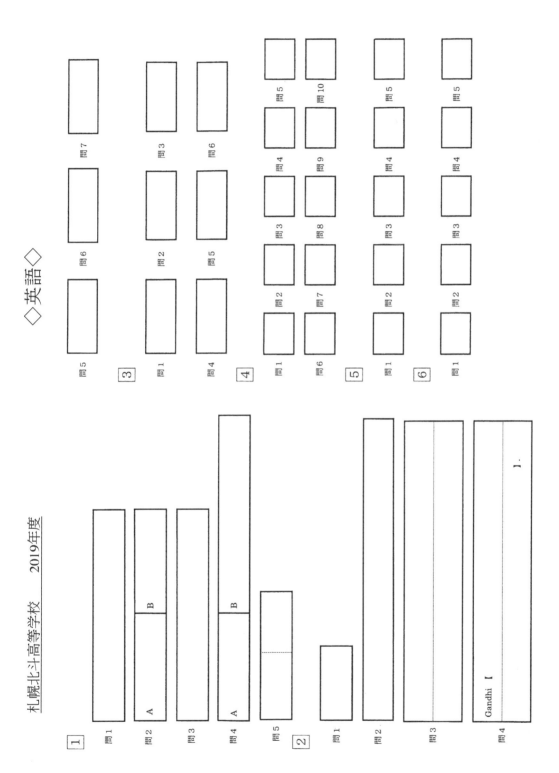

札幌北斗高等学校　　2019年度

◇理科◇

1

問1		問2	
問3		問4	
問5		問6	
問7		問8	
問9		問10	

2

問1		問2	
問3	g	問4	:
問5	g	問6	L

3

問1		問2	
問3		問4	
問5		問6	
問7		問8	

4

問1	(1)　J	問1	(2)　J
問2		問3	
問4		問5	

◇社会◇

1

問1	イ		ロ		ハ	山脈

問2	A		B		問3	①		②		問4				問5		

問6		問7	民族	問8	

2

問1		問2			問3	①		②		③		④		

問4		問5			問6		問7							

3

問1	ア		イ	

問2	①		③		⑤	

問3		問4		問5	

4

問1	→　→　→	問2	(1)		(2)		(3)	条約

問3		問4		問5	

5

問1		問2		問3	ア		イ	

問4	法	問5		問6	

問7			問8		問9	

6

問1				責　任	問2				問3	

問4		問5	法

問6	Ⅰ		Ⅱ		問7	権

問8		問9	

◇国語◇

札幌北斗高等学校　２０１９年度

一

問一 a b c d e

問二 〜

問三 〜 という現実

問四

問五

問六

問七

問八

二

問一

問二 ① ②

問三

問四

問五

問六 〜

問七

問八

三

問一 3 6 7

問二

問三

問四

問五

問六

四

問一 1 2 3 4 5

問二 1 2 3 4 5

MEMO

大切なことはメモしておこうネ！

MEMO

大切なことはメモしておこうネ！

MEMO

大切なことはメモしておこうネ！

〈リスニング問題の音声について〉

本問題集掲載のリスニング問題の音声は、弊社ホームページでデータ配信しております。

現在お聞きいただけるのは「2024年度受験用」に対応した音声で、2024年3月末日までダウンロード可能です。弊社ホームページにアクセスの上、ご利用ください。

※本問題集を中古品として購入された場合など、配信期間の終了によりお聞きいただけない年度がございますのでご了承ください。

高校別入試過去問題シリーズ

札幌北斗高等学校　2024~25年度

ISBN978-4-8141-2690-3

発行所　東京学参株式会社
〒153-0043　東京都目黒区東山2-6-4
URL　https://www.gakusan.co.jp

編集部　E-mail　hensyu@gakusan.co.jp
※本書の編集責任はすべて弊社にあります。内容に関するお問い合わせ等は、編集部まで、メールにてお願い致します。なお、回答にはしばらくお時間をいただく場合がございます。何卒ご了承くださいませ。

営業部　TEL　03 (3794) 3154
FAX　03 (3794) 3164
E-mail　shoten@gakusan.co.jp
※ご注文・出版予定のお問い合わせ等は営業部までお願い致します。

2023年10月6日　初版